Edipo: mito y tragedia

Carlos García Gual

Edipo: mito y tragedia

Alianza editorial
El libro de bolsillo

Diseño de colección: Estrada Design
Diseño de cubierta: Manuel Estrada

PAPEL DE FIBRA
CERTIFICADA

Calle Valentín Beato, 21
28037 Madrid
www.alianzaeditorial.es

ISBN: 978-84-1148-717-7
Depósito legal: M. 8.281-2024
Printed in Spain

Si quiere recibir información periódica sobre las novedades de Alianza Editorial, envíe un correo electrónico a la dirección: alianzaeditorial@anaya.es

Índice

A modo de prólogo

El detective descubre al final al asesino: es él mismo. El prestigioso rey sabio se revela como un ignorante: no sabía quién era ni de quién era hijo. El que se presentó como justo vengador del asesinato de su padre debe ejecutar la venganza, al descubrirse único culpable del antiguo crimen. También es él quien se juzga y se castiga. El héroe que salvó a la ciudad eliminando al monstruo feroz que la asediaba va por segunda vez a salvarla: será con su destierro. El rey que conquistó el trono de Tebas con su saber y audacia, aclamado como héroe vencedor que obtiene, en premio por su triunfo, la mano de la reina, descubre al cabo de un tiempo que, sin saberlo ni él ni ella, ha matado a su padre y comparte el lecho incestuoso con su madre. Esa es la dramática e inquietante trama que protagoniza Edipo. Un mito que, desde su lejanía, reclama la versión trágica.

Quien resolvió el enigma de la Esfinge fue, para sí mismo, en definitiva, un oscuro enigma. En una de las más atrevidas recreaciones modernas del mito, *La máquina infernal* de J. Cocteau, una obra de título muy significativo, la espantosa y astuta Esfinge, medio leona, medio mujer alada, no se suicida una vez que Edipo ha acertado la respuesta al enigma –pues en esta versión dramática ella misma le ha sugerido la solución–, sino que se asombra de la ingenuidad del joven héroe, al verlo alejarse rumbo a Tebas, ufano e inconsciente de su destino, que no es sino una trampa trágica urdida acaso por los dioses. Esa versión es una posible interpretación de la trama edípica: parece un buen ejemplo de que nadie escapa a su destino. De acuerdo con la profecía del famoso oráculo, Edipo actúa fatalmente: en efecto, tal y como parece fatal que ha de terminar ocurriendo, matará a su padre y se casará con su madre. ¿Están detrás de la escena los dioses? ¿Es Apolo, el ambiguo dios de Delfos, el que en el drama de Sófocles impulsa la investigación del crimen, un actor en la sombra? ¿Hasta dónde llega la libertad de Edipo?

Entre el mito y la tragedia hay distancias muy significativas. Y, con el tiempo, las representaciones del mito varían tremendamente. Desde Freud los lectores modernos han rastreado en las figuras del mito intrigantes aspectos simbólicos. Así, el encuentro con la Esfinge, por ejemplo, que es la gran hazaña singular de Edipo, no tiene un gran papel en la tragedia de Sófocles. Pero la terrorífica fiera, que, según Jung, es un símbolo o arquetipo de la «Madre Terrible», «una furia de libido incestuosa», aparece dibujada en algunos vasos de la cerámica del siglo V a. C., sentada y dialogando amablemente con un Edipo reposado –con sombrero y bastón de viajero–, sin que nada advierta de su tremenda ferocidad ni de su feminidad perversa y agresiva, rasgo en cambio que será muy destacado en las representaciones pictóricas, de cuño romántico, del siglo XIX.

En el fondo está siempre el mito; después, la tragedia, puesto que la de Edipo es una trama que se presta como ninguna al tratamiento dramático; finalmente, la larga serie de reflejos que proyectan uno y otra. Se trata de un relato muy conocido, recontado mil veces, pero al que todavía podemos volver, por su impresionante e intrigante sabor mítico.

Del mito arcaico y del *Edipo rey* de Sófocles trato en las páginas siguientes. Y he de decir de antemano que no puedo alegar una razón objetiva que justifique bien este nuevo libro sobre un tema griego tantas veces recreado y tantas veces comentado por grandes escritores y pensadores de indudable prestigio. No creo aportar al respecto ninguna tesis original; no hago sino traducir de nuevo esta tragedia (de la que hay muchas versiones en castellano), y analizar los pasajes y los ecos más resonantes de la misma. Pero desde hace mucho he repasado el texto de la magnífica tragedia, y he leído a lo largo de los años trabajos incontables, sagaces y eruditos, que reflexionaban sobre su sentido, la trama y sus variantes. De modo que la relectura tanto del texto de Sófocles como de la tradición del mito de Edipo me han acompañado, como una presencia obsesiva (algo que, según pensará el lector, tampoco es muy original), hasta que he tomado la decisión de analizar de nuevo la antigua trama mítica y sus múltiples reflejos literarios. De ahí viene este libro, que recoge ecos y fragmentos de mis muchas lecturas, con muchas citas y referencias que espero que también para los lectores resulten, como para mí, sugestivas y luminosas. De ahí ese aspecto un tanto polifónico que tienen sus capítulos, en testimonio claro de reconocimiento y homenaje a otros estudiosos del imaginario helénico y la tradición clásica, evocados puntualmente. Esas referencias evidencian una deuda intelectual, que es grato, y justo, reconocer.

En cuanto a la estructura del libro, en primer lugar tenemos mi traducción del *Edipo rey,* vienen luego unos capítulos sobre el análisis del mito, así como sobre los aspectos y motivos de la tragedia de Sófocles, y a continuación unas breves notas y comentarios sobre las recreaciones más interesantes del mito del trágico rey de Tebas.

Me han servido de gran y notable ayuda los trabajos recientes sobre el conjunto del mito de G. Guidorizzi y E. Lowell, junto a otros más antiguos, clásicos ya, libros de fondo, como los de G. Paduano, K. Reinhardt, B. M. W. Knox, W. Schadewaldt, J. Bollack, J. P. Vernant, C. Astier y otros que el lector verá citados en estas páginas –a menudo en breves citas en las que he recogido sus propias palabras–. Las referencias a esas obras en el texto o en las notas a pie de página no son aparato erudito, sino que quieren, en mi intención, destacar los diversos aspectos y motivos de una historia de inagotables sugerencias. E invitar, a la vez, a la lectura de los mencionados libros y ensayos de tan magnífica tradición y hermenéutica.

Acabaré este prólogo recordando una frase de J. P. Vernant: «El hombre trágico se hace enigmático para sí mismo». El mejor ejemplo resulta ser, sin duda, el de Edipo.

Madrid, septiembre de 2012

Acerca de la tradición de algunas versiones europeas de *Edipo rey*

La primera edición impresa de *Edipo rey* fue la que salió de las prensas de Aldo Manucio en Venecia en 1502. El texto griego de Sófocles había llegado a la Italia renacentista traído de Constantinopla por Giovanni Aurispa en 1423. La obra tuvo gran éxito y pronta difusión, porque tuvo unas noventa ediciones a lo largo del siglo. Y se conservan más de cuarenta copias y comentarios en manuscritos del siglo XVI en Italia.

El *Edipo* de Séneca se había editado ya antes, con sus otras tragedias latinas, en Ferrara hacia 1475, y anticipó la difusión del mito trágico de Edipo en Europa. La edición de la *Poética* de Aristóteles también por Aldo Manucio en 1508, a la que siguió la edición en griego y latín de Alessandro de' Pazzi en 1536, y el comentario a la *Poética* de Robortello en 1548, significaron la canonización del texto de Sófocles como el modelo de la tragedia clásica, desplazando así lentamente a la obra de Séneca.

La primera traducción a una lengua moderna la hizo el mencionado Alessandro de' Pazzi al italiano en 1524. En varios países se sucedieron las traducciones al latín, como las de J. Scaliger, en 1540; V. Vinshemius, 1546; J. B. Gabia, 1543, etc. Al inglés se tradujo en 1581 (T. Sackville), al francés en 1579 (R. Garnier), etc. Giovanni Andrea dell'Anguillara produjo una primera representación, en propia versión bastante libre, de *Edipo rey* en el teatro construido por Palladio en Vicenza en 1560. Y en el nuevo teatro de la misma ciudad, también construido por Palladio, se representó en 1585 una versión mucho más memorable y fiel al texto de Sófocles, traducido por Orsato Giustiniani[1].

Ya en el siglo XVII tenemos muy notables representaciones (algunas contaminan el texto de Sófocles con el de Séneca) en Francia, pues es el siglo del esplendor del teatro clasicista francés. Entre estas podemos destacar los *Edipos* de Garnier (1579) y de Corneille (1659), y las hechas sobre traducción precisa y comentada de A. Dacier *(Oedipe roi,* 1692), de larga influencia. De 1717 es el *Edipo* del joven Voltaire, de muy significativa libertad en la recreación del drama.

Desde el siglo XVIII a finales del XX, son muy numerosas tanto las ediciones críticas como las traducciones y comentarios, así como las obras inspiradas en la tragedia de Sófocles. Son demasiado numerosas para dar aquí noticia de ellas[2].

1. Sobre esa representación puede verse el amplio y muy bien documentado artículo de P. Vidal-Naquet, «Edipo en Vicenza y en París: dos momentos de una historia», en J. P. Vernant y P. Vidal-Naquet, *Mito y tragedia en la Grecia antigua, vol. II,* Madrid, Taurus, 1989, pp. 225-246.
2. Una lista de las obras más notables puede verse en el apéndice de María Schadewaldt-Meier a la excelente traducción de W. Schadewaldt: *Sophokles. König Odipus,* Zurich-Stuttgart, Artemis, 1973, pp. 123-139.

La primera traducción española, notablemente fiel al texto de Sófocles, aparece a finales del siglo XVIII: *Edipo Tirano* de Pedro Estala, en 1793. La siguen la versión de Pedro Montengón (las tragedias de Sófocles) en 1820, y la ya marcada por su buen estilo en la tendencia romántica de su tiempo, de Francisco Martínez de la Rosa, en 1828[3].

Hay en castellano muchas traducciones de Sófocles, y en especial de *Edipo rey*. Aproximadamente unas veinte las que cuento en la lista ofrecida por Manuel Fernández-Galiano a finales del siglo XX[4]. Citaré solo las últimas, desde 1950 hasta hoy: A. Blánquez (Barcelona, 1955), F. Rodríguez Adrados (Madrid, 1956), A. Espina (Madrid, 1965), G. Godoy (Santiago de Chile, 1968), L. Gil (Madrid, 1969), C. Miralles (Barcelona, 1969), M. Benavente (Madrid, 1971), J. Fallí (Barcelona, 1973), J. M.ª Lucas de Dios (Madrid, 1977), A. Alamillo (Madrid, 1981), J. Vara (Madrid, 1985), M. Fernández-Galiano (Barcelona, 1999) y la más reciente de J. Cano (Madrid, 2009).

Para esta traducción he utilizado fundamentalmente el texto griego de la conocida edición de A. C. Pearson, *Sophoclis Fabulae,* Oxford, OCT, 1928 (en la reimpresión de 1961), aunque con consultas puntuales de otras. Así, en algún pasaje he preferido las lecciones de la edición de H. Lloyd-Jones y N. G. Wilson, *Sophoclis Fabulae,* OCT, Clarendon Press, 1990, que aporta algunas mejoras al texto en su aparato crítico y ha sustituido en las mismas prensas Clarendon a la de Pearson.

3. Véase el interesante comentario de G. Paduano, *Lunga storia di Edipo re: Freud, Sofocle e il teatro occidentale,* Turín, Einaudi, 1994, pp. 341-348.
4. En su Sófocles, *Tragedias,* Barcelona, 1999, p. LIV. (En esa lista se citan también las varias catalanas, gallegas y portuguesas, algunas excelentes, como la de C. Riba).

Primera parte

Edipo rey, de Sófocles

Personajes:

EDIPO
SACERDOTE
CREONTE
CORO (ANCIANOS DE TEBAS)
TIRESIAS
YOCASTA
MENSAJERO DE CORINTO
SERVIDOR DE LAYO
HERALDO

Personajes mudos:

ANTÍGONA E ISMENE, hijas de Edipo
SUPLICANTES Y SIERVOS DEL PALACIO

(Ante el palacio de Edipo en Tebas. Una multitud de jóvenes y ancianos acuden como suplicantes -llevan ramos de olivo y cintas blancas en las manos-. Al frente, al abrirse la puerta, avanza el sacerdote de Zeus. Edipo, solemne y regio, sale a su encuentro)[1].

EDIPO
Hijos míos, nueva estirpe del antiguo Cadmo,
¿por qué acudís ahora a mí con estas actitudes,
armados con coronas y ramos de suplicantes?
La ciudad entera está llena de humaredas
y a la vez de súplicas de salvación y de lamentos.
Pues considero justo escucharlo no de otros mensajeros,
sino de vosotros mismos, hijos, aquí he venido, en persona,
yo, a quien todos llaman el ilustre Edipo.

1. La numeración marginal corresponde a los versos del original griego.

Así que, anciano, dime tú, ya que pareces adecuado
para hablar en nombre de estos. ¿Por qué motivo estáis aquí,
por temor o por deseo? Piensa que estoy dispuesto
a socorreros en todo. Duro de conmover sería,
si yo no me compadeciera en esta situación.

SACERDOTE
Sí, Edipo, soberano de esta tierra nuestra,
ya ves la edad de quienes acudimos a tus altares.
Los unos, aún sin mucha fuerza para alzar el vuelo;
los otros, apesadumbrados por la vejez, los sacerdotes.
Lo soy yo de Zeus, y estos están elegidos entre los jóvenes.
El resto de la población, coronado de ramos de olivo, se asienta
en las plazas, junto a los dos templos de Atenea
y sobre el polvo profético del río Ismeno.
Porque la ciudad, como tú mismo observas, sufre ya
terrible tormenta y no logra alzar su cabeza
del abismo en medio de la sangrienta tempestad,
y se va muriendo en los frutos cosechados de la tierra,
y se va muriendo en los rebaños de sus pastos,
y en los partos sin hijos de las mujeres. Y un dios incendiario
asalta e invade la ciudad, la peste odiosísima,
que va dejando vacía la casa de Cadmo,
mientras el negro Hades se colma de gemidos y lamentos.
Así que no porque te igualemos a los dioses
acudimos ante ti estos jóvenes y yo como suplicantes,
sino porque te juzgamos el mejor de los hombres
en las desdichas de la vida y en los contactos con los dioses.

Pues a tu llegada libraste a la ciudad de Cadmo
del tributo que pagábamos a la implacable cantora, la Esfinge;
y eso sin saber nada más y sin haber sido instruido
por nosotros, sino que, según se dice y se cree,
con el apoyo divino, pusiste a salvo nuestra vida.
Y ahora, ¡oh tú, entre todos muy poderoso Edipo!,
todos los que aquí venimos te rogamos
que nos encuentres algún remedio, bien sea
escuchando la voz de algún dios o acaso por consejo humano.
Veo que se salvan mucho mejor las desdichas
mediante los consejos de los experimentados.
¡Venga, tú, el más noble de los mortales, reanima la ciudad!
¡Vela por ti mismo! Pues ahora a ti esta tierra
te aclama como salvador por tu anterior empeño.
¡Que jamás vayamos a acordarnos de tu reinado
porque nos alzamos al principio y nos hundimos más tarde!
¡Pon en pie de nuevo esta ciudad con toda firmeza!
Ya que antaño, con favorable augurio, nos trajiste
la fortuna, también ahora muéstrate a la misma altura.
Puesto que seguirás gobernando esta tierra, que ya dominas,
es mejor que reines sobre hombres y no en una ciudad vacía.
Pues nada vale una torre ni una nave desierta
de hombres que las habiten en su interior.

EDIPO
Angustiados hijos, venís a expresar anhelos
conocidos y que no ignoro. Pues sé bien lo que sufrís todos,
pero aunque sufráis, nadie hay entre vosotros que sufra como yo.

Pues entre vosotros el dolor le llega a uno
solo por sí mismo, y por ningún otro, pero mi alma
solloza por la ciudad y por mí y por ti a la vez.
De modo que no me despertáis como a quien duerme un sueño,
sino que sabed bien que he derramado muchas lágrimas
y he andado muchos caminos en los extravíos de mi preocupación.
Y cavilando mucho vine a encontrar un único remedio,
y lo he puesto en práctica. A Creonte, mi cuñado,
el hijo de Meneceo, lo envié al oráculo pítico,
al templo de Febo, para que se informara de qué
podía hacer o decir yo para poner a salvo la ciudad.
Al calcular el tiempo transcurrido ya me inquieta
lo que le haya ocurrido. Más de lo acostumbrado
se alarga su ausencia, más del tiempo conveniente.
Pero en cuanto llegue, mezquino yo sería
si al instante no hiciera todo lo que el dios exija.

SACERDOTE
¡Qué acierto! Acabas de decirlo y al momento
estos me indican que Creonte viene hacia aquí.

EDIPO
¡Apolo soberano! Ojalá venga con buena fortuna
y con un mensaje de salvación según lo radiante de su aspecto.

SACERDOTE
Favorable, al menos según conjeturamos.
Pues de otro modo no vendría así con una corona de laurel florecido.

EDIPO
Pronto lo sabremos. Pues ya está al alcance de mi voz.
Príncipe, querido cuñado, hijo de Meneceo,
¿qué mensaje vienes a traernos de parte del dios?

CREONTE
Uno bueno. Y os digo que las desgracias,
si uno acierta a salir bien de ellas, pueden concluir con feliz fortuna.

EDIPO
¿Pero cuál es el mensaje? Porque todavía no estoy
ni confiado ni temeroso por tu relato hasta ahora.

CREONTE
Si quieres escucharlo ante esta gente,
dispuesto estoy a hablar, y también si prefieres que vayamos dentro.

EDIPO
Habla ante todos. Pues me preocupa más
el sufrimiento de estos que el de mi propia alma.

CREONTE
Voy a decir lo que he escuchado del dios.
El soberano Febo nos ordena abiertamente
expulsar la impureza del país, la mancha extendida
en esta tierra, y que no alimentemos lo irremediable.

EDIPO
¿Con qué rito purificador? ¿Qué aspecto tiene esa desgracia?

CREONTE
Mediante una expulsión o resolviendo el crimen
con otra muerte. Como si esa sangre atormentara la ciudad.

EDIPO
¿A qué infortunio pues y a qué hombre alude?

CREONTE
Tuvimos antaño, rey, como soberano de esta
tierra a Layo, antes de que tú tomaras el gobierno de la ciudad.

EDIPO
Lo sé de oídas, pues nunca llegué a verlo.

CREONTE
Este murió, y ahora el dios manda sin ambages
que alguien castigue a quienes cometieron con su mano el crimen.

EDIPO
¿En qué lugar de la tierra están ellos? ¿Dónde va a encontrarse
el difícil rastro de un asesinato tan antiguo?

CREONTE
Afirmó que estaban en esta región. Lo que se busca
puede hallarse, pero lo que no se investiga escapa.

EDIPO
¿Dónde encontró esa muerte Layo? ¿En su palacio,
o fue en los campos, o en una tierra extraña?

CREONTE
Emprendió un peregrinaje como viajero a Delfos,
y ya nunca volvió a su casa después de su partida.

EDIPO
¿Ningún mensajero, ningún compañero de viaje
lo vio, y hay de quién pudiera uno informarse?

CREONTE
Murieron, menos uno solo, que escapó aterrorizado
y de lo que vio no fue capaz de decirnos a sabiendas sino una cosa.

EDIPO
¿Cuál? Pues de una podrían deducirse muchas,
si encontráramos un breve indicio para la esperanza.

CREONTE
Dijo que le atacaron unos bandidos y lo mataron,
no con un único brazo, sino con multitud de manos.

EDIPO
¿Cómo, pues, el salteador habría llegado a tanta osadía,
de no ser que alguien se lo hubiera encargado, con dinero, desde aquí?

CREONTE
Hubo esa sospecha; pero tras quedar muerto Layo
ninguno se presentó como su vengador en el desastre.

EDIPO
¿Qué desdicha os impidió, cuando su reinado
se derrumbaba así, investigarlo a fondo?

CREONTE

La Esfinge de cantos enigmáticos nos obligaba a atender
a los males más inmediatos y a pasar por alto los que parecían oscuros.

EDIPO

¡Sea, desde un principio voy de nuevo otra vez yo a aclararlos!
Pues muy dignamente Febo, y dignamente tú
habéis mostrado vuestra solicitud por el muerto.
Así que con toda justicia me veréis a mí también como aliado,
buscando venganza para esta tierra y para el dios.
Y no en nombre de parientes lejanos,
sino por mí mismo, yo borraré esa infamia.
Pues quien dio muerte a aquel, tal vez podría pronto
querer actuar contra mí con una acción semejante.
Así que al auxiliar al muerto me protejo a mí mismo.
Venga, a toda prisa, hijos, levantaos de esas gradas,
alzando en las manos vuestros ramos suplicantes.
Y que otro convoque aquí al pueblo de Cadmo,
en la convicción de que yo voy a hacerlo todo, así que
o bien quedaremos victoriosos con la ayuda del dios, o aniquilados.

SACERDOTE

¡Levantémonos, hijos! Porque aquello
por lo que vinimos aquí este lo promete cumplir.
¡Que Febo, que nos ha enviado esos oráculos,
acuda como salvador y salvaguardia de la peste!

CORO
Oráculo de Zeus de dulce palabra,
¿cómo has llegado del muy áureo santuario
de Delfos a la espléndida Tebas?
Me encuentro estremecido, y un terror
terrible sacude mi mente, ¡oh sanador peán de Delos!,
porque me pregunto qué es lo que me exigirás cumplir,
sea nuevo o recurrente en el transcurso de los tiempos.
¡Dímelo, hija de la áurea Esperanza, voz divina!
En primer lugar te invoco a ti, hija de Zeus,
divina Atenea, y a tu hermana Ártemis,
protectora de esta tierra, que tiene su sede en el trono famoso
del ágora circular, y al flechador Apolo,
¡acudid a mí como tríada protectora!
Si alguna vez antaño arrojasteis fuera de la ciudad
la llama de la calamidad que la amenazaba,
¡venid de nuevo ahora!
¡Ay, ay! Son incontables las desdichas que sufro.
Toda mi gente está enferma,
y no hay arma en mi mente con la que pueda defenderla.
Porque no llegan a su sazón los frutos de esta gloriosa tierra,
ni las mujeres soportan los agudos dolores de sus partos.
Puedes ver cómo uno tras otro, como aves de raudas alas,
más veloces que el incendio incontenible,
todos se precipitan hacia la ribera del dios de la noche.
En la incesante destrucción perece la ciudad.
Sin piedad sus retoños inundados de muerte
yacen por tierra sin lamentaciones.
Mientras que en ella esposas y madres de cabellos canos,
aquí y allá, al pie de los altares rezan y lloran sus lúgubres penas.
Se alza el peán y lo acompaña el clamor de los sollozos.

¡Frente a todo esto, oh hija áurea de Zeus,
envíanos la protección de tu querida presencia!
Que el violento Ares que ahora, sin escudos de bronce,
me acosa, y me asalta con sus aullidos, retroceda a toda prisa,
expulsado de mi patria por el viento, hasta el tálamo profundo
de Anfitrita, o hasta el puerto inhospitalario
del golfo de Tracia.
Es que, si la noche deja algo en pie, sobre ello cae el día.
A ese, oh Zeus Padre, tú que dominas la furia de los relámpagos
portadores del fuego, anonádalo con tu rayo.
¡Apolo Soberano, quisiera que de las áureas cuerdas
de tu arco zarparan tus flechas invencibles
disparadas en defensa nuestra, y que también
fueran con ellas las refulgentes antorchas de Ártemis,
con las que impetuosa recorre los montes de Licia!
E invoco al dios de la diadema de oro,
el que lleva el sobrenombre de esta tierra,
Baco de vinosa faz, el dios del evohé,
compañero del tropel de las ménades,
para que venga a socorrernos con el fuego
de su flamígera antorcha, como aliado nuestro
contra el dios más aborrecido de los dioses.

EDIPO
Suplicas, y a eso que suplicas, si vienes dispuesto a escuchar
mis palabras y aceptarlas y a confiar en un remedio a la peste,
encontrarás amparo y alivio a tus desdichas.
En cuanto al hecho, hablaré como distante del relato
y ajeno al antiguo suceso. Porque no puedo aclarar
el rastro desde lejos sin tener algunos indicios.

Pero ahora, ya que he conseguido ser ciudadano en fecha posterior
entre sus conciudadanos, voy a dar esta proclama a todos los cadmeos.
Quienquiera de vosotros que sepa por quién
fue muerto Layo, el hijo de Lábdaco, a este
le ordeno que se presente ante mí y lo denuncie todo.
Incluso si siente algún temor, que rechace cualquier recelo
acerca de sí mismo. Pues ningún daño sufrirá,
sino que podrá salir indemne de esta tierra.
Y si, en cualquier caso, sabe que el asesino es otro,
de otra procedencia, que no calle. Yo le ofreceré
una recompensa y le añadiré mi agradecimiento.
Pero si, en cambio, guardáis silencio y cualquiera,
por miedo por sí mismo, o por algún amigo, desoye
esta proclama, ha de escucharme lo que haré en tal caso.
Decreto que a ese individuo, sea quien sea,
en este país cuyo dominio y trono mantengo,
nadie lo acoja ni le dirija la palabra
ni le deje participar en sus oraciones ni en los sacrificios
en honor de los dioses, ni le ofrezca nadie el agua lustral,
sino que todos lo echen de sus casas, porque es
para nosotros una mancha infecta, según me acaba de manifestar
de forma muy precisa a mí el oráculo délfico.
Yo, por lo tanto, actúo así como aliado de combate
de la divinidad y de ese hombre, del muerto.
Y condeno al que lo mató, tanto si es uno solo
que se oculta como si actuó con ayuda de otros,
a arrastrar miserablemente una despreciable y oscura vida.

Y pido que, si se hallara en mi casa sin yo saberlo,
sufra yo mismo cuanto he proclamado para otros.
A vosotros os encargo cumplir todo esto,
en mi nombre, en el del dios, y en el de esta tierra
que ahora se ve agostada, sin cosechas ni ayuda divina.
Pues, aunque todo este caso no hubiera sido
acicateado por los dioses, no era lógico que dejarais ese crimen así,
sin vengarlo, cuando había perecido un excelente monarca;
sino haberlo investigado. Ahora, ya que me encuentro yo
teniendo los poderes que él poseía antaño,
y en el lecho y con la mujer que fue de ambos,
e incluso tendríamos hijos comunes de ella
de no haberse frustrado su descendencia,
ya que, en efecto, sobre su cabeza se precipitó la desdicha,
por todo esto yo, como si fuera por mi propio padre,
pelearé por él y llegaré hasta el fondo de todo,
esforzándome en atrapar al culpable de su asesinato,
para satisfacer al hijo de Lábdaco, que lo fue de Polidoro,
hijo del precedente Cadmo, hijo a la vez del antiguo Agénor.
Y hago este ruego a los dioses: que a quienes no obedezcan,
ni se les logre la cosecha de la tierra
ni tampoco los hijos de su mujer, sino que mueran
consumidos ahora por la peste o por otra aún peor.
Y a vosotros, los demás cadmeos, todos cuantos
estáis conmigo, que os amparen la Justicia
como vuestra aliada y los dioses todos para siempre.

CORIFEO
Ya que me obligas con tu imprecación, rey, diré esto.
Que yo no lo asesiné ni puedo tampoco indicarte al asesino.

Respecto a esa búsqueda le tocaba a Febo, que la suscitó,
revelar quién cometió, antaño, el crimen.

EDIPO
Has hablado justamente. Pero forzar a los dioses,
cuando ellos no quieren, ningún humano podría.

CORIFEO
En segundo lugar, tras eso, puedo decirte lo que es mi opinión.

EDIPO
E incluso en el tercero, no prescindas de decírmelo.

CORIFEO
Sé que hay un sabio que ve tanto como el sabio Apolo,
más que nadie, Tiresias. Tal vez, si uno examinara eso
con su ayuda, rey, podría saberlo todo con certeza.

EDIPO
Tampoco lo he pasado por alto y no dejé de tenerlo en cuenta.
Por consejo de Creonte, pues, ya le envié dos mensajeros.
Me sorprende que no esté aquí desde hace tiempo.

CORIFEO
Ciertamente lo restante son rumores antiguos y vanos.

EDIPO
¿A qué palabras te refieres? Porque he de investigar cualquier noticia.

Corifeo
Se dijo que murió a manos de unos viajeros.

Edipo
También yo lo he oído. Pero nadie sabe quién lo haya visto.

Corifeo
No obstante, aun si él tiene algún temor,
no tardará en presentarse al conocer amenazas tales como las tuyas.

Edipo
A quien no siente horror al crimen no le amedrentan unas palabras.

(Entra el adivino Tiresias. Como es ciego viene acompañado por los guardias y por un muchacho que le sirve de lazarillo).

Corifeo
Ya está ahí el que va a descubrirlo. Pues esos
traen acá al venerable adivino, el único de los humanos
que por su propio natural está en posesión de la verdad.

Edipo
¡Eh tú que todo lo sabes, Tiresias, lo que se enseña
y lo oculto, lo celeste y lo subterráneo!
A la ciudad, aunque tú no la ves, sabes ya
sin embargo qué plaga la agobia. Y solo a ti,
como su único guía y salvador, hemos encontrado.

Ha poco Febo, como quizás ya te has enterado por los mensajeros,
nos respondió cuando lo consultamos que hay solo
un único escape de esta epidemia:
que acertemos a descubrir a quienes mataron a Layo,
y les demos muerte o los expulsemos desterrados del país.
Así que tú no nos niegues el mensaje de las aves
o cualquier otro remedio del saber profético que posees.
Sálvate a ti mismo y a la ciudad, sálvame a mí
y borra toda esa mancha que viene del cadáver.
En ti confiamos. Que un hombre sea útil a la comunidad
con cuanto puede y tiene es el más hermoso de los esfuerzos.

Tiresias
¡Ay, ay! ¡Qué terrible es saber cuando
eso no es provechoso para el que sabe! Aunque yo lo sabía bien,
lo olvidé. Si no, no habría venido hasta aquí.

Edipo
¿Qué pasa? ¡Con cuánto desánimo has venido!

Tiresias
Déjame regresar a mi casa. Así soportarás mejor lo tuyo
y lo mío, si es que sigues mi consejo.

Edipo
No estás hablando justamente, ni con amor por la ciudad,
esta, la que te crio, al negarnos la respuesta.

TIRESIAS
Porque veo que tampoco tu pregunta resulta
oportuna. De manera, pues, que no quiero yo sufrir otro tanto...

EDIPO
No, ¡por los dioses! Si sabes algo, no te vuelvas así,
porque todos te lo pedimos de rodillas, suplicando.

TIRESIAS
Porque todos desvariáis. Pero yo jamás
revelaré mis desdichas; es decir, las tuyas.

EDIPO
¿Qué dices? ¿Sabiéndolo, no lo vas a decir,
sino que piensas traicionarnos y que se destruya la ciudad?

TIRESIAS
Yo no causaré más dolor, ni a mí ni a ti.
¿Por qué investigas eso sin sentido? No vas a enterarte de nada por mí.

EDIPO
¡Malvado entre los malvados, tú irritarías
a una roca en su entraña! ¿No hablarás de una vez?
¿Es que vas a permanecer así, insensible e implacable?

TIRESIAS
Me reprochas mi obstinación, pero la tuya en cambio
no ves, la que tienes dentro, sino que me insultas.

EDIPO
¿Quién no se enfurecería al escuchar tales palabras,
esas con las que ahora tú desprecias a la ciudad?

TIRESIAS
Sucederá lo mismo, lo mismo, aunque yo lo cubra con mi silencio.

EDIPO
Por lo tanto debes decirme tú lo que va a ocurrir.

TIRESIAS
No voy a contar nada más. Ante ello enfurécete
si quieres, con tu furor más salvaje.

EDIPO
Sí, y no voy a pasar nada por alto, tanta es mi irritación
por lo que voy entendiendo. Entérate, pues, de que me parece
que tú tramaste el crimen y lo llevaste a cabo,
aunque no cometieras el asesinato con tus manos.
Que, a tener vista, también afirmaría que fuera solo obra tuya.

TIRESIAS
¿De verdad? Te advierto que estás incurriendo
en la maldición que proclamaste antes y que a partir del día
de hoy no debes hablar ni a estos ni a mí,
porque eres el criminal que infecta esta tierra.

EDIPO
¿Con tanta desvergüenza lanzas tus insultos?
¿Adónde crees que con eso vas a escaparte?

TIRESIAS
Estoy libre. Me mantengo con la fuerza de la verdad.

EDIPO
¿Y quién te la ha enseñado? No será porque venga de tu oficio.

TIRESIAS
Tú mismo. Porque tú me empujaste a hablar contra mi voluntad.

EDIPO
¿Qué declaras? Dímelo para que lo aprenda mejor.

TIRESIAS
¿No lo entendiste antes? ¿Es que sometes a prueba mis palabras?

EDIPO
No tanto como para reconocerlo. Así que vuelve a decirlo.

TIRESIAS
Digo que el asesino de ese hombre, el que buscas, eres tú.

EDIPO
Pues no te vas a alegrar de repetir esa calumnia.

TIRESIAS
¿Voy a decir algo más para enfurecerte más?

EDIPO
Todo lo que quieras; porque quedará dicho en vano.

TIRESIAS
Digo que, sin saberlo, vives en el más vergonzoso trato
con tus seres más queridos y no ves en qué colmo de desdicha estás.

EDIPO
¿Es que crees que con total alegría dirás una y otra vez tales cosas?

TIRESIAS
Si es que la verdad mantiene su fuerza.

EDIPO
La tiene, pero no para ti. Para ti no existe,
porque estás ciego no solo de los ojos, sino de oídos y de mente.

TIRESIAS
Tú eres un desdichado, al hacerme esos reproches,
que pronto todo el mundo te echará a ti mismo en cara.

EDIPO
Vives en una noche perpetua, de modo
que no puedes dañarme, ni a mí ni a cualquier otro que vea la luz.

TIRESIAS
No es mi destino caer por tu mano,
pues Apolo es poderoso, y a él le incumbe cumplirlo.

EDIPO
¿Proceden de Creonte o son obra tuya estas intrigas?

TIRESIAS
Creonte no es ninguna amenaza contra ti; lo eres tú por ti mismo.

EDIPO
¡Ah, riquezas, poder regio y saber que aventaja al saber
en esta existencia tan llena de rivalidad,
cuán grande es la envidia en torno vuestro!
Pues es a causa de este poder, que la ciudad
depositó en mis manos, como regalo y no a petición mía,
por lo que Creonte, el leal, el amigo desde un comienzo,
desea derrocarme, conspirando a escondidas,
sirviéndose de semejante embaucador,
marrullero, tramposo mendigo, que solo para sus ganancias
tiene ojos abiertos y es por su naturaleza ciego en su oficio.
Porque, venga, dime: ¿en qué eres tú un adivino clarividente?
¿Cómo, cuando estaba aquí la Perra Cantora,
no comunicaste ningún remedio de salvación a los ciudadanos?
Por más que aquel enigma suyo no era fácil de descifrar
para el viandante, sino que apelaba al oficio profético.
Ese que tú demostraste no poseer por los augurios,
y que no conocías ni por ninguno de los dioses.
Entonces yo, apenas me presenté, Edipo, el que nada sabía,
logré darle fin, usando mi inteligencia y sin aprender nada de los pájaros.
Soy yo, a quien tú intentas derrocar, con la esperanza
de colocarte muy cerca del trono de Creonte.

Con vuestras lágrimas me parece que tú y quien tramó estas cosas
vais a purgar este ultraje. Y de no parecerme que eres
demasiado viejo para ello, pagarías con tormentos todas tus intrigas.

CORIFEO
En nuestra opinión las palabras de este
fueron dichas con irritación y también las tuyas, Edipo, lo parecen.
No necesitamos eso, sino ver cómo resolvemos
del mejor modo las advertencias de la divinidad.

TIRESIAS
Aunque tú seas el rey, he de tener igual derecho
a responderte. También yo tengo poder en este asunto.
Porque no vivo como esclavo tuyo, sino como siervo de Loxias;
de modo que no me dejaré marcar como criado de Creonte.
Y voy a hablar, ya que me has reprochado mi ceguera.
Tú, sí, estás mirando, y no ves dónde estás en tu desdicha,
ni dónde habitas ni en qué familia convives.
¿Acaso sabes qué padres tienes? Estás ignorando que eres enemigo
de los tuyos, de los que yacen bajo tierra y de los vivos,
y que la doble maldición de tu padre y de tu madre,
con sus terribles pies te expulsará de esta tierra,
a ti, que ahora ves bien, pero luego verás solo tinieblas.
¿Qué lugar no será un puerto de tu grito dolorido,
qué Citerón no será resonante muy pronto,

cuando comprendas en qué borrascoso puerto anclaste,
creyendo encontrar en palacio una propicia ensenada?
Tampoco tienes conciencia del cúmulo de males
en los que te igualarás a ti con tus hijos.
Frente a eso, insúltanos a Creonte y a mi lengua.
Porque ningún mortal hay entre todos
que vaya a ser machacado alguna vez de peor manera.

EDIPO
¿Acaso se puede sufrir escuchar tales cosas de este?
¿No te irás al diantre, y a toda prisa? ¿No te marcharás
de nuevo, expulsado de palacio, expulsado sin más?

TIRESIAS
No habría yo venido si no me hubieras llamado.

EDIPO
Porque no sabía que ibas a decir locuras;
sino, a buenas horas te habría convocado en mi casa.

TIRESIAS
Con que soy yo, a tu parecer, un loco;
mas para tus padres, los que te engendraron, fui un hombre cuerdo.

EDIPO
¿Para quiénes? Aguarda. ¿Quién me engendró?

TIRESIAS
Este mismo día te verá nacer y te destruirá.

EDIPO
¡Cuán en exceso enigmático y tenebroso es lo que dices!

TIRESIAS
¿Acaso no eres tú el más hábil en descifrar enigmas?

EDIPO
Repróchame eso, de lo que estoy orgulloso.

TIRESIAS
Y, sin embargo, esa es la fortuna que te ha perdido.

EDIPO
Pues, si salvé a la ciudad, no me importa.

TIRESIAS
Me iré entonces. Ya tú, niño, condúceme.

EDIPO
Que te lleve en buena hora: estando aquí solo eres un estorbo
y molestas, alejándote puede que no hagas más daño.

TIRESIAS
Me voy porque ya dije aquello a lo que venía,
no porque me atemorice tu persona. No tienes nada para destruirme.
Pero te lo advierto. Ese hombre que desde hace rato buscas,
con amenazas y proclamas sobre el asesinato de Layo, ese está aquí.

Según se dice, es ahora un extranjero bien asentado,
pero luego se revelará tebano y no se va a alegrar
del reconocimiento. Porque ciego en lugar de vidente
y pordiosero en vez de rico, apoyándose
en su bastón partirá a recorrer tierras extrañas.
Y ante sus hijos, con los que convive,
aparecerá como hermano y padre, y ante la mujer de la que nació,
como hijo y esposo, y como copartícipe del lecho
y asesino de su padre. Así que entra en palacio
y reflexiona sobre esto. Y, si encuentras que he mentido,
proclama entonces que nada sé de profecías.

CORO
¿Quién será ese del que la cumbre oracular de Delfos
ha dicho que cometió los crímenes más abominables
con manos ensangrentadas? Hora es ya de que lance
su pie a la huida con más celeridad que la de los potros del viento.
Porque, armado de fuego y relámpagos, ya se abalanza tras él
el hijo de Zeus y lo acompañan terribles las Keres.
Fulgurante, en efecto, desde el nevado Parnaso
ha poco que surgió el mandato de buscar por doquier
el rastro de ese hombre misterioso.
Que no se oculte en el bosque salvaje
o en cuevas y quebradas, semejante a un toro,
desdichado y en desdichado extravío, solitario,
intentando escapar a las profecías
emanadas del ombligo de la tierra. Pues estas
revolotean en torno a él, en incesante acoso.
Espantosa, espantosamente me tiene confuso

el sabio agorero, y no sé si aceptar o rechazar
sus palabras. No sé qué decir. Me agito entre sospechas,
sin ver por aquí ni por allá. ¿Qué querella
hubo entre los Labdácidas y el hijo de Pólibo?
Ni en lo de antes ni en lo de ahora yo jamás
me enteré de nada que yo, como con piedra de toque,
sopesara en contra la fama de Edipo en nuestro pueblo,
como defensor de los Labdácidas de muertes misteriosas.
Sin embargo, Zeus y Apolo son sabios
y conocedores de las acciones de los humanos.
Pero, entre los mortales, si un adivino resulta
más certero que yo, de eso no hay criterio de verdad.
Con su saber un hombre puede aventajar su sabiduría.
Así que, nunca, yo al menos, hasta no ver comprobada su palabra,
puedo dar crédito a esos reproches.
Antaño a la vista de todos se enfrentó a él la doncella alada,
y él se mostró sabio en la contienda y salvador de la ciudad.
Por eso ante mi juicio jamás será culpable de maldad.

(Entra Creonte).

CREONTE
Ciudadanos, enterado de las tremendas palabras
con que me acusa el rey Edipo, vengo sin poderlas soportar.
Porque, si en medio de las presentes desdichas
ahora piensa que está sufriendo por mi culpa,
de palabra o de hecho, algo que le causa daño,
no anhelo prolongar mi vida, abrumado por tal infamia.

Pues la pena por esa difamación no es un agravio simple,
sino el más pesado, ya que voy a ser llamado malhechor
por la ciudad, maldito ante ti y mis seres queridos.

Corifeo
Pero tal vez esa acusación vino inspirada
por su irritación, más que como un dictamen de su reflexión mental.

Creonte
¿Se expresó en público esa injuria de que por intrigas mías
el adivino había dicho oráculos falsos persuadido?

Corifeo
Eso se decía, pero no sé con qué intención.

Creonte
¿Y con mirada firme y con firme decisión
se profería tal acusación contra mí?

Corifeo
No lo sé. Las acciones de los poderosos no las juzgo.
Pero él sale ahora por las puertas de palacio.

Edipo
¿Eh, tú, cómo te presentas acá? ¿Tienes rostro
tan desvergonzado como para presentarte hasta mi casa,
tú que eres manifiestamente el asesino del muerto
y el declarado pretendiente a mi soberanía?
¡Venga, habla, por los dioses! ¿Tanta cobardía o necedad
has visto en mí que te atreviste a tramar eso?

¿O acaso pensabas que no iba a descubrir lo que tramabas
con engaño o que, al conocerlo, no iba a castigarlo?
¿Acaso no es una locura tuya esa intentona
de conquistar el trono sin el pueblo y sin amigos,
algo que solo se obtiene con la confianza del pueblo y con la riqueza?

CREONTE
¿Sabes qué debes hacer? Escucha la respuesta adecuada
a lo que has dicho y, una vez la hayas oído, juzga tú mismo.

EDIPO
Para hablar eres diestro, pero soy yo torpe
para aprender de ti. Porque te encontré traicionero y oscuro contra mí.

CREONTE
Acerca de eso escúchame tú ahora primero,
como te pido.

EDIPO
Acerca de eso explícate, sobre que no eres un malvado.

CREONTE
Si piensas que es una ventaja
la obstinación sin razonamiento, no reflexionas bien.

EDIPO
Si piensas que actuando tortuosamente
contra un pariente escaparás a la justicia, reflexionas mal.

CREONTE
Admito que hayas dicho eso justamente.
Pero dime qué daño es el que dices que te he causado.

EDIPO
¿Me aconsejaste o no me aconsejaste que debía
enviar a alguien en busca del «venerable» adivino?

CREONTE
Y aún ahora soy de esa misma opinión.

EDIPO
¿Cuánto tiempo hace que Layo...?

CREONTE
¿Que pasó qué? Es que no entiendo...

EDIPO
Desapareció en una emboscada mortal.

CREONTE
Fue hace mucho y han pasado ya muchos años.

EDIPO
¿Estaba ya entonces el adivino ese ejerciendo su oficio?

CREONTE
Ya era considerado sabio y honrado como ahora.

EDIPO
¿Hizo alguna alusión a mí entonces, en aquel tiempo?

Creonte
No, nunca, al menos estando yo presente y a su lado.

Edipo
¿Es que no hiciste ninguna investigación sobre el crimen?

Creonte
Las hicimos. ¿Cómo no? Y no averiguamos nada.

Edipo
¿Cómo, pues, entonces el sabio ese no decía lo que ahora?

Creonte
No lo sé y de lo que no entiendo prefiero callar.

Edipo
Pero algo sabes y lo dirías si fueras sensato.

Creonte
¿Qué? Si lo sé no voy a negarme a eso.

Edipo
Que de no haberse confabulado contigo,
no habría dicho nunca que fue obra mía la muerte de Layo.

Creonte
Si eso dice, tú lo sabrás. Pero creo justo
que tú me contestes como yo a ti hace un momento.

Edipo
Pregunta, que no me vas a atrapar como asesino.

CREONTE
Así sea. ¿Tomaste y tienes como mujer a mi hermana?

EDIPO
No hay negación posible a lo que inquieres.

CREONTE
¿Mandas en esta tierra compartiendo el poder con ella?

EDIPO
Ella consigue a mi lado todo cuanto desea.

CREONTE
Por tanto, ¿no estoy como igual a vuestro lado como tercer gobernante?

EDIPO
Por eso justamente ahora estás en evidencia como un pariente maligno.

CREONTE
No, si me consientes una réplica razonada,
como yo a ti.
Conque analiza en primer lugar esto:
¿es que crees que alguien prefiere gobernar con temores
a hacerlo con sueños tranquilos, si obtiene así el mismo poder?
Así que yo no desearía ser tirano antes que mandar como tal,
ni lo desea cualquiera que sepa ser sensato.

Ahora, en efecto, lo obtengo todo de ti, sin temor alguno,
pero si yo fuera rey, tendría a menudo que actuar contra mi voluntad.
¿Cómo me iba a ser más grata la tiranía
que tener mando y gobernar sin agobio?
No estoy todavía tan viciado como para anhelar
algo distinto de los bienes que se unen al provecho.
Ahora saludo a todo el mundo, ahora todos me aprecian,
ahora quienes quieren algo de ti me cortejan,
pues conseguirles cualquier cosa está a mi alcance.
¿Cómo, pues, yo preferiría lo otro renunciando a esto?
Un buen juicio basta para no hacerse traidor.
No soy por mí mismo un ambicioso con ese anhelo
ni osaría jamás estar con otro en tal empresa.
Y como muestra de ello ve a Delfos y entérate
de si te he informado bien de los oráculos.
Y luego, en caso de que me halles conspirando
en algo junto con el divino, mátame de acuerdo
con una doble sentencia, la tuya y la mía.
Deja de acusarme con una sospecha incierta,
que no es justo tener a los malvados por honrados
sin motivo, ni tampoco a los justos por malvados.
Opino que es lo mismo rechazar a un amigo noble
que rechazar la propia vida, que es el mejor amigo.
Con el tiempo te convencerás de ello de manera segura.
El tiempo por sí mismo revela al hombre de bien;
al malvado lo puedes descubrir en un día.

CORIFEO

Buen consejo ha dado para quien evita precipitarse,
rey. Quienes se apresuran en juzgar no son seguros jueces.

EDIPO
Cuando apresurado avanza en la sombra el intrigante,
apresurado debo decidir yo también. Si me quedo tranquilo y aguardo,
se cumplirán los planes de este y los míos serán un fracaso.

CREONTE
¿Qué quieres, pues? ¿Acaso expulsarme de esta tierra?

EDIPO
En modo alguno. Quiero darte muerte, no tu destierro,
para que sirvas de ejemplo de adonde conduce la envidia.

CREONTE
Hablas como quien no quiere ceder ni darme crédito.

EDIPO
...

CREONTE
Es que veo claramente que desvarías.

EDIPO
No en lo que a mí respecta.

CREONTE
Pero debería ser también en lo que a mí se refiere.

EDIPO
Es que eres un malvado.

CREONTE
¿Y si no entiendes nada?

EDIPO
Con todo he de gobernar.

CREONTE
Pero no como un mal gobernante.

EDIPO
¡Ah, ciudad, ciudad!

CREONTE
También a mí me importa la ciudad, no solo a ti.

CORIFEO
¡Cesad ya, príncipes! Muy oportunamente para ambos
veo que del palacio sale y aquí viene Yocasta.
Con ella es preciso concluir bien esta tensa disputa de ahora.

(Entra Yocasta, que sale del palacio).

YOCASTA
¿Por qué, infelices, habéis levantado esta insensata
disputa verbal? ¿No os avergonzáis de airear a voces
vuestros rencores privados cuando el país se halla en la agonía?
¿No vas a meterte tú en casa, y tú, Creonte, en la tuya
dejando de proclamar como gran dolor una minucia?

CREONTE
Hermana, es que un terrible castigo amenaza
imponerme Edipo, tu esposo, con una de estas dos penas:
o desterrarme del país o apresarme y matarme.

EDIPO
Lo afirmo. Porque lo he atrapado, mujer,
actuando alevosamente contra mí con pérfida astucia.

CREONTE
¡Que nada me vaya bien, sino que perezca
maldito si es que he realizado algo de lo que me acusa haber hecho!

YOCASTA
¡Por los dioses, Edipo, créele en eso!
Sobre todo por respeto a este juramento ante los dioses,
y además por respeto a mí y a estos que tienes delante.

CORIFEO
Tenlo en cuenta, rey, por tu propia voluntad,
por tu reflexión, te lo ruego.

EDIPO
¿En qué quieres que yo ceda en favor tuyo?

CORIFEO
En respetar a quien antes no era insensato
y ahora merece respeto por su juramento.

EDIPO
¿Sabes lo que me pides?

CORIFEO
Lo sé.

EDIPO
Di ya lo que quieres.

CORIFEO
Que a un amigo que ha hecho su juramento
jamás lo envíes al destierro deshonrado por una oscura acusación.

EDIPO
Sábete bien que, cuando pides eso,
estás pidiendo mi muerte o mi expulsión de esta tierra.

CORIFEO
No, por el dios que precede a los dioses todos,
Helios. ¡Muérame yo sin dioses y sin amigos,
del modo más cruel, si albergo esa intención!
Mas se me desgarra el alma por la desgracia
de esta tierra moribunda, si a las desdichas anteriores
han de añadirse los quebrantos surgidos entre vosotros.

EDIPO
Pues que se vaya este, incluso si tengo que morir
sin remedio o ser desterrado del país por la fuerza.
Cedo a la compasión, no por sus palabras, sino por tus lamentos.
Él, donde quiera que vaya, me resultará odioso.

CREONTE
Incluso cuando cedes sigues rencoroso, e insufrible
cuando te desbocas en tu ira. Caracteres como el tuyo
son los que más dolor se causan a sí mismos.

EDIPO
¿Es que no vas a dejarme de una vez y largarte?

CREONTE
Me iré. Sin lograr tu comprensión,
pero ante estos soy el de siempre.

(Sale de escena Creonte).

CORIFEO
Señora, ¿a qué esperas para llevarte
a este al interior del palacio?

YOCASTA
A enterarme de lo sucedido.

CORIFEO
Surgió una rencilla, sin fundamento; pero incluso lo infundado daña.

YOCASTA
¿Por parte de uno y otro?

CORIFEO
Así fue.

YOCASTA
¿Y cuál fue la disputa?

CORIFEO
Ya basta, creo que ya basta, y cesó ya,
y que, mientras la ciudad padece tanto daño, bien está que aquí concluya.

EDIPO
¿Ves adónde has llegado, siendo un hombre de
buena voluntad,
abandonando mi causa y apenando mi corazón?

CORIFEO
¡Oh, mi rey, ya lo dije más de una vez,
y sabes bien que me tendría por insensato,
falto de una recta conciencia, si te volviera la espalda,
a ti, que enderezaste la travesía de mi querida patria
cuando se hundía en las desgracias
y aún ahora puedes ser su buen capitán!

YOCASTA
¡Por los dioses, explícame también a mí, rey,
qué motivo hubo para que mantengas tan gran cólera!

EDIPO
Lo diré. Porque a ti, esposa, aún más que a estos te respeto.
Es a causa de Creonte, por lo que él ha estado conspirando contra mí.

YOCASTA
Habla, si vas a decirme a las claras la disputa y tus reproches.

EDIPO
Afirma que soy yo el asesino de Layo.

YOCASTA
¿Lo sabe por sí mismo o es que lo ha escuchado de otro?

EDIPO
El caso es que nos envió a un maldito adivino,
porque en cuanto a él no abrió su boca en absoluto.

YOCASTA
Tú entonces despreocúpate de lo que cuentas,
escúchame y aprende que ningún mortal domina
en modo alguno el arte de la profecía.
Te daré un testimonio preciso al respecto.
Ha tiempo, pues, le llegó a Layo un oráculo,
no diré que del mismo Apolo, sino de sus servidores,
que decía que estaba destinado a morir a manos de su hijo,
el que naciera de él y de mí. Más tarde, sin embargo,
según nuestras noticias, algunos bandidos extranjeros
lo mataron en un cruce de tres caminos.
En cuanto al niño, a los tres días de su nacimiento,
él ya lo había arrojado, por manos ajenas,
después de atarle los pies, en un monte inaccesible.
Es decir, que ni Apolo logró convertirlo
en asesino de su padre, ni pudo hacer que Layo muriera,
como él temía, a manos de su hijo.
¡Así se cumplieron los oráculos proféticos!
De ellos no te preocupes en nada. Cuando un dios
busca la realización de algo, él mismo lo manifiesta sin más.

EDIPO
¡Qué inquietud de alma y qué perturbación
de mente me invaden al oírte ahora, mujer!

YOCASTA
¿De qué angustia hablas, tan alterado?

EDIPO
Me ha parecido oírte esto: que Layo
fue asesinado en un cruce de tres caminos.

YOCASTA
Esa noticia se dio y aún no se ha desmentido.

EDIPO
¿Y dónde está el paraje donde se cometió el crimen?

YOCASTA
La comarca se llama Fócide y el camino
por un lado lleva a Delfos y por el otro a Daulia.

EDIPO
¿Y cuánto tiempo ha pasado desde aquello?

YOCASTA
Poco antes de que tú vinieras y tomaras el poder
de esta tierra se había divulgado tal noticia en la ciudad.

EDIPO
¿Ay, Zeus, qué tienes decidido hacer de mí?

YOCASTA
¿Qué tiene eso que te alarme?

EDIPO
No me lo preguntes aún. Del aspecto de Layo,
cuéntame cómo era, cuál era su edad por entonces.

YOCASTA
Era alto, su cabeza estaba blanqueando
por recientes canas, y su figura no era muy diferente de la tuya.

EDIPO
¡Ay, infeliz de mí! Presiento que, sin saberlo,
he lanzado terribles maldiciones sobre mi cabeza.

YOCASTA
¿Cómo dices? No me atrevo a mirarte de frente, rey.

EDIPO
Tengo un espantoso temor de que el adivino viera bien.
Me informarás mejor si me contestas a otra pregunta más.

YOCASTA
Aunque vacilo, si me preguntas te diré lo que sepa.

EDIPO
¿Acaso viajaba solo, o con varios hombres
en su escolta, como persona de alto rango?

Yocasta
Eran cinco en total, y entre ellos un heraldo.
Un único carro transportaba a Layo.

Edipo
¡Ay, ay, ay! Todo queda ya en evidencia.
¿Quién fue el que os trajo la noticia, mujer?

Yocasta
Un sirviente, el único que se salvó y llegó a palacio.

Edipo
Entonces... ¿se encuentra ahora todavía en la casa?

Yocasta
Ya no, porque, apenas había regresado de allí
y te vio ejerciendo el poder, después de muerto Layo,
me suplicó agarrando mi mano que lo enviara
a los campos y al pastoreo para estar alejado de la ciudad.
Y yo lo envié. Era, desde luego, un esclavo
que merecía obtener ese favor y aún más.

Edipo
¿Podría presentarse de nuevo ante nosotros, a toda prisa?

Yocasta
Sí, es posible. Pero ¿por qué ansías eso tanto?

Edipo
Tengo miedo, mujer, de haber dicho mucho
y demasiado. Mas, por favor, quiero verlo como sea.

YOCASTA
Pues vendrá. Pero, sin duda, también yo
me merezco saber lo que te está atormentando, rey.

EDIPO
No temas quedarte marginada cuando he llegado
a tal extremo en mis zozobras. ¿A quién podría decirlo
más que a ti, al llegar a tanta desdicha?
Mi padre era Pólibo de Corinto, y mi madre Mérope, hija de Doro.
Y yo me consideraba el más digno de los ciudadanos de allí,
hasta que me ocurrió el suceso siguiente, merecedor de asombro,
pero, con todo, no digno de mucha inquietud.
Pasó que, en un banquete, un tipo borracho en extremo,
impulsado por el vino, va y me grita que yo era un hijo adoptado.
Aunque me quedé apesadumbrado, me contuve apenas aquel día,
y al siguiente me fui junto a mi padre y mi madre y les pregunté.
Ellos se encolerizaron con quien había proferido tal insulto.
Me quedé consolado por ellos, pero sin embargo
el asunto me revolvía una y otra vez. Porque me inquietaba mucho.
A escondidas de mi padre y mi madre me pongo en camino
hacia Delfos. Y allí Febo me despidió sin responder
a lo que había ido a saber, y en cambio profetizó en su respuesta
a mí, desgraciado, cosas tremendas, espantosas.

Que yo tendría que desposar a mi madre y daría a luz
una estirpe aborrecible a la vista de las gentes,
e iba a ser el asesino del padre que me había engendrado.
En cuanto yo hube oído esto, calculando por las estrellas
la ruta, comencé a huir de la tierra de Corinto,
hacia un lugar donde nunca viera cumplirse
las amenazas de las funestas profecías sobre mi destino.
En mi caminar llego a esos parajes donde
tú me cuentas que el rey de este país encontró la muerte.
Y a ti, mujer, voy a contarte toda la verdad.
Cuando ya caminaba cerca de la triple encrucijada,
allí me salieron al paso un heraldo y un hombre
subido en su carro, tirado por unos caballos, tal como tú dices.
El conductor primero y el anciano luego
me empujaron de manera violenta para apartarme del camino,
y yo, al que me zarandeaba, al cochero, lo golpeo con furia.
Entonces el viejo, al verlo, desde lo alto del carro,
aguardando estar a mi lado, me alcanzó
con su pica de doble punta en mitad de la cabeza.
No obtuvo un puntazo igual en respuesta,
sino que, golpeado al instante por el bastón que yo empuñaba,
cae al momento de espaldas rodando desde lo alto del carro.
Y los mato a todos. Si resulta que ese extraño
tiene algún parentesco con Layo,
¿quién hay ahora más desgraciado que yo?
¿Qué hombre puede haber más aborrecido de los dioses?
A ese tal, a nadie, entre los extranjeros o los ciudadanos,
le es lícito acogerlo en su hogar, ni dirigirle la palabra,
sino que debe expulsarlo de su casa. Y quien ha proferido
tales condenas no es otro que yo, sobre mí mismo.

¿Estoy manchando el lecho del muerto con mis manos,
las que le dieron muerte? ¿Nací, pues, maldito?
¿No soy todo yo abominable? Tengo que huir
y en mi destierro no puedo ni ver a los míos,
ni poner pie en mi patria, o tengo que acostarme con mi madre
y matar a mi padre, a Pólibo, que me engendró y crio.
¿Acaso no estaría muy en lo cierto quien juzgara
que a un individuo así lo dirige una cruel divinidad?
¡Ah, que no, de ningún modo, oh santo temor de los dioses,
no vea yo ese día, sino que antes desaparezca
de entre los humanos, antes de ver semejante
turbión de desdichas recaer sobre mí!

Corifeo
Para nosotros, rey, angustioso es todo esto.
Pero hasta que te enteres de todo por el testigo, conserva esperanza.

Edipo
Sí, tan solo tengo un punto de esperanza,
aguardar a ese hombre, a ese pastor.

Yocasta
Y una vez que acá esté presente, ¿cuál es la ventaja?

Edipo
Yo te lo explicaré. Si resulta que cuenta
lo mismo que tú, yo quedaría a salvo de esa angustia.

Yocasta
¿Qué noticia excepcional me has escuchado?

EDIPO
Dijiste que él contó que fueron varios
los que cometieron el crimen. Así que, si aún repite
el número plural, no fui yo quien lo maté.
Porque no puede ser lo mismo uno que muchos.
Pero si habla de un hombre solo, sin acompañamiento,
ese asunto ya me concierne a mí.

YOCASTA
Que, en efecto, dijo esa palabra dalo por visto,
y no es posible que él la desmienta esta vez.
Porque la ciudad lo oyó, no yo sola.
E incluso si modificara el relato antiguo,
jamás, rey, respecto del asesinato de Layo
se revelará cierto y justo lo que Loxias anunció:
que debía morir a manos de un hijo mío.
Porque, desde luego, ese no lo mató,
sino que ya había muerto antes, el pobrecillo.
De modo que yo, por una profecía, no indagaría
más adelante, ni por aquí ni por allá.

EDIPO
Tienes razón. Mas, con todo, envía a alguno
a traer acá al sirviente y no lo retrases.

YOCASTA
Lo enviaré a toda prisa. Entremos en palacio.
No quiero hacer nada que no sea de tu agrado.

(Entran Edipo y Yocasta en palacio).

Coro

¡Que me acompañe siempre el destino
para conservar la santa piedad en palabras y en obras,
sobre las que rigen leyes sublimes, nacidas en el éter celeste,
cuyo padre único es el Olimpo, y que no engendró
ninguna naturaleza mortal de los humanos,
ni las hará dormir el olvido!
Gran divinidad hay en ellas y no envejecen.
La soberbia engendra al tirano.
La soberbia, cuando vanamente lleva a su colmo
muchas cosas, que no son oportunas ni decentes.
Ascendiendo a la cumbre más alta
se precipita en la angustia más ineluctable,
de donde no halla escape posible.
Pero la confrontación
que es buena para la ciudad
ruego a los dioses que nunca falte;
y no dejaré nunca de mantener a la divinidad como protectora.
Pero si alguien avanza con despectiva arrogancia
en sus obras o en su pensamiento, sin temor de la Justicia,
sin respetar las sagradas sedes de los dioses,
¡que lo derribe un fatal destino!
En castigo de su funesto orgullo, ya que no obtiene
con justicia sus ganancias
y no se abstiene de manejos impíos
o se lanza a profanar locamente lo que no debe tocarse.
¿Qué hombre, pues, puede ufanarse en su ánimo
de escapar a los dardos sobre su alma?
Pues si acciones semejantes merecieran aprecio,
¿qué debo yo celebrar en mi danza?

Ya no iré piadoso al inviolable Ombligo de la Tierra,
ni al santuario de los Abantes, ni a Olimpia,
si no han de guardarse esas normas mostradas de ejemplo
a todos los mortales. Pero, ¡oh poderoso Zeus!,
tú que atiendes a lo justo, que en todo eres soberano,
que nada te pase inadvertido a ti y a tu siempre divino poder.
Las profecías de antaño se derrumban y ya las ignoran,
y en ningún lugar se hace evidente Apolo con sus honras.
Se derrumba lo divino.

(Sale Yocasta con una criada).

YOCASTA
Señores de esta tierra, se me ocurrió la idea
de acudir a los templos de los dioses portando
en mis manos estas guirnaldas y ofrendas de incienso.
Porque Edipo mantiene demasiado en vilo su ánimo
con toda clase de penas. Y no, como un hombre sensato,
conjetura el presente por lo pasado, sino que está
a merced de quien le hable si le refiere horrores.
Cuando con mis consejos no he conseguido nada,
acudo ante ti, Apolo Licio, pues eres el dios más próximo,
como suplicante con mis plegarias
para que nos concedas una liberación purificadora.
Porque ahora nos angustiamos todos al verle a él
tan amedrentado, a él que es como el timonel de la nave.

(Entra un mensajero).

MENSAJERO
¿Acaso puedo saber de vosotros, amigos, dónde
está la morada del rey Edipo? Y, mejor aún,
decidme dónde está él, si lo sabéis.

CORIFEO
Esta es su casa y él está en su interior, extranjero.
Y esta es su mujer y la madre de sus hijos.

MENSAJERO
¡Pues sea siempre feliz y viva siempre
en compañía de seres felices, por ser la noble esposa de aquel!

YOCASTA
¡Y tú también lo seas, extranjero! Que lo mereces
por tu amable saludo. Pero cuenta cuál es el motivo
de tu llegada y lo que quieres anunciarnos.

MENSAJERO
Buenas nuevas para tu esposo y tu ilustre casa, señora.

YOCASTA
¿Cuáles son esas? ¿Y de dónde has venido?

MENSAJERO
De Corinto. Y la noticia que voy a darte enseguida
te alegrará. ¿Cómo no? Aunque quizás algo te apene.

YOCASTA
¿De qué se trata? ¿Y cómo ofrece ese doble efecto?

Mensajero
A él lo harán rey, los habitantes de la comarca
del istmo de Corinto, según lo que allá se decía.

Yocasta
¿Qué? ¿No está ya en el trono el viejo Pólibo?

Mensajero
Ya no, pues la muerte lo retiene en su tumba.

Yocasta
¿Cómo dices? ¿Es que ha muerto Pólibo?

Mensajero
Si no te estoy diciendo la verdad, merezco la muerte.

Yocasta
¡Eli, sirviente, corre a toda prisa a decirle esto
a tu señor! ¡Ah, oráculos de los dioses! ¿Dónde paráis?
Antaño por miedo a matar a ese hombre se marchó al exilio Edipo,
y ahora ese ha quedado muerto por la mano del azar y no por él.

(Sale Edipo).

Edipo
¡Ah, queridísima figura de mi esposa, Yocasta!,
¿para qué me has sacado de palacio aquí afuera?

Yocasta
Escucha a este hombre y observa al oírle
dónde se quedan los venerables oráculos del dios.

EDIPO
¿Quién es este y qué me va a decir?

YOCASTA
Viene de Corinto para anunciar que tu padre
Pólibo ya no existe, sino que ha muerto.

EDIPO
¿Qué dices, extranjero? Dame tú mismo tu mensaje.

MENSAJERO
Si es lo que debe decirse primero y de modo claro,
que sepas bien que aquel ya ha partido, está muerto.

EDIPO
¿Cómo, en una emboscada o por el ataque de una enfermedad?

MENSAJERO
Un pequeño empujón derriba a cuerpos viejos.

EDIPO
De enfermedad, según parece, ha muerto el infeliz.

MENSAJERO
Y también por los muchos años que contaba.

EDIPO
¡Ah, ah! ¿A qué entonces, esposa, acudiría uno
a consultar al santuario de las profecías píticas o escrutaría
el vuelo de las aves que graznan en las alturas,
de acuerdo con cuyas señas yo iba a dar muerte a mi padre?

Muerto está él y por encima lo cubre la tierra. Y yo estoy aquí
sin tocar un arma. A no ser que se consumiera de añoranza por mí,
en cuyo caso habría muerto por mi causa.
En fin, llevándose consigo todas aquellas profecías del oráculo,
Pólibo yace muerto en el Hades, y ellas no tienen ningún valor.

YOCASTA
¿No te lo había dicho de antemano hace tiempo?

EDIPO
Me lo dijiste, pero yo estaba obnubilado por el miedo.

YOCASTA
Ahora ya no guardes nada de eso en tu ánimo.

EDIPO
¿Y cómo no he de preocuparme por lo del lecho de mi madre?

YOCASTA
¿Por qué ha de amedrentarse el hombre, cuando lo dominan
los vaivenes de la fortuna y no hay previsión de nada?
Lo más seguro es vivir a la ventura, como uno pueda.
No sientas tú terror por las bodas con tu madre.
Pues son muchos los mortales que en sus sueños
se han acostado con su madre. Pero quien a eso
no atiende, pasa su vida del modo más feliz.

Edipo
Bien dicho estaría cuanto dices,
si no fuera porque aún está viva la que me dio a luz.
Y, puesto que aún vive, aunque tienes razón, me es forzoso sentir temor.

Yocasta
Pero ahí tienes un punto luminoso: la tumba de tu padre.

Edipo
Supone un gran apoyo la tumba de tu padre, lo reconozco. Pero siento recelo de la que aún vive.

Mensajero
¿De qué mujer estáis temerosos?

Edipo
De Méroe, anciano, la que convivía con Pólibo.

Mensajero
¿Y qué hay en ella que os produzca temor?

Edipo
Una espantosa profecía enviada por los dioses, extranjero.

Mensajero
¿Se puede decir, o no es lícito que otro la conozca?

Edipo
Sí, en efecto. Pues dijo ha tiempo Loxias
que yo tendría que aparearme con mi propia madre
y derramar con mis manos la sangre de mi padre.

Por eso abandoné hace años Corinto y vivo lejos.
Me va bien, ciertamente, pero es, sin embargo,
lo más dulce tener ante los ojos a los propios padres.

MENSAJERO
¿Por miedo a eso estabas lejos de allí en el exilio?

EDIPO
Es que no quería ser asesino de mi padre, anciano.

MENSAJERO
¿Cómo no te he librado ya de este temor,
rey, cuando he venido aquí con mi mejor intención?

EDIPO
Pues ten por cierto que recibirás de mí un premio digno.

MENSAJERO
Pues por cierto que precisamente a eso vine,
con el fin de obtener algún provecho al regresar tú a tu palacio.

EDIPO
Pero nunca volveré al hogar de quienes me engendraron.

MENSAJERO
¡Ah, hijo, bien claro está que no sabes lo que haces!

EDIPO
¿Cómo, viejo? Por los dioses, explícamelo.

MENSAJERO
Si por esa razón excluyes volver a tu hogar...

EDIPO
Porque temo que Febo acabe por decir verdad.

MENSAJERO
¿Temes contaminarte del trato con tus padres?

EDIPO
Eso mismo, anciano, es lo que de continuo me aterra.

MENSAJERO
¿Sabes, pues, que en justicia nada debes temer?

EDIPO
¿Cómo no, si he nacido de esos padres?

MENSAJERO
Porque nada tenía que ver con tu estirpe Pólibo.

EDIPO
¿Cómo dices? ¿Es que no me engendró Pólibo?

MENSAJERO
No más que quien tienes delante, ni más ni menos.

EDIPO
¿Cómo va a ser igual quien me engendró y quien no?

MENSAJERO
Porque ni él te engendró ni yo tampoco.

EDIPO
Entonces, ¿por qué me llamaba «hijo»?

MENSAJERO
Porque una vez te recibió como un obsequio de mis manos.

EDIPO
¿Y, entonces, tanto llegó a quererme tras recogerme de mano de otro?

MENSAJERO
La carencia de hijos le impulsó a eso.

EDIPO
¿Y tú me habías comprado o encontrado casualmente antes de darme?

MENSAJERO
Te había encontrado en los boscosos valles del Citerón.

EDIPO
¿Por qué andabas por esos lugares?

MENSAJERO
Por allí iba pastoreando por los prados de la montaña.

EDIPO
¿Eras entonces pastor trashumante y por oficio?

MENSAJERO
Así, hijo, fui tu salvador entonces, en aquel tiempo.

EDIPO
¿Qué herida tenía yo cuando me tomaste en tus manos?

MENSAJERO
Las articulaciones de tus pies podrían atestiguarla.

EDIPO
¡Ay de mí! ¿Por qué mencionas ese antiguo daño?

MENSAJERO
Te libré de los punzones que te atravesaban los tobillos.

EDIPO
Sí, tuve esa cicatriz desde mis pañales.

MENSAJERO
Y tanto que por esa desgracia te dieron el nombre que tienes.

EDIPO
¡Ah, por los dioses! ¿De qué madre o de qué padre? Cuéntalo.

MENSAJERO
No lo sé. Quien te entregó a mí lo sabe mejor que yo.

EDIPO
¿Acaso me recibiste de otro y no me hallaste por azar?

MENSAJERO
No, fue otro, un pastor, quien te entregó a mí.

EDIPO
¿Quién fue ese? ¿Lo conoces para darme su nombre?

MENSAJERO
Sí, era uno que se decía pastor de Layo.

EDIPO
¿Era, entonces, un siervo del rey de esta tierra?

MENSAJERO
Precisamente. Ese era el patrón de este pastor.

EDIPO
¿Hay alguien entre vosotros, los que vivís aquí,
que conozca a ese pastor que menciona,
ya sea por haberlo visto en el campo o incluso por acá?
Indicádmelo, que es la ocasión en que quede esto al descubierto.

CORIFEO
Creo que no es otro sino ese del campo,
el mismo que hace un momento reclamabas ver.
Pero esto lo podría confirmar mucho mejor Yocasta, que aquí está.

EDIPO
Mujer, ¿conoces tú a ese que hace un rato
deseábamos que acudiera acá? ¿Es quien este dice?

YOCASTA
¿Qué más da a quién se refiera? No te empecines en eso.
Lo que se ha dicho no quieras ni recordarlo. Es en vano.

EDIPO
No, no puede ser así. De modo que, cuando ya he logrado semejantes pistas, no cejaré en descubrir mi linaje.

YOCASTA
¡No, por los dioses! Si en algo aprecias tu vida,
no indagues eso. Basta lo que sufro yo.

EDIPO
No temas. Porque, aunque yo me descubra muy esclavo,
nacido de una esclava de tercera generación, tú no vas a ser una plebeya.

YOCASTA
No obstante, hazme caso, te lo suplico. No sigas.

EDIPO
No puedo obedecerte en dejar sin indagar esto hasta el final.

YOCASTA
Pero si es pensando en tu bien que te aconsejo lo mejor.

EDIPO
Lo mejor ahora es eso que me atormenta desde ha mucho.

YOCASTA
¡Ah desdichado! ¡Ojalá nunca llegues a conocer quién eres!

EDIPO
¡Que vaya alguno de vosotros a traerme acá al pastor!
¡A esta dejadla que disfrute de su opulenta familia!

YOCASTA
¡Ay, ay, infeliz! Eso es lo único que puedo
ya llamarte, y nunca más darte otro nombre.

(Entra apresurada en el palacio Yocasta).

CORIFEO
¿Por qué ahora, Edipo, se ha marchado tu mujer
tan conmovida por una pena salvaje? Estoy temiendo
que de ese silencio suyo nazcan desgarradores quebrantos.

EDIPO
¡Que nazca lo que sea! Yo quiero averiguar mi origen,
aunque sea humilde. Y ella, seguramente, pues como mujer
es vanidosa, se avergüenza de mi baja estirpe.
Pero yo, que me tengo por hijo de la Fortuna,
no voy a quedar deshonrado por una madre que me trata bien.
De tal madre he nacido. Los meses y los años,
nacidos conmigo, me hicieron pequeño y grande.
Y, habiendo nacido así, no voy a volverme jamás
tan distinto que me niegue a conocer mi origen.

CORO
Si yo soy profeta y de entendimiento sagaz,
¡por el Olimpo!, no te quedaras sin ver, ¡oh Citerón!,
cómo mañana, durante toda la noche de plenilunio,
te ensalzaré como compatriota, madre y nodriza de Edipo,
y bailaré en tu honor como portador de dicha para mis reyes.
¡Ah, salvador Apolo, que te sea a ti también esto grato!
¿Cuál de las ninfas inmortales, hijo, te dio a luz,
visitada por el dios Pan que frecuenta esos montes?

¿O fue tal vez alguna compañera de lecho de Loxias?
Porque él disfruta de todas las agrestes praderas.
O fue quizás el soberano de Cilene,
o el dios de las fiestas báquicas quien
te recibió como inesperado regalo en los altos montes
de alguna de las ninfas del Helicón, con las que a menudo retoza.

(Aparecen en escena unos criados de Edipo que traen a un viejo, un pastor).

EDIPO
Si también a mí se me permite conjeturar algo,
ancianos, me parece, aunque antes no lo he tratado nunca,
que diviso al pastor que buscamos desde hace tiempo.
Por su edad avanzada concuerda con el hombre,
y, por otra parte, reconozco a quienes lo escoltan
como servidores míos. Pero en su reconocimiento tal vez
tú me aventajas, porque has visto a ese pastor antes.

CORIFEO
Lo he reconocido, desde luego, sábelo bien.
Era, sí, un pastor de Layo y fiel como ningún otro.

EDIPO
Primero te pregunto a ti, mensajero de Corinto. ¿Te referías a este?

MENSAJERO
A ese que tú mismo estás viendo.

EDIPO
Ahora tú, viejo, mira aquí y contéstame a lo que te pregunte. ¿Eras tú hace tiempo siervo de Layo?

SIERVO
Era esclavo suyo, no comprado, sino nacido en su casa.

EDIPO
¿Cuál era tu posición y tu tarea, y cuál tu vida?

SIERVO
En su mayor parte estaba dedicada al pastoreo.

EDIPO
¿A qué lugares solías ir de acampada?

SIERVO
Iba al Citerón y los terrenos vecinos.

EDIPO
¿Y recuerdas haber visto por allí a este hombre?

SIERVO
¿Con qué motivo? ¿De qué hombre hablas?

EDIPO
Este que tienes delante. ¿Trataste con él alguna vez?

SIERVO
No, al menos por lo que puedo decir así al pronto, que yo recuerde.

MENSAJERO
No es raro, señor. Pero yo le haré recordar
bien lo que ignora. Porque sé muy bien que recuerda cómo,
en la falda del Citerón, él con dos rebaños y yo con uno
fuimos vecinos durante tres temporadas enteras de seis meses,
desde la primavera al otoño. En invierno yo recogía mis rebaños
y él llevaba de nuevo los suyos a los rediles de Layo.
¿Digo bien estas cosas o no cuento lo que se hizo?

SIERVO
Es verdad lo que dices, aunque fue hace mucho tiempo.

MENSAJERO
Bueno, dime ahora: ¿te acuerdas de que
me entregaste un niño, para que yo lo criara como hijo mío?

SIERVO
¿Qué pasa? ¿Por qué me interrogas sobre esa historia?

MENSAJERO
He aquí, compadre, a aquel que entonces era una criatura.

SIERVO
¡Maldito seas! ¿No vas a quedarte callado?

EDIPO
¡Eh, no le reprendas, viejo! Porque son las tuyas
y no sus palabras las que merecen reprimenda.

SIERVO
¿De qué soy culpable, oh tú, el mejor de los amos?

EDIPO
De no informar sobre el niño por el que este pregunta.

SIERVO
Es que habla sin saber nada y se precipita a lo loco.

EDIPO
Tú no quieres hablar de buen grado, pero hablarás llorando.

SIERVO
No, por los dioses, no atormentes a un viejo como yo.

EDIPO
Que alguien, rápido, le ate las manos a la espalda.

SIERVO
Triste de mí, ¿por qué? ¿Qué deseas saber?

EDIPO
¿Le entregaste el niño que él cuenta?

SIERVO
Se lo entregué. ¡Mejor me hubiera muerto yo aquel día!

EDIPO
Pues lo lograrás si no dices lo que es justo.

SIERVO
Y mucho más perdido estoy, si lo cuento.

Edipo
El individuo este parece que quiere dar largas.

Siervo
No, yo no. Ya dije hace un rato que lo entregué.

Edipo
¿De dónde lo habías recogido? ¿De tu familia o de alguna otra?

Siervo
Mío no era, yo lo había recibido de otro.

Edipo
¿De qué ciudadano de aquí, y de qué casa?

Siervo
¡No, por los dioses, señor, no indagues más!

Edipo
Considérate muerto si tengo que preguntarte esto de nuevo.

Siervo
Era un niño de los nacidos en casa de Layo.

Edipo
¿Acaso un esclavo o un hijo legítimo de este?

Siervo
¡Ay de mí, estoy al borde del abismo si lo digo!

EDIPO
Y yo cuando te escucho. Pero, sin embargo, debo escucharlo.

SIERVO
De él entonces se dijo que era el niño. Pero tu esposa, que está en palacio, te podría decir mejor de quién era.

EDIPO
¿Es que fue ella quien te lo dio?

SIERVO
En efecto, rey.

EDIPO
¿Con qué objeto?

SIERVO
Para que acabara con él.

EDIPO
¡Después de haberlo dado a luz, desdichada!

SIERVO
Por temor a una espantosa profecía.

EDIPO
¿Cuál?

SIERVO
El rumor corría de que iba a matar a sus padres.

EDIPO
¿Y cómo se lo entregaste a este viejo tú?

SIERVO
Por compasión, señor, pensando
que se lo llevaría a otra tierra, a aquella de donde él procedía.
Él lo puso a salvo para su mayor desdicha. Con que, si tú eres
quien él dice, sábete que has nacido con un funesto destino.

EDIPO
¡Ay, ay! Todo resulta claro al fin!
¡Oh luz, te veo ahora al final de todo, ahora
que me he descubierto nacido de quienes no debía,
cohabitando con quienes no debía, dando muerte a quien no debía!

(Edipo entra de manera brusca en palacio).

CORO
¡Ah, generaciones de los humanos,
cómo calculo vuestro vivir igual a la nada!
¿Quién, pues, qué hombre
recoge de la felicidad
algo más que la mera apariencia y, tras su florecer, la ruina?
Ante tu ejemplo, el tuyo, desdichado Edipo,
a ninguno de los mortales llamaré feliz.
Tú, que lanzando la flecha con extraordinario acierto

lograste la dicha más feliz en todo,
¡ah, Zeus!, y al aniquilar
a la doncella de corvas garras,
la cantora de enigmas, te alzaste en nuestro país
como una torre contra las muertes.
Desde entonces eres llamado nuestro rey
y has obtenido los mayores honores,
reinando en la gran Tebas.
¿Y ahora a quién puede llamarse más desdichado?
¿Quién en tan feroces angustias,
quién tan hundido en pesares por la catástrofe de su vida?
¡Ay de ti, ilustre Edipo,
a quien el mismo gran puerto
bastó para caer; compartiendo un lecho como hijo y padre!
¿Cómo, cómo entonces pudieron los surcos sembrados
antaño por tu padre soportarte callados tanto tiempo?
Te descubrió, para tu pena, el Tiempo que todo lo ve.
Condena como nulo matrimonio tu unión matrimonial
de antaño, en la que fuiste engendrador y engendrado.
¡Ah, hijo de Layo! ¡Ojalá, ojalá que nunca te hubiera conocido!
Sollozo, pues, como si fluyera de mi boca
un torrente de lágrimas.
Pero, para decir lo que es justo, fue gracias a ti
como logré respirar y por ti di descanso a mis ojos.

(Sale del palacio un heraldo, asustado y conmovido).

HERALDO
¡Ah, vosotros, los más respetables en esta tierra,
qué sucesos vais a oír! ¡Qué cosas vais a ver!

¡Qué gran pena sufriréis si es que aún os conmovéis
con familiar afecto por la casa de los Labdácidas!
Creo, pues, que ni el Istro ni el Fasis podrían
lavar con su agua purificadora este palacio, con todo
lo que oculta, y estos males al punto saldrán a la luz,
males voluntarios e involuntarios. Pero de las desdichas
las que más duelen son las decididas por propia voluntad.

CORIFEO
Nada les falta a las que ya conocíamos
para inspirarnos hondos lamentos. ¿Qué vas a añadir a esas?

HERALDO
La más rápida de decir y escuchar: ha muerto la divina Yocasta.

CORIFEO
¡Ah, infeliz! ¿Cuál fue la causa?

HERALDO
Ella misma se mató. Pero en cuanto a los sucesos,
falta lo más doloroso. No está, desde luego, a la vista.
Pero, por lo que alcanza mi memoria,
sabrás los sufrimientos de esa desdichada.
El caso es que, dejándose llevar de su arrebato, cruzó el portón
hacia el interior y se lanzó directa sobre su lecho nupcial,
mesándose los cabellos con sus dos manos.
Cerrando la puerta, apenas hubo entrado
invoca a gritos a Layo, que es cadáver desde hace mucho,

recordando su antigua simiente, por la que él iba a morir
y ella quedaría con vida para dar a luz el desdichado
producto de un parto maldito para los suyos.
Y maldecía el lecho donde, doble desgraciada,
parió un esposo de su esposo e hijos de su hijo.
Como ella murió después de esto ya no lo sé,
porque irrumpió en palacio Edipo dando grandes gritos,
con lo que nos fue imposible contemplar su final,
ya que le seguimos a él en su ir y venir.
Iba y venía pidiendo que le diéramos una espada,
y preguntando dónde encontraría a la esposa que no era su esposa,
sino la doble tierra madre, de sí mismo y de sus hijos.
En su desvarío se lo reveló alguna divinidad,
porque no fue ninguno de los que estábamos allí junto a él.
Dando un tremendo alarido, como si alguien lo impulsara,
se lanzó sobre las batientes de la puerta, hizo saltar
de sus goznes el férreo cerrojo curvo y se precipitó en la alcoba.
Allí, ahorcada, vimos a la mujer,
colgada de retorcidos lazos. Y él,
en cuanto la ve, rugiendo terriblemente, suelta el desgraciado
la soga de su cuello. Y apenas la infeliz
quedó tendida en el suelo, sucedió algo espantoso de ver.
Arrancando de su vestido las fíbulas de oro con que sujetaba
su manto, las alza y las clava en las cuencas de sus ojos
clamando algo así como que ya no verían ni los males
que sufría ni los que había cometido, sino que en el futuro
contemplarían en tinieblas a los que no debía
y no reconocerían a los que quería.

Con semejantes lamentos no una sola,
sino muchas veces se golpeaba y desgarraba los párpados,
mientras sus ensangrentadas pupilas teñían sus mejillas
y de ellas caían no goterones sanguinolentos, sino una negra
lluvia y una tormenta que lo empapaba todo de sangre.
Desde los dos, no de uno solo, estalló la desgracia,
ya que las desdichas les son comunes al marido y a la esposa.
La antigua felicidad de otros tiempos fue antes
una prosperidad justa; pero ahora, en este día,
es llanto, catástrofe, muerte, infamia. De todos
los males que tienen nombre, ninguno les falta.

CORIFEO
¿Tiene ahora el desdichado algún momento de calma?

HERALDO
Grita ahora que abran las puertas
y que alguien presente ante todos los cadmeos al asesino de su padre,
el que a su madre... Vocea impiedades que no puedo repetir.
Que se expulsa a sí mismo fuera de esta tierra,
y que no va a permanecer maldito en palacio, incurso en su propia maldición.
Sin embargo, está sin fuerzas y necesita de alguien
que lo guíe. Porque su sufrimiento es mayor de lo que puede soportar.
Lo verás tú también, que ya se abren los postigos

de las puertas. Enseguida vas a contemplar un espectáculo tal que podría arrancarle llanto incluso a un enemigo.

(Se abren las puertas del palacio y sale Edipo, con sus ojos desgarrados y el rostro bañado en sangre).

CORO

¡Qué sufrimiento, terrible espectáculo para todos!
¡Lo más terrible de cuanto yo he encontrado nunca!
¿Qué locura te asaltó, desdichado?
¿Qué dios se precipitó sobre ti
con un embate superior a los más fuertes en tu desastrado destino?
¡Ay, ay, infeliz! Que ni siquiera soy capaz de mirarte,
aunque querría preguntarte muchas cosas,
enterarme de mucho y saber y ver mucho más.
¡Tan gran estremecimiento me provocas!

EDIPO

¡Ay! ¡Ay! ¡Auh, auh!
¡Desgraciado de mí!
¿A qué lugar de la tierra me iré, desdichado?
¿Por dónde revoloteará
mi voz en mi soledad?
¿Ah, destino, dónde me has precipitado?

CORIFEO

A un espanto, indigno de oír, indigno de ver.

EDIPO

¡Ah, nube mía de tiniebla, inevitable,
envolvente, inescrutable, inflexible y tormentosa!

¡Ay de mí! ¡Ay de mí, una y otra vez!
¿Qué adentro se han hundido a la par el punzón
de ese metal y la memoria de mis males!

CORIFEO
No es raro que en medio de tamañas desgracias
sufras pesares dobles y soportes angustias duplicadas.

EDIPO
Ah, amigo, tú eres mi compañero,
el que todavía me queda. Porque aún me soportas y atiendes,
a mí, este ciego. ¡Ay! ¡Ay! Pues no te olvido
y te reconozco bien, aunque ciego, ya que aun así oigo tu voz.

CORIFEO
¡Qué terribles cosas has hecho! ¿Cómo tuviste valor
para desgarrarte así los ojos? ¿Qué divinidad te impulsó?

EDIPO
Apolo estaba en ello, Apolo, amigos,
quien ha llevado a cumplimiento mis males,
estos terribles dolores míos.
Pero nadie me golpeó con su mano,
sino yo mismo, desdichado.
¿Para qué, pues, iba a ver yo,
a cuya vista nada agradable le quedaba ver?

CORIFEO
Así era, como tú dices.

EDIPO
¿Qué me queda por ver,
por amar, o qué saludo
puedo oír con placer, amigos?
Sacadme de este lugar, a toda prisa, sacadme, amigos,
a mí, el gran criminal, el más maldito,
y, más aún, el peor enemigo de los dioses entre los humanos.

CORIFEO
Infeliz por igual tanto por la desgracia
como por tu conciencia de ella. ¡Cómo desearía que no la hubieras conocido!

EDIPO
¡Maldito sea el que en el bosque
soltó las crueles trabas de mis pies,
me libró de la muerte y me puso a salvo!
Por lo que hizo no merece mi agradecimiento.
Si entonces hubiera muerto no habría sido
un pesar tan grande para mis seres queridos ni para mí mismo.

CORIFEO
También yo lo habría preferido.

EDIPO
Entonces no habría sido asesino de mi padre,
ni las gentes me podrían llamar esposo de la que me dio a luz.

Ahora, en cambio, estoy abandonado de dios,
hijo de seres impuros, y tengo hijos de aquella de la que yo mismo nací,
desventurado. Si algún horror hay por encima del horror,
eso le tocó en suerte a Edipo.

CORIFEO
No sé si decirte que has tomado una buena decisión.
Pues estarías mejor muerto que viviendo ciego.

EDIPO
Que esto no está así hecho de la mejor manera
no vengas a enseñarme, y no me prodigues más consejos.
Porque no sé yo con qué ojos podría mirar
a mi padre al penetrar en el Hades,
ni a mi desgraciada madre, los dos contra quienes
cometí acciones que no se pagan ni con la horca.
¿Es que es deseable la contemplación de mis hijos,
nacidos como han nacido, cuando me miren de frente?
¡No, nunca para mis ojos! ¡Ni la ciudad, ni sus muros,
ni las efigies sagradas de los dioses! De todo eso yo,
desdichado, el agasajado en Tebas con máximos honores,
me privé a mí mismo al decretar que todos debían expulsar
al impío, a quien los dioses han revelado como criminal y del linaje de Layo.
Yo, después de proclamar mi propia infamia,
¿cómo podría sostener cara a cara la mirada ante ellos?
De ningún modo. Y si me fuera posible cegar
la fuente de mis oídos, no me retendría de clausurar
del todo mi desgraciado cuerpo para estar ciego y sordo a todo,
pues es dulce estar alejado de los males externos.

¡Ah, Citerón! ¿Por qué me acogiste? ¿Por qué al recibirme
no me mataste al momento, para que nunca hubiera
mostrado a las gentes de quién había nacido?
¡Ah, Pólibo y Corinto y antigua mansión que yo creía paterna!
¿Cómo me criasteis como un ser bello podrido de desdichas?
Pues ahora me descubro un ser infame y nacido de infames.
¡Oh tres caminos y escondido valle,
encinar y angosto paso en la triple encrucijada,
que por mis manos bebisteis sangre, la de mi padre,
¿guardáis acaso memoria de lo que hice entre vosotros
y lo que hice más tarde al llegarme aquí? ¡Ay bodas, bodas!
Me disteis la vida y en un nuevo enlace hicisteis
prolífica la misma simiente, y prodigasteis la misma simiente,
padres, hermanos, hijos de una misma sangre familiar,
y alumbrasteis novias, esposas y madres,
y cuanto más vergonzoso se da entre los humanos.
Pero ya que no hay que hablar de lo que no es lícito hacer,
escondedme a toda prisa, por los dioses,
en algún lugar, lejos de aquí, o matadme y arrojadme
al mar, donde ya nunca podáis verme.
¡Vamos, atreveos a tocar a un hombre desdichado!
Hacedme caso, no temáis. Pues mis desgracias
ningún ser humano sino yo es capaz de sufrirlas.

CORIFEO
A propósito para lo que pides acude aquí
Creonte, para actuar y aconsejar, puesto que
se ha quedado él solo, en tu lugar, como guardián del país.

EDIPO
¡Ay de mí! ¿Qué palabras le vamos a decir a él?
¿Qué garantía de justicia me va a mostrar?
Antes en su contra me he portado en todo como su enemigo.

(Entra Creonte).

CREONTE
No vengo, Edipo, para burlarme
ni para reprocharte nada de tus insultos de antes.
En cuanto a vosotros, si no sentís respeto por la familia,
respetad al menos la sagrada luz del sol que todo vivifica,
avergonzaos de que se descubra semejante mancha criminal,
tal que ni la tierra ni la lluvia sagrada ni la luz pueden aceptarla.
Así que llevad a este con toda urgencia al interior de su morada,
pues la piedad exige que los crímenes familiares
solo se oigan y se vean en el seno de la familia.

EDIPO
¡Por los dioses! Ya que disipas mis temores,
acudiendo como el mejor amigo para el hombre más detestable, yo,
atiéndeme. Lo que voy a decir es por ti, no por mí.

CREONTE
¿Qué favor esperas obtener de mí con tu súplica?

EDIPO
Arrójame fuera de esta tierra a toda prisa,
adonde no me encuentre mortal alguno que me dirija palabra.

CREONTE
Bien lo habría hecho, tenlo por seguro,
si no necesitara antes saber de la divinidad lo que hay que hacer.

EDIPO
Mas la sentencia de ella lo dejó muy claro:
que el parricida, el impío, yo, perezca.

CREONTE
Así se dijo, sí. Sin embargo, en el trance actual mejor es preguntar qué se debe hacer.

EDIPO
¿Acaso vais a hacer una consulta acerca de un ser tan infeliz?

CREONTE
Incluso tú ahora podrías confiar en la divinidad.

EDIPO
Incluso en ti confío y voy a suplicarte.
A esa que yace en palacio dale la sepultura que quieras,
pues tú te ocuparás con justicia de los tuyos.
En cuanto a mí, que jamás este recinto patrio
logre albergarme en vida como su morador,

sino que yo viva en las montañas, allá donde
el Citerón puede llamarse mío, al que mi padre
y mi madre me entregaron en vida para mi tumba propia,
para que muera donde ellos quisieron darme muerte.
Aunque bien sé esto: que ni la enfermedad
ni nada por el estilo va a matarme. No me habría
salvado nunca de la muerte a no ser para enfrentar
un final terrible. Pero que mi destino sea el que haya de ser.
De mis hijos varones, Creonte, no tengas cuidado.
Son hombres, de modo que no van a carecer,
donde se encuentren, de medios de vida.
Pero de mis dos infelices y frágiles niñas,
a las que nunca se les preparó mesa y comida
sin mi asistencia, sino que siempre compartían
cuanto yo tocaba, por favor, cuídamelas. Ante todo,
déjamelas tener en mis brazos y llorar con ellas mis desdichas.
¡Venga, príncipe!
¡Venga, oh noble pariente! Querría tenerlas en mis brazos como cuando veía.
¿Qué digo? ¿No las oigo, por los dioses, a las dos queridas mías
llorando? ¿Es que se ha compadecido Creonte
y me ha traído a mis dos queridísimas niñas?
¿Digo bien?

(Entran las niñas, Antígona e Ismene, acompañadas por alguna criada).

CREONTE

Aciertas. Yo, en efecto, soy quien las mandó traer,
sabiendo el gozo que tendrías, el que solías antes tener.

EDIPO
¡Seas feliz y que la divinidad te depare
un destino mejor que el que cuidó de ofrecerme!
¡Ah, hijas! ¿Dónde estáis? Venid acá, llegaos
a estas fraternales manos mías,
que han hecho que veáis así los ojos antes con luz
de quien os engendró, oh hijas, quien sin verlo ni saberlo
resultó ser vuestro padre e hijo de vuestra madre.
Lloro, sí, por vosotras, porque no puedo veros,
imaginando el resto de vuestra vida amarga,
cómo tendréis que convivir con la gente.
Pues, ¿a qué reuniones de ciudadanos iréis,
a qué fiestas, de las que no volváis llorando
las dos a casa en lugar de disfrutar del festejo?
Luego, cuando os llegue el tiempo de las bodas,
¿quién será, quién, hijas mías, el que se atreva
a arrostrar el peso de los insultos habituales,
la infamia de mis padres y, a la vez, de los vuestros?
Porque ¿qué oprobio falta? Vuestro padre mató a su padre,
desposó a quien lo había parido, y del mismo vientre
del que naciera os engendró a vosotras.
Todo os lo reprocharán, y, entonces, ¿quién se casará con vosotras?
Nadie lo hará, hijas, y sin duda pobres
y sin marido tendréis que extinguiros.
¡Ah, hijo de Meneceo! Ya que has quedado padre único de estas,
ya que nosotros dos, que les dimos la vida,
estamos acabados, no las dejes en la miseria,
sin matrimonio y sin patria, que son de tu estirpe.

No las equipares a mis desdichas, sino compadécete de ellas,
al verlas así, a su edad, desamparadas de todos, excepto de tu apoyo.
Prométemelo, noble amigo, dándome tu mano.
A vosotras, hijas, si tuvierais ya edad de razón,
mucho más os aconsejaría. Ahora rogad esto por mí:
que donde la ocasión os permita siempre vivir, una vida más feliz
logréis que la del padre que os engendró.

CREONTE
Basta ya de llanto. Venga, entra en palacio.

EDIPO
He de obedecer, aunque no sea de mi gusto.

CREONTE
Todo es bueno en su ocasión.

EDIPO
¿Sabes con qué condición he de entrar?

CREONTE
Tú me la dirás y al oírte la sabré.

EDIPO
Que me eches, desterrado, de esta tierra.

CREONTE
Lo que me pides depende de la divinidad.

EDIPO
Es que ya soy el más odiado por los dioses.

CREONTE
Entonces lo obtendrás enseguida.

EDIPO
¿Me lo aseguras?

CREONTE
Lo que pienso no suelo decirlo en vano.

EDIPO
Échame ya ahora de aquí.

CREONTE
Camina, pues, y deja ya atrás a tus hijas.

EDIPO
De ningún modo me las quites.

CREONTE
No quieras mandar en todo.
Porque tampoco lo que mandaste te resultó bien para tu vida.

(Salen lentamente todos entrando en el palacio).

CORIFEO
¡Ciudadanos de Tebas, mirad! Este es Edipo,
el que sabía los famosos enigmas y que fue un hombre muy poderoso,

y no había ciudadano que no observara sus hechos sin envidia.
¡Ved en qué abismo de terrible infortunio ha caído!
De modo que no consideréis feliz a ningún mortal
hasta contemplar su última jornada, hasta que haya
franqueado el final de su vida sin haber sufrido gran dolor.

Segunda parte

I. El mito

En la tragedia griega, el mito ofrece los temas de la acción y los personajes, pero en el proceso de selección que hace el poeta podían intervenir motivaciones conexas con los hábitos y con la vida social y política de la ciudad y también la confrontación más directa con los otros autores que habían tratado antes sobre la misma escena o el mismo tema: un debate crítico en el que estaba comprometido el público de la comunidad en su conjunto. De ahí vienen las numerosas innovaciones y resemantizaciones que el poeta trágico introduce al retomar mitos ya conocidos y la reinterpretación de las relaciones y conductas de los personajes míticos en el ámbito del diálogo dramático. Estas variaciones constituían el elemento decisivo de expectación y suspense para el público que, aun conociendo en los trazos esenciales el desarrollo del mito, no podía prever qué forma habría dado el poeta a la trama, ni el desarrollo de la acción y ni siquiera a qué conclusiones habría conducido la reelaboración dramática del mito.

Un problema, desde siempre objeto de discusión, está constituido por la relación mito-actualidad en la tragedia, relación entre tiempo mítico y tiempo presente de la representación. Para explicitar mejor esa relación, puede decirse que la tragedia utiliza una historia mítica en la cual se ponen en discusión las acciones de los héroes, a través de un ambiguo sistema de valores que remite implícitamente de las formas del pasado mítico a las instituciones de la ciudad y viceversa. En la dialéctica de esta relación se define la presencia del coro, portavoz de los valores éticos de la ciudad pero también espectador interno de la acción, proyección escénica del auditorio y por eso espectador activo directamente afectado en el evento dramático.

Bruno Gentili, *Medea nella letteratura e nell'arte*

Reflexionar sobre un mito no significa determinar su eventual punto de partida, sino desenredar el núcleo de funciones simbólicas en las que reside el proceso de mitopoiesis, el cual actúa de manera que el mito tenga la capacidad de interpretar estructuras profundas del imaginario colectivo. No es importante, por lo tanto, buscar cuál es el sentido originario del mito, sino hacer emerger el núcleo de significados simbólicos que llevan hasta el corazón del imaginario colectivo de la sociedad que lo ha producido y lo usa como relato tradicional.

Maurizio Bettini y Giulio Guidorizzi, *El mito de Edipo*

Las desdichas de los Labdácidas

Todo relato mítico es por esencia una narración heredada, memorable y tradicional, muy anterior a su escritura y sus reflejos en la tradición literaria. Quien cuenta un mito lo ha oído de otros, que lo oyeron y contaron antes, pues el mito no se inventa, sino que se transmite y pervive en la memoria colectiva como un legado narrativo heredado de generaciones anteriores. Así sucede en el caso de mitos como los griegos, que los poetas difundían con sus claras palabras al recontarlos a sus oyentes, quienes reconocían en ellas las viejas historias de la tribu que ya habían oído de sus mayores desde su niñez, y que ahora los aedos, rapsodas y poetas griegos referían de nuevo con brillante estilo personal. Al ponerse por escrito, el relato mítico queda fijado, pero esa formulación no se presenta como una representación definitiva, ni como un texto sagrado o apoyado por una autoridad religiosa. Son los poetas, primero, y luego otros narradores en prosa los que nos han dejado los relatos míticos tal como, siglos después, los conocemos. Está claro, en todo caso, que nosotros conocemos los mitos griegos solo a través de esos testimonios que nos ofrece la literatura antigua, o lo que nos ha llegado de esta, en textos troquelados en diferentes formas y géneros poéticos. (Hay también escenas míticas representadas en la antigua cerámica, pero esos testimonios son aún más fragmentarios y de difícil interpretación, por lo que ahora podemos dejarlos de lado).

Es a través de esos reflejos literarios como hemos de reconstruir el armazón más arcaico y la estructura esencial del relato oral más antiguo, y evidentemente no podemos llegar a depurar o despojar esos relatos escritos (unos antes y otros después) de detalles y secuencias añadidas por una transmisión que los va enriqueciendo, incorporando acaso episodios nuevos, o estableciendo algunas variantes, en versiones más o menos poéticas. No podemos aspirar a reconstruir la forma original de un mito. Sobre todo cuando nos han llegado sus ecos fragmentarios de diversas épocas. Porque incluso las menciones más antiguas no dejan de ser fragmentos o variantes de un relato original, parcialmente conservado y en parte perdido, al que la versión literaria o rememoración por escrito ha dado la configuración narrativa que nosotros podemos leer a larga distancia, un texto que se compuso marcado por su contexto histórico y en un género literario que en cierto modo lo coloreaba o acentuaba. Puede presentarse en una alusión en un poema épico o una evocación dramática o un resumen más o menos detallado en la prosa de un mitógrafo tardío. Y, como sabemos, los testimonios literarios que hemos conservado son una pequeña parte de la caudalosa narrativa mítica antigua, por tanto, hubo muchos relatos perdidos. Por eso no hay que empeñarse en buscar el mito originario en una forma fija, como señala muy bien Lowell Edmunds[1]. A partir de una primera versión, que no tenemos, han surgido, a lo largo de siglos, nuevas variantes del relato mítico, en una tradición que no solo recuerda y transmite, sino que a la par revive, discute y reinterpreta el esquema fundamental. Hay que reconocer que la tradición del mito, que enriquece y rejuvenece con nuevos matices el significado del relato original, en esa larga historia de la recepción y reinterpretación de su sentido y entramado (eso que Hans Blumenberg llamó «trabajo sobre el mito»), acaba por formar de un modo significativo el decurso vital del mito en la cultura y la literatura. Y también que en esa larga tradición una determinada versión se impone como la más influyente, la más lograda, la presentación clásica del mito, como es, en este caso, la tragedia de Sófocles.

Como decíamos, podemos muchas veces detectar que en un relato mítico hay detalles o motivos que no pueden ser originarios, es decir, procedentes de su supuesto núcleo más antiguo, porque evocan o proceden de cierta época poste-

1. L. Edmunds, *Oedipus,* Londres, Routledge, 2006.

rior a la narración primitiva, pero, no obstante, el que algunos aparezcan atestiguados en versiones míticas que son posteriores a otras no es un indicio seguro de que hayan sido invenciones posteriores, ya que puede tratarse de variantes del mito oral que no recogieron los textos conservados más antiguos, porque no hay versiones completas de un mito, sino siempre evocaciones fragmentarias del mismo.

Acerca del mito de Edipo y su familia, la de los Labdácidas de Tebas, sabemos que existieron algunos antiguos poemas épicos, pero pocos fragmentos tenemos sobre los más famosos: la *Edipodia* y la *Tebaida,* del siglo VII a. C., que se perdieron pronto. Ciertamente diferían de la versión trágica de Sófocles en algunos detalles significativos. Por ejemplo, parece que en ninguna de estas obras Edipo moría como en la versión de Sófocles, ciego y en el exilio. Y diferían seguramente de otros detalles, como vemos en la mención más antigua de la saga, que tenemos ya en dos alusiones homéricas.

Efectivamente en la *Ilíada* (canto XXIII, vs. 679-680), en la primera mención de Edipo, se cuenta que un guerrero ha asistido a sus funerales en Tebas. En la *Odisea,* en el canto XI, vs. 271-280, cuando Ulises cuenta a los feacios su visita al mundo de los muertos, relata que allí, en el Hades, divisó, entre el tropel de fantasmas ilustres, a su famosa madre y esposa. (Y nos la presenta con una curiosa variante en el nombre de la reina suicida: la llama Epicasta, no Yocasta):

> Y vi a la madre de Edipo, la hermosa Epicasta,
> quien, en su ignorancia, cometió una acción terrible
> al casarse con su hijo. Este la tomó por mujer tras dar muerte

a su padre. Pronto los dioses revelaron el secreto a los humanos.
Edipo, por su parte, con terribles penas siguió reinando en Tebas,
la muy amada, de acuerdo con los crueles designios de los dioses.
Pero ella marchó al reino de Hades, severo guardián de sus puertas,
ahorcándose de un apretado lazo corredizo en su alto dormitorio,
vencida por la angustia. Y a él le dejó muchas penas futuras,
las que llevan adelante las Erinias suscitadas por una madre.

Tras estas advertencias parece conveniente comenzar con un vistazo de conjunto a la narración mítica sobre los descendientes de Lábdaco, rey de Tebas, nieto de Cadmo, el fundador de la ciudad, y padre de Layo, personaje decisivo en el mito. Resulta cómodo para ello citar el resumen que nos da el mitógrafo Apolodoro (siglo II d. C.) en su tratado de mitología, es decir, en *Biblioteca mitológica,* libro III, 5, 7-9. Este mitógrafo, erudito tardío, ofrece un panorama bastante completo de los mitos griegos, extractando sus noticias de sus lecturas de la literatura anterior, especialmente de los textos trágicos, con cierto afán didáctico. Y dice así la narración de Apolodoro[2]:

Layo se casó con una hija de Meneceo, a la que unos llaman Yocasta y otros Epicasta. El oráculo (de Delfos) le había advertido

2. Cito el texto, con algún pequeño retoque, de la traducción de Margarita Rodríguez de Sepúlveda, en Apolodoro, *Biblioteca,* Madrid, Biblioteca Clásica Gredos, 1985, pp. 149-151.

que no tuviera descendencia, pues su hijo habría de ser parricida[3]; a pesar de ello él, embriagado, se acostó con su mujer. Cuando nació el niño, después de perforarle los tobillos con punzones, lo entregó a un pastor para que lo expusiera. Este abandonó al niño en el monte Citerón, donde lo encontraron unos boyeros del rey Pólibo de Corinto, y se lo llevaron a Peribea, la mujer de este. Ella lo tomó a su cargo haciéndolo pasar por hijo suyo, y, después de curarle los tobillos, lo llamó Edipo por sus pies hinchados. Cuando el muchacho creció, como aventajara en fuerza a sus compañeros, por envidia lo tildaron de espurio. Edipo interrogó a Peribea y, al no quedar satisfecho, fue a Delfos a preguntar por sus verdaderos padres. El dios le dijo que no regresara a su patria, pues de lo contrario habría de matar a su padre y acostarse con su madre.

Al oír esto Edipo, creyendo ser hijo de quienes se decían sus padres, se alejó de Corinto. Cuando en su carro atravesaba la Fócide, en un camino estrecho se topó con Layo, que iba también en su carro. Polifontes, palafrenero de Layo, le ordenó dejar libre el paso y, ante su desobediencia y demora, mató a uno de sus caballos. Edipo, entonces, indignado, dio muerte a Polifontes y a Layo, y se dirigió a Tebas. Layo fue sepultado por Damasístrato, rey de Platea, y Creonte, hijo de Meneceo, ocupó el trono tebano. Durante su reinado una gran calamidad se abatió sobre Tebas, pues la diosa Hera envió a la Esfinge, hija de Equidna y de Tifón, a asediar la ciudad. Tenía rostro de mujer, y pecho, patas y cola de león, y alas de ave. Había aprendi-

3. Como se ve, Apolodoro no cuenta el motivo de tal profecía. Pero es importante tener en cuenta una noticia sobre la maldición que pesa sobre Layo que está aludida antes en Apolodoro, y que leemos en uno de los «argumentos» que preceden a las ediciones de las *Fenicias* de Eurípides, que comentaremos luego.

do de las Musas un enigma, y desde un monte cercano lo planteaba a los tebanos. El enigma era este: ¿qué ser provisto de voz es de cuatro patas, de dos y de tres?

Según un oráculo, los tebanos se librarían de la Esfinge cuando resolvieran el enigma; por ello a menudo se reunían tratando de hallar la respuesta, y como no la encontraban, la Esfinge se apoderaba de uno u otro de ellos y los devoraba. Habían perecido así muchos, y el último Hemón, hijo de Creonte. Cuando este pregonó que daría el reino y la mano de la esposa de Layo a quien descifrara el enigma, Edipo, habiéndolo oído, encontró la solución y dijo que el enigma propuesto por la Esfinge se refería al hombre, que de niño es cuadrúpedo, pues anda a gatas, en la madurez bípedo, y en la vejez usa como tercer pie el bastón. Entonces la Esfinge se arrojó desde la acrópolis y Edipo obtuvo el reino y se casó con su madre sin reconocerla. Engendró en ella dos hijos, Polinices y Eteocles, y dos hijas, Ismene y Antígona... Más tarde, al descubrirse el secreto, Yocasta se ahorcó, Edipo se arrancó los ojos y, desterrado de Tebas, maldijo a sus hijos, que presenciaron su expulsión sin socorrerlo.

Con Antígona llegó a Colono, en el Ática, allí donde está el recinto consagrado a las Euménides, se sentó allí como suplicante y, acogido por el rey de Atenas, Teseo, murió poco después.

A continuación, el mitógrafo cuenta cómo, luego de la muerte de Edipo, sus dos hijos se enfrentaron por el trono de Tebas y se mataron en feroz duelo uno a otro. En la guerra por el poder regio Eteocles defendía la ciudad y Polinices la atacaba al frente de un ejército venido de Argos y capitaneado por siete ilustres guerreros. (Es el tema que tenemos en las tragedias de *Los siete contra Tebas,* de Esquilo, y *Fenicias,* de Eurípides). Más tarde, después de contar el asalto fracasado de los argivos y la muerte de los dos hermanos, le dedica unas líneas a Antígona (III, 7, 1):

> Cuando Creonte se hizo cargo del gobierno de Tebas decidió dejar insepultos los cadáveres de los argivos y, después de pregonar que nadie los enterrara, puso vigilantes. Antígona, una de las hijas de Edipo, robó el cuerpo de Polinices y lo enterró en secreto, pero sorprendida por Creonte, fue encerrada viva en una cueva[4].

La maldición de Pélope

Es muy notable que en esa exposición del argumento que abarca el conjunto del mito de las desdichas de la familia de los Labdácidas, es decir, de Layo y Edipo y de los hijos de Edipo, el tardío mitógrafo no mencione la terrible maldición, nunca aludida ni evocada por Sófocles. (Es cierto, sin embargo, que Apolodoro, en un párrafo anterior al citado relato sobre la familia de Layo, escribe que «Anfión y Zeto

4. Estas líneas resumen el argumento de la *Antígona* de Sófocles, si bien con algunas variantes, pues en la tragedia conservada la joven princesa no llega a mover el cuerpo de su hermano y solo lo cubre simbólicamente con unos puñados de polvo. Ciertamente hubo otras versiones. El mitógrafo latino Higino relata *(Fábulas,* 72) que la condenada Antígona fue liberada y puesta a salvo por su prometido Hemón, el hijo de Creonte. Con él tuvo un hijo, pero Creonte descubrió el asunto, por una marca de familia que tenía el niño. Entonces Hemón dio muerte a su amada y a continuación se suicidó. Parece que esta variante está en el argumento de la *Antígona* perdida de Eurípides (que solo conocemos por algunas citas).

expulsaron (de Tebas) a Layo, que residió en el Peloponeso como huésped de Pélope, pero, enamorado del hijo de este, Crisipo, mientras le enseñaba a conducir el carro, lo raptó»)[5]. Pero omite la muerte del joven y la consecuente maldición lanzada por Pélope contra Layo, raptor y violador del joven Crisipo, que luego se suicidó, avergonzado. Ese episodio temprano del mito se cuenta en la tragedia de Eurípides titulada *Fenicias* (nombrada así por la procedencia de las mujeres que forman el coro) y está bien resumido en el breve «argumento» que precede al texto de esa tragedia, cuya fuente parece ser un tal Pisandro, un desconocido historiador o, más probablemente, un mitógrafo helenístico:

> Layo, que venía de Tebas, por el camino contempló a Crisipo, el hijo de Pélope (rey de Argos). Enamorado de él quiso llevárselo consigo a Tebas. Como este se negaba, Layo lo raptó, a escondidas de su padre. (El joven se suicidó luego). Tras largos lamentos por su pérdida, Pélope se enteró y lanzó contra el raptor la maldición de que no engendrara hijos o, si tal sucedía, que fuera asesinado por su descendiente.

En un escolio a *Fenicias* (v. 1760) se nos ha conservado el resumen de Pisandro, que ofrece notorias divergencias respecto al texto de Sófocles, tal vez conservando datos del poema épico de la *Edipodia*[6]. Acaso vale la pena recordar entera esta glosa:

5. Cf. *Biblioteca,* III, 5, 5. Otros textos sobre el mismo pasaje: Higino, *Fab.* 85; Pausanias, VI, 20, 7.
6. Como señala y comenta A. Bernabé en su *Fragmentos de épica griega arcaica,* Madrid, Gredos, 1979, pp. 43-50. Doy la traducción de J. M. Lucas de Dios, *Esquilo, Fragmentos,* Madrid, Gredos, 2008, pp. 402 y ss.

Cuenta Pisandro que la Esfinge fue enviada a los tebanos desde las más remotas regiones de Etiopía a causa de la cólera de Hera, porque no habían castigado a Layo por su impiedad en cuanto a su infame amor por Crisipo, al que raptó de Pisa. Tenía la Esfinge, según se representa, cola de serpiente. Arrebatando a grandes y pequeños, los devoraba, y entre ellos, también a Hemón, el hijo de Creonte, y a Hipio, el hijo de Eurínomo, el que había combatido con los Centauros. Eurínomo y Eyoneo eran hijos dé Maganes el Eólida y de Filódica. A Hipio, a pesar de ser su huésped, le dio muerte la Esfinge, y a Eyoneo Enómao, igual que a los otros pretendientes (de su hija).

Layo fue el primero que mostró este amor ilícito: Crisipo, por vergüenza, se dio muerte con su espada. Entonces Tiresias, sabiendo, como adivino que era, que Layo era odioso a los dioses, lo disuadió de que se encaminara hacia Apolo (es decir, a Delfos), aconsejándole que hiciera antes sacrificios en honor de Hera, la diosa tutelar del matrimonio. Él lo despreciaba. Así, pues, se puso en camino y murió asesinado en la encrucijada, él y su auriga, que había golpeado con su látigo a Edipo. Después de darles muerte, este los enterró al punto con sus ropas, pero se apoderó del cinturón y de la espada de Layo y se los llevó consigo. Tras cambiar de dirección, el carro se lo entregó a Pólibo.

Luego se casó con su madre, una vez resuelto el enigma. Más tarde, después de haber celebrado ciertos sacrificios en el Citerón, viajaba en compañía de Yocasta en el carro, y, al llegar ambos a aquel paraje del cruce de caminos, se acordó y le empezó a contar el encuentro y le mostró el cinturón. Ella, aunque lo soportaba con dificultad, guardaba no obstante silencio, porque no sabía que él era su hijo. Luego llegó cierto caballerizo de Sición, que lo contó todo, cómo lo había encontrado, recogido y entregado a Mérope, y además le mostraba los pañales y las fíbulas, y le pedía la recompensa por haberlo salvado. Y de esta manera todo fue conocido. Y dicen que después de la muerte de Yocasta y de su propio cegamiento (Edipo) se casó con la joven Eurígana; de la que le nacieron los cuatro hijos. Esto dice Pisandro.

Eurípides había escrito una tragedia titulada *Crisipo* sobre este personaje de tan triste destino, pero de ella solo nos quedan cuatro o cinco breves fragmentos[7].

Parece bastante obvio destacar el interés de este episodio que justificaría el futuro desdichado de Layo y el parricidio cometido por Edipo, fatalmente, como pago del terrible desafuero del rey tebano. La afrenta criminal no estaría tanto en la pasión homosexual que impulsa a Layo, sino en una agresión que va contra las normas de la hospitalidad, pues el exiliado monarca tebano había sido acogido como huésped por el rey argivo Pélope, y en la violencia infamante que ejerce Layo sobre el joven príncipe. Esa agresión y ese ultraje, causa de la muerte del joven Crisipo, provocan la maldición que pesará sobre Layo y su estirpe. La conducta de Layo supone un crimen impío que lo mancilla y que recae sobre él y su descendencia. Su agresión perversa al hijo de Pélope produce una mancha *-ágos, míasma-* que debe ser lavada con sangre, y los dioses (Apolo y Zeus) se ocupan, más temprano o más tarde, de su castigo.

Como decíamos, Sófocles no evoca nunca explícitamente este episodio, y no sabemos si lo hacía Esquilo en su tetra-

7. Véase *Euripide. Tragédies. Fragments,* III, edición de E. Jouan y H. Van Looy, París, Les Belles Lettres, 2002, pp. 383-389. También el dramaturgo latino Accio escribió una tragedia del mismo título, tomada de la de Eurípides.

logía trágica sobre los Labdácidas que no hemos conservado. (Aunque parece probable que lo tratara en la primera pieza titulada *Layo*). No vamos a detenernos en la larga discusión entre los estudiosos y filólogos que se han ocupado del asunto[8]. Hay al respecto dos posturas enfrentadas: la de quienes piensan que este es un tema introducido en el mito por Eurípides, sin precedentes, y la de quienes creen que ya formaba parte de la versión primitiva, y que seguramente figuraría ya en el drama de Esquilo (así lo cree H. Lloyd-Jones, entre otros), o bien pudo tratarse de una variante antigua, por mera casualidad no atestiguada en los textos conservados, y marginada por Sófocles. Esquilo había compuesto, como dijimos, una tetralogía que comenzaba por la tragedia *Layo* y seguía con las tituladas *Edipo, Los siete contra Tebas* (la única conservada) y *Esfinge* (drama satírico). Con ellas obtuvo el primer premio en las Dionisias el año 467 a. C.

En principio, parece poco verosímil que el episodio de Layo y Crisipo fuera una invención del último de los grandes trágicos. Si bien no debe descartarse que, como sucedió con su famosa *Medea,* tragedia en la que Eurípides presenta a la protagonista como la asesina de sus hijos, frente a otra versión diversa y acaso más antigua (en que los niños morían por accidente o a manos de los corintios), este haya

8. Está admirablemente resumida en las amplias notas a los fragmentos del *Layo* de Esquilo por J. M. Lucas de Dios, en *Esquilo. Fragmentos,* Madrid, Gredos, 2008, pp. 399-411, y sobre todo en pp. 493-505, donde presenta un amplio y preciso resumen crítico de los testimonios antiguos y la evolución del mito en la literatura anterior al tratar de lo poco que sabemos del *Edipo* esquileo. Para otras versiones antiguas sobre la muerte de Crisipo, véase T. Gantz, *Early Greek Myth,* Baltimore, Johns Hopkins University Press, 1993, pp. 494-495.

recurrido a una variante del mito que no era la más extendida. Y podemos explicarnos, por otra parte, que Sófocles, deseoso de resaltar la azarosa actitud de Edipo y su libertad de actuación, haya preferido silenciar el turbio pasado de Layo y la fatídica maldición de Pélope[9]. A Sófocles no le interesaba, en su visión trágica, recordar que Edipo, cuando se encuentra a Layo y lo mata, estuviera obligado por la maldición antigua y que su desconocida víctima en la fatal encrucijada pudiera ser objeto de un designio fatídico y merecedor de su propia muerte, como tardo castigo pendiente de su antiguo delito.

9. Citaré en apoyo de esta tesis unas líneas de H. Lloyd-Jones, *The justice of Zeus,* Londres-Berkeley, University of California Press, 1971, pp. 120-121: «Este tema, quizás con variantes, formaba el argumento del *Crisipo* de Eurípides. [...] ¿Fue la historia de Crisipo usada por Esquilo, como no solo Welcker sino también su adversario Hermann creían? La demostración es puramente conjetural. Primero, es muy improbable que Eurípides inventara esa leyenda; acaso la encontró en la épica antigua (la *Edipodia)* o en Esquilo, o en ambos lugares. Segundo, todo lo que conocemos de Esquilo indica que Layo no pudo ser castigado por nada. Al comienzo de esa trilogía sobre los Labdácidas tuvo que haber cometido el acto inicial de *hybris* y el *arché kakón* ('inicio de las desgracias'). [...] En la primera pieza Layo recitaba el prólogo. ¿Sobre qué trataba *Layo?* La única leyenda que conocemos sobre Layo es esa historia con Crisipo.
Es imposible descartar esa sugerencia, como un docto colega deseaba, con el argumento de que Esquilo no habría usado esa «materia eróticopatológica» de la tal leyenda. Dos fragmentos de su trilogía sobre Aquiles tratan del amor entre Aquiles y Patroclo como una de las relaciones homosexuales que en su propia época existían tan frecuentemente entre jóvenes nobles griegos. Layo, según una tradición, fue el primer mortal en adoptar esa práctica. Si se le hubiera reprochado, él habría podido citar el precedente de la conducta de Zeus con Ganimedes y Poseidón con el angustiado padre de su víctima (Pélope). Si Esquilo relataba esta historia, sin duda haría más hincapié en el rapto cometido por Layo con violación de la hospitalidad que en el carácter anormal de su pasión; el crimen de Layo no sería visto ni más ni menos grave que el de Paris».

Como apunta oportunamente Lloyd-Jones, tratando de ese crucial encuentro en el drama sofocleo: «No importa aquí [en Sófocles] si el crimen es voluntario o no; sino el mero hecho del asesinato. Esta no es una historia de culpa y castigo. Se cuenta para ilustrar la fragilidad de la condición humana, de cómo incluso el más fuerte y sabio puede en un momento ser destrozado»[10].

La consulta al oráculo

En los relatos sobre el mito, la consulta al oráculo de Delfos, primero la de Layo y luego la de Edipo, juega un papel destacado. Sin embargo, como señala L. Edmunds, es probable que Delfos no figurara en el mito en su forma primitiva, prehomérica:

> El mito griego y la épica griega cobraron forma mucho antes de que Delfos se convirtiera en el centro oracular de Grecia. Es mencionado solo una vez en la *Ilíada* (IX, 404-405) y una en la *Odisea* (VIII, 79-82) y podría no haber tenido ninguna importancia en la épica tebana: no puede asumirse que esté implícito en el sumario del mito que da Odiseo. Quizá un sueño, de Yocasta o de Layo, o una profecía emitida por el famoso adivino tebano Tiresias motivaban la exposición del nacido Edipo.

Respecto al texto del oráculo conviene advertir que se presenta con pequeñas variantes. Unas veces como adver-

10. H. Lloyd-Jones, *op. cit.,* p. 123. A continuación Lloyd-Jones hace unos excelentes comentarios sobre el uso de las tramas míticas por los dramaturgos griegos, contando con que su público conoce detalles de los mitos que el autor trágico en su tratamiento deja en penumbra.

tencia (que Layo quebranta), otras veces como una profecía fatal. En Esquilo *(Siete contra Tebas,* vs. 740-57) el coro cuenta que Layo desobedeció la advertencia délfica, mientras que en el texto de Sófocles el oráculo se presenta como algo fatal (lo recuerda Yocasta, vs. 713-714 y 854). Tampoco todos los testimonios presentan la consulta de Edipo al santuario délfico tal como tenemos en Sófocles. Me parece muy interesante la observación de T. Gantz de que podría ser una innovación de Sófocles el situar el encuentro de Layo y Edipo después de la consulta de este al oráculo de Delfos.

En otras versiones ese encuentro se habría producido cuando Edipo marchaba de Corinto hacia Tebas y no había recibido todavía la profecía sobre su destino.

Tal desviación de la trama de Sófocles, si lo hemos entendido correctamente, ofrece una clara ventaja: si Edipo no ha sido advertido por el oráculo, no hay nada irracional en que dé muerte a un hombre bastante viejo como para ser su padre o que se case con una mujer lo bastante mayor como para ser su madre. Por desdicha, en el *Edipo* perdido de Eurípides no se ha conservado nada al respecto, ni tampoco en la trilogía de Esquilo, aunque aquí el crimen parece tener lugar junto a Potnias, más o menos una milla al sur de Tebas, lo que puede indicar que ambos viajeros tenían objetivos bastante distintos a los que ofrece Sófocles, y en todo caso nada que ver con Delfos. [...] Dada la falta general de insistencia sobre Edipo en Delfos (en los demás testimonios), podemos preguntarnos si Sófocles pudo haber inventado ese detalle de la segunda profecía para su tragedia, donde le sirve para intensificar la ironía de un hombre que huye hacia lo que él piensa evitar, y subraya la secuencia de sucesos que conllevan inexorablemente la perdición de Edipo. Encuentro esto atractivo, y podríamos recordar que en *Los siete contra Tebas* de Esquilo ni siquiera la primera profecía es tal como la tenemos en Sófocles, mientras que para el período arcaico no tenemos ningún testimonio[11].

Yocasta

Como hemos visto, en la *Odisea* el nombre de la esposa de Edipo es Epicasta. Como los dioses, según se dice allí, revelaron «pronto» el incesto de su boda, no pudo tener los hijos que le atribuye a Yocasta la versión más clásica. Por otra parte, según Pausanias, en su *Descripción de Grecia,* los hijos de Edipo habían nacido de su segunda esposa, Eurigania *(Eurugáneia).* Pausanias (siglo II d. C.) dice extraer la noticia de la antigua *Edipodia* y menciona una pintura de Euriganía por Onasias (un pintor de finales del siglo V a. C.). También Ferecides, siglo V a. C., menciona esta segunda esposa como madre de los hijos de Edipo. Recordemos que en el texto de la *Odisea* la triste Epicasta (Yocasta) se suicida al conocer quién es su nuevo esposo, y Edipo le sobrevive largo tiempo, permaneciendo en el trono de Tebas (seguramente sin quedar ciego y, a lo que parece, hasta su muerte, pues allí se celebraron sus funerales)[12].

11. T. Gantz, *op. cit.,* pp. 493-494. (Sobre la profecía en Esquilo, véase *Siete contra Tebas,* 742 y 55, y en Eurípides, *Fenicias,* vs. 13 y 55).
12. Hesíodo, en su *Catálogo de las mujeres,* contaba que Argía, la hija del rey de Argos Adrasto (y mujer de Polinices), acudió a los funerales de Edipo (frg. 192, Merkelbach-West). En ellos participó el héroe Mecisteo, según se cita ya en la *Ilíada* (XXIII, 678-680).

El suicidio de Yocasta es, pues, un elemento de la antigua trama mítica, tal como lo ofrece Sófocles en *Edipo rey*. Pero en las *Fenicias* de Eurípides tenemos una versión distinta: tanto Yocasta como Edipo han tenido sus cuatro hijos y siguen viviendo en el palacio muchos años, tantos como para asistir al asedio de la ciudad por los guerreros argivos acaudillados por Polinices, y al duelo entre Eteocles y Polinices, y a la muerte de ambos hermanos en un fatídico duelo. En esa versión Yocasta se da muerte con espada sobre los cadáveres de sus dos hijos, ante los muros de la ciudad asediada. La variante está atestiguada ya en un poema lírico de Estesícoro (siglo VIII a. C.), una secuela acaso de la *Tebaida,* que conocemos fragmentariamente gracias al papiro de Lille (publicado en 1977). Un escolio a las *Fenicias* menciona una tercera (y muy rara) versión, según la cual murió Yocasta a manos de Edipo[13].

Sobre la variante de la forma del suicidio de Yocasta (por ahorcamiento o por espada) me parece sugestivo el comentario de N. Loraux, quien en su *Maneras trágicas de matar a una mujer,* apunta lo siguiente:

> Conviene leer el texto de Eurípides en relación con el de Sófocles; entonces comprenderemos que en las *Fenicias* hay una es-

13. «El destino de Yocasta es, en efecto, un elemento del relato que se presenta de todas las formas posibles: la variante más difundida (a partir de Homero) decía que se había ahorcado por la vergüenza; otra, que había sobrevivido a la vergüenza y se había matado más tarde, sobre los cuerpos de sus hijos que se habían eliminado mutuamente; una tercera variante, que fue asesinada por Edipo apenas descubierto el incesto» (G. Guidorizzi, *op. cit.,* p. 67). Respecto a esta última versión notemos que los escoliastas, eruditos tardíos, en esas notas marginales gustan de aportar noticias pintorescas que a menudo no sabemos de dónde se han recogido.

> pecie de nueva interpretación de conjunto del personaje de Yocasta; y la muerte viril de una mujer que ya no es, como en Sófocles, esposa por encima de todo, sino exclusivamente madre, ha de anotarse en el haber de la recién mencionada reelaboración crítica de la tradición[14].

El personaje de Yocasta tiene, en los trágicos antiguos, un papel secundario, como esposa, en Sófocles, y como madre, fundamentalmente, en las *Fenicias* de Eurípides. (Ya que no sabemos cómo era tratada en el *Edipo* de este autor). También como madre muy preocupada por el fiero conflicto entre sus hijos estaba en el poema de Estesícoro. En todo caso, como figura femenina, resulta muy patética, ya que, sin culpa alguna, se ha visto alcanzada por la desdicha y la maldición de los Labdácidas, al lado de Layo y luego de Edipo. Y, en los textos donde no se suicida al conocer su matrimonio incestuoso (en Eurípides y en el texto anterior de Estesícoro), trata con apasionado empeño de evitar el fatal enfrentamiento de sus hijos, y luego asiste al mutuo duelo a muerte de ambos. Sus consejos, en el caso de Edipo, en *Edipo rey,* y en el de los rencorosos Eteocles y Polinices, no sirven de nada. No pueden detener el previsible desastre. Es el triste sino de las mujeres en algunas tragedias (Deyanira o Tecmesa, y, en otros trágicos, Casandra o Andrómaca, por ejemplo). Sufren la muerte de sus parientes más cercanos, sin poder impedir o remediar el previsto desenlace sangriento. Y deben resignarse a un papel

14. Cito la traducción española de R. Buenaventura (Madrid, Visor, 1989). La muerte por espada es, según N. Loraux, más noble y «viril» que «la muerte por soga, la más impura posible».

secundario, limitado a una voz patética, en el mundo violento de héroes implacables.

Ejemplarmente triste es el sino de Yocasta, que podemos imaginar que fue casada muy joven con Layo, un rey violento con la oscura historia de una desdichada pasión homosexual, que está amenazado por un oráculo y trata de evitar tener hijos: por tanto, acaso practica el sexo de modo desviado (de acuerdo con su nombre de «zurdo» o «torcido»). Pobre Yocasta, que perdió a su niño a poco de nacer, y luego a su esposo, y fue ofrecida como premio al vencedor de la Esfinge, sin su consentimiento, para descubrir que se había casado con su propio hijo, ese hijo que no tuvo de pequeño en sus brazos, y ahora a su lado, sin culpa alguna, la cubría en una unión incestuosa, maldita. (Podemos pensar que, paradójicamente, la versión sofoclea es más compasiva con ella, a fin de cuentas, que la anterior en que el incesto se revelaba muy pronto y ella se suicidaba a continuación. En *Edipo rey* Yocasta ha disfrutado de largos años de felicidad con Edipo y ha tenido hijos queridos por ambos, gracias a un largo plazo de ignorancia concedido por los dioses. Se ha realizado como esposa y como madre, y al menos ha tenido una existencia digna de vivirse, gracias a esa ignorancia. Y, cuando todo el oscuro pasado de Edipo sale a la luz, se suicida –en un acto desesperado que es la única decisión propia en su existencia–, cuando el dolor de conocer los desastres de la familia, que ella ha intentado en vano evitar, le resulta ya insufrible).

Por otra parte, notemos que en el matrimonio con Edipo no hay, en los textos griegos antiguos, ningún erotismo. La mano de la reina viuda es tan solo el premio que Creonte ofrece al liberador de la ciudad, como complemento al trono regio de Tebas. En cuanto a la breve mención del sueño incestuoso que hace Yocasta en *Edipo rey,* en el que el soñador sueña acostarse con su madre (y que tanto llamó la atención de Freud), no parece, en el contexto griego, muy relevante. Con esa alusión Yocasta trata tan solo de ahuyentar el recelo de Edipo, que recuerda la profecía de la boda con la propia madre aludida por el oráculo délfico. Ella se muestra un tanto despectiva con los oráculos, de modo un tanto ligero, impulsada por sus deseos de zanjar ya la cuestión.

Muy distinto es el papel que algunos dramaturgos modernos, lectores de Freud, ofrecen a la inocente Yocasta. Tal vez el mejor ejemplo lo tenemos en la Yocasta de *Edipo y la Esfinge* de Hofmannsthal (que el lector puede ver más adelante). Ahí el encuentro entre la reina viuda, joven y desesperada, y el fogoso vencedor de la Esfinge reviste un tono erótico del que carecen los relatos griegos y logra así un primer plano. Con él se concede a la reina, por fin, un merecido protagonismo en la escena que los antiguos parecen, injustamente, regatearle.

Fatal encuentro y muerte de Layo

La versión del encuentro tal como la encontramos en Sófocles, *Edipo rey,* 798 *y ss.,* y en las *Fenicias* de Eurípides, vs. 33-54, difiere en algunos detalles puntuales. Aquí es Yocasta, en el prólogo de la tragedia, quien lo cuenta:

> Cuando ya se hizo hombre, y aparecía en su mentón la rubia barba, [Edipo] se puso en camino hacia el santuario de Febo,

con la intención de indagar quiénes eran sus verdaderos padres, al tiempo que Layo, mi esposo, que ansiaba conocer si el niño expuesto vivía todavía. Y coincidieron ambos a la vez en Fócida, en la encrucijada de caminos. Y entonces le grita el cochero de Layo:

–¡Extranjero, échate a un lado y cede el paso a un rey!

Pero él continuaba su avance caminando en silencio, orgulloso. Los caballos, con sus pezuñas, le tiñeron de sangre las piernas. Por eso –¿por qué voy a relatar lo que desborda mis desdichas?– el hijo mata al padre y, apoderándose de su carro, va y se lo entrega a su padre adoptivo, el rey Pólibo.

Como la Esfinge con sus depredaciones asolaba la ciudad y mi esposo ya no vivía, mi hermano Creonte manda proclamar mi matrimonio. Quien resolviera el enigma de la astuta doncella alada, ese obtendría mi lecho. Sucede entonces que mi hijo Edipo acierta la adivinanza, se instala como soberano en el país y recibe el cetro de esta tierra como premio a su victoria. Y toma por esposa a su madre sin saberlo, ¡infeliz!, como tampoco la que le dio a luz sabe que se acuesta con su hijo.

Como se advierte por estas líneas, puestas en boca de Yocasta, aquí Edipo parece que no llegó a Delfos y no escuchó la profecía que le conminaba a matar a su padre y desposar a su madre. Tras matar a Layo (y a sus acompañantes), se apropió de sus caballos y su carro, y se los llevó a Corinto, donde los regaló al rey Pólibo. Y desde allí, desde Corinto, marchó al encuentro de la Esfinge que asediaba Tebas. Ya hemos comentado que esta versión suaviza, frente a la de Sófocles, la dudosa culpa de Edipo. Aún no sospechaba que iba a matar a su padre cuando se encontró y mató al rey Layo, quien entonces no solo era un desconocido, sino que claramente actuó como agresor en el choque violento que se produjo en la encrucijada. En su embestida la rueda del carro de Layo aplastó el pie de Edipo hasta hacerlo sangrar. (Lo cuenta Eurípides y también Higino, *fáb.* 67).

Estalla una brusca pelea, en la que Edipo usa en su defensa, con extraordinario arrojo, su bastón de caminante. Podemos pensar que el conductor del carro maneja un látigo y el rey una lanza tal vez. La muerte de Layo es accidental, pero todo el combate revela gran furia homicida. En Sófocles dice Edipo que mató al dueño del carro y a todos sus acompañantes él solo; pero uno escapó para contarlo, aunque diera primero una versión confusa y poco veraz. El caso es que el joven adolescente que marchaba hacia Delfos para indagar su origen tuvo ese choque inesperado con el padre que buscaba saber de su hijo abandonado, y lo mató a bastonazos. Ironías del destino. No fue un combate de estilo épico: el joven peregrino iba a pie y sin armas; tampoco los del carro iban preparados para un duelo. En todo caso, el encuentro podría recordar alguno de Heracles, que con su maza derriba a un salteador de caminos (como Sinis). Edipo no se enfrenta a ningún monstruo, sino a un viajero, y el heraldo le ha avisado (en la versión de Eurípides, no en la de Sófocles) de que pide paso franco para un rey. El joven, sin embargo, no se amedrenta. (En la versión original probablemente no conoce aún el oráculo de que matará a su padre)[15]. En la versión de Sófocles pode-

15. La ventaja de tal ignorancia de la profecía explica que Edipo diera muerte al viejo rey sin que eso le removiera alguna reserva ni le quede luego ningún remordimiento, opina T. Gantz, *op. cit.,* pp. 493-494. Pero eso también puede explicarse, ya lo apuntamos, por su convencimiento

mos pensar que Edipo no siente escrúpulos ni sospechas porque sigue pensando que su padre es Pólibo y no otro rey, ya que a ese respecto el oráculo no le ha aclarado la duda de su condición de hijo adoptado, justamente aquello que le había impulsado a dejar Corinto.

Guidorizzi glosa muy plásticamente la escena:

> Las modalidades de ese homicidio no tienen, en Sófocles, nada de heroico. Por lo demás, algo horrible y miserable debe serlo no solo metafóricamente, sino también en el sentido más hondo del término. El parricidio de Edipo no tiene lugar entre el esplendor glorioso de las armaduras heroicas, sino entre el calor y la rabia de un enfrentamiento solitario en un camino polvoriento, y todo sucede en el tiempo en el que una figura entrevista a distancia llega a ser, en pocos instantes y sin una verdadera razón, un enemigo mortal, y el encuentro con una persona desconocida se transforma en violencia primordial, se podría decir absoluta en su insensatez. Una violencia perfecta[16].

Tiresias

Tanto Tiresias, el adivino, como Creonte, hermano de Yocasta, personajes secundarios, son imprescindibles como

aún firme de que es imposible que el viajero sea su padre, porque lo es Pólibo.

16. Cf. Guidorizzi, *op. cit.,* p. 128. Este mismo autor subraya el posible valor simbólico del bastón que empuña Edipo: es el arma con que mata a su padre, el cetro con que gobierna Tebas y el puntal en que, ya mendigo ciego, se apoya en su último exilio. El encuentro es bastante complicado en sus detalles precisos. Un buen análisis del episodio según este relato lo ofrece J. Bollack, en *La naissance d'Oedipe,* París, Gallimard, 1995, pp. 145-150.

antagonistas del héroe, acaso ya en la trama mítica, y, de manera evidente, en las versiones trágicas. Los nombres propios de ambos son parlantes. Tiresias *(Teiresías),* el adivino, es el intérprete de los prodigios o señales enviados por los dioses *(teírea);* Creonte *(Kréon)* es un nombre muy apropiado para un gobernante (en relación con *krátos,* 'poder'). Uno y otro ofrecen sus servicios a la ciudad y ambos acuden en ayuda del rey y se enfrentan, en un determinado momento, a Edipo. Y uno y otro sobreviven a la catástrofe de Edipo.

Tiresias tiene un antiguo y amplio prestigio como profeta. Ya Ulises, en su viaje al Hades en la *Odisea,* va hasta el mundo de los muertos, por consejo de la maga Circe, para consultarle acerca de su futuro. Incluso en el Más Allá homérico, entre el tropel de las almas sombrías, el viejo vate tebano conserva su visión profética. No sabemos si en ese mundo sigue siendo ciego y viejo, como lo era en Tebas. La ceguera y también la vejez son rasgos de esta figura de enorme prestigio en la tradición poética. Recordemos que, en las tragedias, se enfrenta a varios reyes tebanos: a Penteo (en *Las Bacantes* de Eurípides), a Creonte (en *Antígona* de Sófocles) y a Edipo (en *Edipo rey).* Esas escenas en que discuten airadamente el rey y el adivino tienen algo de típico, y cierta resonancia irónica: frente al poderoso monarca el viejo y ciego adivino parece estar en inferioridad de condiciones, pero él es quien, más allá de lo aparente, es sabio de verdad y tiene razón, como el público conoce[17]. Des-

17. Sobre la figura de Tiresias, en su conjunto, remito a mi capítulo «El adivino Tiresias o las desgracias del mediador», ahora en *Mitos, viajes, héroes,* Madrid, FCE, 2011, pp. 141-175. Hay que insistir en que el saber de Tiresias es de un orden diferente del de Edipo, más racional: cf.

de luego, el más logrado de esos duelos verbales entre el rey y el adivino es la escena justamente famosa de *Edipo rey*.

Tiresias tiene, por otra parte, una curiosa historia mítica: ha sido hombre, mujer, y de nuevo hombre, y por sus experiencias en uno y otro sexo pudo hacer de árbitro en una disputa entre Zeus y Hera[18]. Las causas de su ceguera varían según los relatos; en una versión antigua perdió la vista castigado por la diosa Hera, pero Zeus le premió con la videncia profética. Está, por otra parte, muy ligado en su larga vida a la ciudad de Tebas, y muere al abandonarla, cuando esta es conquistada por los Epígonos.

Creonte

Creonte es hermano de Yocasta y como pariente próximo del soberano se hace cargo del trono en los tiempos en que hay un vacío de poder, cuando ha desaparecido o queda en entredicho el auténtico monarca. Es él también quien mandó que Yocasta fuera ofrecida en matrimonio al vencedor de la Esfinge. Al morir asesinado Layo, toma en sus manos el

M. Vegetti «Forme di sapere nell'*Edipo re*», en *Tra Edipo e Euclide,* Milán, il Saggiatore, 1983, pp. 23-40. Y es trágico e irónico que sea el de Tiresias el saber que aquí expresa la verdad de los hechos.

18. El motivo de la disputa era decidir cuál de los dos géneros, el hombre o la mujer, en el comercio sexual experimentaba mayor placer. Tiresias sentenció que era con amplio margen la mujer, y la esposa de Zeus, irritada, le arrancó los ojos. El motivo mítico parece de origen popular, y está en relación con la leyenda de la metamorfosis del adivino, que le había permitido tener experiencias en ambos sexos tras su misteriosa relación con las serpientes.

poder, en la versión de Sófocles, y hace lo propio cuando Edipo se condena a sí mismo al destierro y sus hijos son todavía pequeños, y nuevamente él ocupará el trono más tarde, cuando Eteocles y Polinices se maten el uno al otro. Creonte no pretende asumir un papel heroico, pero está ahí, para asegurar el orden y la monarquía en la ciudad. Aparece como antagonista del héroe; es reflexivo, prudente y más político. Frente a Edipo aparece como el hombre sensato, moderado y cauto en sus expresiones incluso cuando el nervioso Edipo lo acusa de modo brusco e injustamente, y se muestra sin rencor cuando, al final, este viene a acogerse a su benevolencia. Intenta ser justo, también frente a Antígona, a la que condena porque no quiere hacer ninguna excepción a la ley de la ciudad. En nombre de esa ley se opone asimismo a las peticiones de su hijo Hemón. Asume con buena conciencia el papel de gobernante, que el azar le ha ofrecido en la catástrofe de la familia de Edipo, pero teme, a la postre, incurrir en *hýbris* y por eso cede a las advertencias de Tiresias (cuando ya es tarde y Antígona se ha suicidado). Esa duda y tardío arrepentimiento lo distinguen de los héroes auténticos de Sófocles, inflexibles, que no ceden nunca y se empecinan, impávidos, en su propia destrucción (como Antígona o Ayante). Tras la muerte de Hemón y de su propia esposa, ambos por suicidio, solo él, Creonte, queda al final gobernando la polis en amarga soledad, sin familia, en plena desolación, en el sanguinolento palacio tebano.

En *Edipo en Colono* la figura de Creonte cobra tintes mucho más oscuros, es el político despiadado que se enfrenta a Edipo e intenta recurrir a la violencia, sin contemplaciones, cuando le falla su retórica. (Volveremos luego a comentar su actuación en esa tragedia, escrita por Sófocles muchos años más tarde. De momento, anotemos que no es raro que un mismo autor, Sófocles, presente a un personaje con diverso carácter en obras distintas. El discreto y compasivo Creonte del primer *Edipo* es muy distinto al político sin escrúpulos del segundo. Pero algo parecido sucede con el personaje de Odiseo, que aparece humano y piadoso en su *Ayante* y despiadado y sin escrúpulos en su *Filoctetes)*[19].

El final de Edipo

Ya hemos apuntado que hay diversas variantes sobre el final de Edipo, quien en la versión homérica no marcha al exilio, sino que permanece en palacio como soberano de Tebas, aunque agobiado por la desdicha familiar después de conocer sus crímenes, incesto y parricidio, y después de que Yocasta (Epicasta) se haya ahorcado. Le persiguen las Erinias, las diosas de la venganza reclamadas por los crímenes de sangre. (Esas mismas Erinias que persiguieron a otros héroes culpables de dar muerte a sus respectivas madres, como Alcmeón y Orestes). Tal vez se casaría de nuevo y tendría hijos de esa segunda mujer. Acaso moriría en un combate en Tebas a la manera heroica. Sea como fuere, según la *Ilíada,* a su muerte se le celebraron en Tebas famosos funerales regios con los juegos atléticos de rigor[20]. Es muy probable que el castigo de ceguera que el propio rey se inflige a sí

19. Sobre Creonte como figura esencial en varias tragedias, ha escrito, a fondo y ampliamente, George Steiner en *Antígonas,* Barcelona, Gedisa, 1987, pp. 55 y 138, y en «Variations sur Créon» en J. de Romilly (ed.), *Sophocle,* Ginebra, Fondation Hardt, 1983, pp. 77-104.
20. Cf. Homero, *Ilíada,* XXIII, 677-680; Hesíodo, frg. 192 Merkelbach-West; Guidorizzi, *op. cit.,* pp. 58-61.

mismo de manera tan espectacular en *Edipo rey,* fuera ignorado en esa etapa épica del mito. Un escoliasta al ya mencionado pasaje de la *Odisea* (XI, 271) apunta que «Homero ignora la ceguera de Edipo». También alguna fuente posterior, como Ferecides, habla de que Edipo reinaba en Tebas tras la muerte de Yocasta y que se casó dos veces. En las *Fenicias* de Eurípides Edipo habita, junto a Yocasta, en Tebas cuando Polinices ataca la ciudad, y sobrevive al suicidio de su esposa. Previamente a esa escena el ya depuesto Edipo había lanzado la maldición sobre sus hijos, irritado contra ellos por algún agravio (acaso en un banquete) o por haberle abandonado (tal como se cuenta en *Edipo en Colono).*

Es Sófocles quien innova al narrar el tremendo castigo que Edipo se impone, verdugo de sí mismo. Tal vez la ceguera y acaso el destierro estuvieran ya en la tragedia perdida del *Edipo* de Esquilo. Pero me parece muy acertado el comentario de Guidorizzi cuando señala la diversa perspectiva con la que Sófocles (y acaso Esquilo) contempla el castigo del héroe tebano:

> Lo que para Sófocles es contaminación, una mancha intolerable para un hombre y su ciudad, en Homero parece ser un capricho oscuro del destino, pero no tanto como para provocar esa ráfaga de horrores que hace imposible la permanencia de Edipo en la ciudad de la que es soberano. La regla de la expulsión del contaminado no funciona todavía en Homero, donde Edipo es cualquier cosa menos un *pharmakós,* un chivo expiatorio[21].

21. Guidorizzi, *op. cit.,* p. 60. Respecto a Edipo visto como *pharmakós,* volveremos más tarde sobre esta idea y su glosa detenida en la obra de R. Girard.

La ceguera resulta un rasgo de enorme fuerza dramática en el impresionante final de *Edipo rey* (sobre todo al contrastar al orgulloso héroe con el sabio y ciego Tiresias). Es también significativo que en el *Edipo* euripideo, según uno de los pocos fragmentos conservados, el protagonista era cegado contra su voluntad, por unos siervos de Layo, al saberse que era el asesino de este. Lo contaba, al parecer, uno de ellos: «Nosotros aferramos al hijo de Pólibo, lo arrojamos al suelo y le arrancamos los ojos»[22].

Sobre el sentido del final del héroe exiliado y la reivindicación de la grandeza de Edipo, en la versión innovadora de *Edipo en Colono,* trataremos más adelante.

Una perspectiva sobre el mito. El análisis estructural de Claude Lévi-Strauss

Como hemos visto, las versiones trágicas recortan y reinterpretan los datos del relato mítico. En la saga de los Labdácidas Edipo parece merecer un lugar central, pero el mito abarca los destinos de tres generaciones: la de Layo, la de Edipo, y la de los hijos de Edipo, descendientes en última instancia de Cadmo, mítico fundador de Tebas. Puede pensarse que, en un principio, el mito tuvo un sentido general, previo a las peripecias sueltas de los Labdácidas. Esa hipótesis podría contar con el apoyo de un conocido ensayo de

22. Frg. 909 Nauck = 8 Jouan-Van Looy. Cf. Guidorizzi, *op. cit.,* p. 70. Según Marie Delcourt, el que Edipo se arranque los ojos es el único ejemplo de una mutilación voluntaria en toda la literatura de la Grecia antigua. Eurípides altera una de las más significativas aportaciones de Sófocles.

Claude Lévi-Strauss, que nos presenta un análisis estructural del mito[23] a partir de una disposición de sus «mitemas» (es decir, sus elementos narrativos mínimos) en cuatro columnas.

En la primera se sitúan tres: «Cadmo busca a Europa, su hermana raptada por Zeus», «Edipo se casa con Yocasta, su madre», y «Antígona entierra a su hermano Polinices, violando la prescripción».

En la segunda: «Los Espartos se exterminan mutuamente», «Edipo mata a su padre Layo», y «Eteocles mata a su hermano Polinices (y viceversa)».

En la tercera: «Cadmo mata al dragón» y «Edipo inmola a la Esfinge».

En la cuarta se busca el significado de los nombres propios: Lábdaco ('cojo'), Layo ('torcido', 'zurdo'), Edipo ('pies hinchados).

Se determina el rasgo común de los mitemas de cada columna: la primera indica «relaciones de parentesco sobrestimado»; la segunda, «relaciones de parentesco devaluado o subestimado»; la tercera, «destrucción de monstruos»; la cuarta, «dificultad para marchar erguidos». Hay, pues, un contraste entre la sobrestima de la familia y la negación de la misma en las dos primeras columnas; y entre las otras

23. Traduzco unas líneas de la presentación: «El mito de Edipo nos ha llegado en redacciones fragmentarias y tardías, que son todas transposiciones literarias, más inspiradas por una preocupación estética o moral que por la tradición religiosa o el uso ritual, si es que tales preocupaciones han existido alguna vez a propósito de este tema. No se trata para nosotros de interpretar el mito de Edipo de una manera verosímil, y menos de ofrecer una explicación aceptable para el especialista. Queremos simplemente ilustrar por este medio un cierto manejo técnico [...]». C. Lévi-Strauss, *Anthropologie structurale,* París, Plon 1958, p. 235.

dos, ya que, mientras que la tercera mienta la destrucción de dos monstruos ctónicos, nacidos de la tierra, la cuarta alude a la dificultad de esos personajes para andar sin apoyo. El mito no aporta soluciones, sino que revela un problema: «la sobrestima del parentesco de sangre es a la subestima de esta como el esfuerzo por escapar a la autoctonía es a la imposibilidad de lograrlo». Por un lado se afirma la no autoctonía del ser humano, por otro la persistencia de la autoctonía humana, representada por esa torpeza de los héroes para alzarse de la tierra. El mito no afirma ni niega, sino que expone un dilema: el del origen y la independencia del hombre respecto de la tierra[24]. No vamos a insistir en la aplicación del método de análisis estructural al

24. «En esta tentativa de explicación -advierte Lévi-Strauss- los especialistas podrían objetar la ausencia de algunos motivos que están en las versiones más antiguas (homéricas) del mito de Edipo, como el suicidio de Yocasta y el cegamiento voluntario de Edipo. Pero esos motivos no alteran la estructura del mito, en la que podrían colocarse fácilmente: el primero como un nuevo ejemplo de autodestrucción (columna 3), y el segundo como otro caso de enfermedad (columna 4). Así contribuirían a explicitar el mito, porque el paso del pie a la cabeza está en correlación significativa con otro paso: el de la negada autoctonía a la destrucción de sí mismo» (*op. cit.,* p. 240). Cierto es que se podrían hacer algunos reparos de detalle a esta explicación: la ceguera de Edipo, como ya dijimos, no parece un trazo antiguo del relato; y también la etimología de los nombres propios se presta a alguna discusión puntual: Layo, es decir, *Láios,* probablemente deriva de *laiós,* 'pueblo', y no de *laiós,* 'zurdo', (y, además, un «zurdo» no camina mal necesariamente); Lábdaco, *Lábdacos,* parece derivar del nombre de la letra lámbda, que deriva del fenicio y por tanto no puede ser anterior a la introducción del alfabeto (siglo IX-VIII a. C.). La forma de la letra evocaría el andar de un «patizambo», de piernas abiertas. (Cf. M. S. Ruipérez, *El mito de Edipo. Lingüística, psicoanálisis y folklore,* Madrid, Alianza, 2006, pp. 77-85). Pero esos son detalles mínimos que no oscurecen la interesante observación de que esos personajes «caminan mal».

mito griego[25]. Contentémonos con esta breve referencia a un brillante ensayo metódico, que, por lo demás, ha tenido más renombre que imitaciones, dejando de lado algunos excelentes comentarios de J. P. Vernant y M. Detienne.

«Pies hinchados» y otros nombres

En griego el nombre de Edipo, *Oidípous,* significa 'pies hinchados', y su propia historia explica la etimología del mismo; remite a: *oidéin,* 'hinchar', y *poús,* 'pie'. Antes de enviarlo a su abandono en el monte Citerón sus padres le taladraron los pies al niño (acaso para que su sangre atrajera a las fieras). (En versiones tardías, y en estampas medievales, el niño aparece colgado de un árbol por un pie). «Pies hinchados» es un nombre raro para un héroe griego, como ya observó muy bien M. P. Nilsson, según el cual[26],

25. Me parece interesante el largo ensayo de Richard Caldwell de aplicar el método de análisis estructural a otros mitos griegos: «The Psychoanalytic Interpretation of Greek Myth», en L. Edmunds (ed.), *Approaches to Greek Myth,* Baltimore, John Hopkins, 1990, pp. 344-389. Combina una cierta perspectiva psicoanalítica con ese enfoque que tiene como modelo el mencionado trabajo de C. Lévi-Strauss.
26. M. P. Nilsson, *The Mycenaean Origin of Greek Mythology,* Berkeley, University of California Press, (1932) 1972, pp. 103-112: «En vista del hecho de que es uno de los pocos nombres característicos de un *Märchen* (i.e., un cuento popular) en la mitología griega, estoy persuadido de que el origen de Edipo ha de encontrarse no en la historia sino en los *folktales»* (p. 103). El origen del mito en un suceso histórico había sido defendido por H. J. Rose, erróneamente según Nilsson. Esa procedencia le parece admisible, en cambio, para la saga de Eteocles y Polinices (dos nombres parlantes: 'el de justa fama' y 'el de muchas querellas'), caudillos en la famosa guerra tebana, donde Edipo sería, según esa opinión, un intruso. El vencedor de la Esfinge no parece un héroe guerrero.

más que un nombre de un personaje épico, parece el de una figura del cuento popular, un típico *Märchen* o *folktale,* en el que el protagonista tiene un nombre que alude a un rasgo que lo caracteriza, como Blancanieves o Pulgarcito. De ahí Nilsson deduce que viene de un *folktale,* que ha sufrido luego algunos añadidos y ha pasado a la épica, enlazando con una gesta de los hermanos enemigos -hijos de Edipo en el mito- y el asedio de Tebas.

Es más complicado averiguar la etimología del nombre de *Iocasta,* para el que se ha propuesto un origen micénico, y un significado de 'famosa por su hijo' (del micénico *iyús,* 'hijo', y una raíz *kad-,* 'fama', o algo así)[27]. *Epicasta* podría significar 'la muy distinguida'.

Los nombres de Tiresias y Creonte son ambos de etimología, como ya vimos. El nombre designa el respectivo oficio de uno y otro: el adivino y el gobernante. En cuanto al nombre de Layo, deriva propiamente de *laós,* 'pueblo', pero los hablantes griegos podían relacionarlo, en etimología popular, con *laiós,* 'zurdo', como hacen C. Lévi-Strauss y J. P. Vernant.

Más raro es el nombre de Lábdaco, que parece derivar del nombre de la letra «la(m)bda», lo que supone que se inventaría tras la adopción del alfabeto fenicio, es decir, como pronto hacia mediados el siglo VIII a. C.[28]. Lábdaco sería, se-

27. Cf. M. S. Ruipérez, *op. cit.,* pp. 69 y *ss.*

28. Ya lo señaló Nilsson, *op. cit.,* p. 104. «Su abuelo [de Edipo] tiene un nombre vacío, y si la suposición de que su nombre deriva de la letra *labda* es correcta, resulta de un origen muy tardío. Por otra parte, el mito en su forma desarrollada lo implica en un papel importante como padre del padre de Edipo». El mito de Edipo, ligado a una ciudad importante en época micénica, sería, según Nilsson, de esa época prehistórica, aunque, como otros, cobró una especial difusión en la épica posterior. (Nilsson, *op. cit.,* p. 105).

gún la forma de la letra, el 'de piernas abiertas', el 'patizambo' (padre del 'zurdo' y abuelo del 'pies hinchados').

Son también nombres parlantes los de los hijos de Edipo: Eteocles *(Etewoklewés)* es un nombre propio que aparece ya en micénico (de *eteós,* 'verdadero', y *kléos,* 'fama', alude a 'verdadera gloria', buen nombre regio, y Polinices *(Polyneíkes),* apropiado al hermano que causa 'múltiples disputas' o 'mucho odio'[29].

Antígona *(Antigóne)* puede indicar 'la que sustituye al hijo' (de *antí* y *gónos),* y podría explicar su papel en el mito: ella es quien se empeña en cumplir con el deber de enterrar a Polinices (a falta de un varón que lo haga). La otra hermana, la discreta *Isméne,* lleva el nombre del río de Tebas, el Ismeno.

En cuanto al nombre de Edipo, aunque su etimología real es clara, como se ha visto, hay que notar que, en la tragedia, reviste una curiosa ambigüedad, como de manera perspicaz subrayó J. P. Vernant. Frente al verbo *oîdo,* 'hinchar', el nombre podría recordar el verbo *oîda,* 'saber', con lo cual cobra un nuevo sentido, que claramente contrasta con el anterior. *Oidípous* se pudo interpretar como 'el que sabe los pies' (aludiendo al enigma que le propone la Esfinge). Así que su nombre mismo resulta enigmático, como apunta este comentarista: «Toda la tragedia de Edipo está, pues, como contenida en el juego al que se presta el enigma de su nombre»[30].

29. Cf. el artículo de N. Loraux, «*Poluneikes epónumos:* Les noms des fils d'Oedipe», en C. Caíame (ed.), *Métamorphoses du mythe en Grece ancienne,* Ginebra, Labor et Fides, 1988, pp. 151-166.
30. J. P. Vernant, *op. cit.,* p. 115. Y vale la pena, creo, citar por extenso sus sugerentes observaciones: «Ambiguo, lleva en sí el mismo carácter

Añadamos alguna observación más. *Oidípous,* 'pies hinchados', no es un nombre de resonancia épica, como son los que tienen los mismos hijos de Edipo, Eteocles y Polinices, o los de otros héroes de la saga tebana, como Adrasto, Anfiarao, Tideo, etc. Solo hay en la mitología griega otros dos personajes que llevan en su nombre una mención de los pies: Melampo *(Mélampous,* 'pies negros') y Podalirio *(Podaleírios,* 'pies delgados'). El primero es un adivino famoso de Argos; el segundo un médico, hijo de Asclepio. Son, a su modo, dos héroes míticos afamados por su saber y su arte como curanderos, como lo es, más o menos, Edipo. Edipo no aparece nunca armado como un gran guerrero, aunque es terriblemente mortífero en el famoso encuentro, y podemos pensar que el tener los pies defectuosos lo dejaba fuera del combate heroico habitual, donde la ligereza de pies era un requisito muy importante. Basta recordar el epíteto característico de Aquiles, *pódas okús,* 'ligero de pies'.

Por otra parte, en ninguna aventura de Edipo ni en ninguna de las imágenes aparece él con pies defectuo-

enigmático que marca toda la tragedia. Edipo es el hombre de pies hinchados *(oîdos),* enfermedad que recuerda al niño maldito, rechazado por sus padres, expuesto para perecer en medio de la naturaleza salvaje. Pero Edipo es también el hombre que sabe *(oîda)* el enigma de los pies, que consigue descifrar, sin tomarlo al revés, el oráculo "de la siniestra profetisa, de la Esfinge de oscuro canto". Y este saber entroniza en Tebas al héroe extranjero, lo establece sobre el trono en lugar de los reyes legítimos. El doble sentido de *Oidípous* se encuentra en el interior del nombre mismo. *Oîda,* 'yo sé', es una de las palabras claves en boca de Edipo triunfante. *Poús,* 'el pie', es la marca impuesta desde el nacimiento de aquel cuyo destino es terminar como ha empezado, marginado, semejante al animal salvaje [...]». Ya B. Knox señaló en el texto de Sófocles las alusiones a esa etimología, y las muy numerosas menciones de *poús* y *oîda, op. cit.,* pp. 182-183.

sos[31]; es decir, esa hinchazón o cicatriz en uno o los dos pies no está reflejada en ningún episodio de su historia[32]. Edipo no cojea en ningún texto antiguo. Y no deja de resultar sorprendente que esa antigua herida que lo ha marcado incluso en el nombre no hubiera sido advertida antes por Yocasta al observar sus pies. Cuando, en *Edipo rey,* el mensajero corintio alude a esa antigua marca de infancia, Edipo al punto reacciona como si recibiera un insulto (vs. 1032-1034). Y entonces es cuando Yocasta ya ve confirmadas sus sospechas sobre quién es, y le insiste, angustiada, en que no prosiga su investigación. Ella acaba de reconocer por esa marca antigua al hijo abandonado (v. 1060).

Pero la cojera podría tal vez expresar simbólica o paradójicamente un rasgo o una marca que delatara al hombre que se ha apoderado del poder, y que avanza dando pasos algo torcidos. J. P. Vernant ha escrito algunas páginas sugerentes sobre esa cojera, que se encuentra en el más famoso tirano griego de la época arcaica: Periandro de Corinto[33].

31. En algún otro relato el pie puede tener alguna connotación sexual (como en el caso de Egeo, al que la pitonisa le aconseja «no sacar el pie del odre» hasta regresar a Atenas, en el sentido de abstenerse de relaciones sexuales; pero de camino a Atenas Egeo se embriaga y se acuesta con Etra y engendra esa noche en Trecén a Teseo). No me parece, sin embargo, que haya ninguna referencia sexual en la historia de los pies hinchados de Edipo (cf. M. S. Ruipérez, *op. cit.,* p. 66).
32. Así sucede, sin embargo, en el texto medieval del *Roman de Thèbes* (mediados del siglo XII), donde Yocasta lo reconoce «mientras servía a Edipo en el baño, y vio sus pies llagados desde que fuera colgado [por los pies] en el bosque siendo niño». Como señalamos luego, esta parte inicial del *Roman* no procede de la *Tebaida* de Estacio, sino de un relato más tardío.
33. Cf. «El tirano cojo: de Edipo a Periandro», en J. P. Vernant y P. Vidal-Naquet, *Mito y tragedia en la Grecia antigua,* vol. II, Madrid, Taurus, 1989, pp. 47-70.

Y, me gustaría adjuntar aquí, a riesgo de anticipar una referencia al psicoanálisis, unas líneas de Colette Astier, que me parecen muy sugestivas, aunque dependen de una lectura que va más allá de los datos del relato griego y nos llevan más allá de nuestra exégesis textual[34].

Condenado a no poder ser niño al mismo tiempo que adulto, hijo a la vez que esposo, desgarrado entre su sed de autonomía y su sed de adhesión, su inteligencia masculina y su sensibilidad herida, su voluntad de poder y su esencial vulnerabilidad, el hombre (según Freud) no puede evitar cojear a lo largo de su vida. Cojera atestiguada en el mito por el nombre de Edipo y los de los suyos, cojera profetizada por la Esfinge, cojera que no es únicamente la de Edipo, sino la de todo hombre, y puesto que la palabra del enigma extiende a la especie entera la suerte que le estuvo particularmente reservada, cojera, en fin, que aparece como la expresión mítica de la dificultad de ser, y que viene a reafirmar el psicoanálisis.

Tópicos del *folktale* del héroe

Hay en el esquema de fondo de la trama mítica de Edipo varios motivos del cuento popular que se repiten en relatos de muy varia procedencia sobre otros héroes[35]. En el cono-

34. C. Astier, *Le mythe d'Oedipe,* París, Armand Colin, 1974, p. 178.
35. Cf. L. Edmunds, *op. cit.,* pp. 6-7. Puede verse también, sobre el esquema de los motivos de la carrera heroica, el libro de Joseph Campbell, *El héroe de las mil caras. Psicoanálisis del mito,* México, FCE, 1959, donde no faltan las referencias a Edipo. Y en el libro de H. F. Bauzá, *El mito del héroe. Morfología y semántica de la figura heroica,* Buenos Aires, FCE, 1998.

cido *Motif-Index of Folk-Literature* de Aarne y Thomson se apuntan los siguientes: profecía de parricidio, profecía de incesto, abandono del niño, compasión del encargado de su ejecución, rescate del niño abandonado, parricidio cometido involuntariamente, incesto de madre e hijo.

No sería difícil, por tanto, esbozar un esquema general del perfil biográfico del héroe aventurero y su iniciación hasta ocupar el trono real con los motivos siguientes:

1) Abandono del niño (con una marca que permitirá su reconocimiento).
2) Recogida del niño y crianza en un país lejano.
3) Ya joven, regreso, de incógnito, al país natal.
4) Encuentro decisivo para su futuro.
5) Lucha con el monstruo y triunfo.
6) Boda con la princesa/reina y conquista del trono.

En un conocido artículo, «Edipo a la luz del folklore»[36], ya Vladmir Propp señala algunos relatos populares paralelos, en líneas básicas, al mito de Edipo[37]. Pone como para-

36. Recogido en el libro del mismo nombre: *Edipo a la luz del folklore* (traducción al español de J. Caro López), Madrid, Fundamentos, 1980, pp. 87-140. Ese esquema mítico está en la base del documentado y conocido libro de M. Delcourt, *Oedipe ou la légende du conquérant,* París, Droz, 1944. Para otros paralelos en mitos y otros textos griegos, con bibliografía amplia y referencias precisas al contexto histórico, cf. J. Bremmer, «Oedipus and the Greek Oedipus Complex», en J. Bremmer (ed.), *Interpretations of Greek Mythology,* Londres, Croom Helm, 1987, pp. 41-59.

37. Señala: «En el folklore la trama de Edipo es conocida bajo forma de cuento, leyenda, canción épica, canto lírico y libro popular. En la literatura de carácter semifolklórico es conocido en forma de tragedia, drama, poema, novela. Es conocido en todos los pueblos europeos, y tam-

lelos los cuentos de tradición oral sobre relatos populares de varios «tipos» (en su terminología): «Andrés de Creta», «Judas» y «Gregorio». El estudio de Propp tiene muchos puntos interesantes. Siempre hay profecía, parricidio e incesto. Pero me parece muy curioso que a eso se añada luego, en algunos ejemplos, tras la larga penitencia del protagonista pecador, un último triunfo (o «segunda apoteosis» según Propp). En estos casos el parecido con las dos etapas del mito de Edipo *(Edipo rey* y *Edipo en Colono)* resulta muy sorprendente[38]. Es decir que, frente a algunas narraciones en que el final coincide con el triunfo del héroe, o con el reconocimiento de su fatal destino, destaca en este tipo un final santo o heroico del protagonista que muere con santo fulgor tras haberse purificado de sus involuntarios crímenes por el arrepentimiento y el dolor.

Pero no quisiera alargar más esta referencia a los paralelos del mito griego, sino solo indicar, nuevamente, cuánto más complejo y refinado es el relato que la literatura reconstruye, precisa, y reestructura dando a los personajes de un *folktale* casi universal, tras dotarlos de una individuali-

bién en África (zulúes) y entre los mongoles». Para esos paralelos y más, remito al documentado libro de Edmund Lowell, *Oedipus: The Ancient Legend and its Later Analogues,* Baltimore, Johns Hopkins University Press, 1985.

38. «*Edipo* y las leyendas de Gregorio o Andrés de Creta se desarrollan aquí de modo absolutamente idéntico. En *Edipo* el protagonista, gracias a la fuerza de la tierra, se convierte en héroe; en la leyenda de Andrés, en un santo [...] (En la de Gregorio en un admirado Papa). [...] Detrás de la figura de Gregorio o de Andrés el estudioso vislumbra la figura monumental del antiguo Edipo, cuyos restos mortales no realizan milagros religiosos, pero protegen a la ciudad de los enemigos», *op. cit.,* pp. 138-139. La leyenda medieval sobre el papa Gregorio está relatada con un estilo singular y algo irónico por Thomas Mann en su novela *El elegido.*

dad y una profundidad psicológica que no existe en las formas más elementales de los relatos populares. Quede, pues, esta nota como una sugerencia más acerca de los reflejos que la tradición literaria sigue conservando en su trasfondo.

La Esfinge

El coro de las *Fenicias* de Eurípides evoca la impresionante figura del monstruo sobre el que triunfó Edipo, audaz y sabio, en unas estrofas memorables (vs. 1020-1054):

¡Viniste, viniste, alígera,
parto de la tierra y de la infernal Equidna,
raptora de Cadmeos, muy destructiva, muy lamentable,
mitad doncella, monstruo asesino,
con alas frenéticas y garras ávidas de carne!
La que antaño, de los terrenos de Dirce,
arrebatando por los aires a los jóvenes,
con un canto lúgubre, y como funesta Erinis,
traías, traías angustias de sangre a su patria.
Sanguinario fue entre los dioses
quien decidió tales sucesos. Los chillidos de las madres,
los chillidos de las doncellas llenaban de llantos las casas.
Un quejumbroso planto, una plañidera melodía,
voceaba uno aquí, otro más por allá,
con repetidos ecos a lo largo de la ciudad.
Era como un trueno el lamento
y el griterío como un eco
cuando la alada doncella

hacía desaparecer a otro ser humano.
Y, al cabo del tiempo, vino
de acuerdo con los mandatos délficos
Edipo, el infortunado, a esta tierra de Tebas,
entonces motivo de alegría, mas luego de pesares.
Porque, al salir victorioso de los enigmas,
infeliz, contrae con su madre sus bodas
funestas e infecta la ciudad.
Y en la carrera de crímenes de sangre
toma su turno al impulsar, con sus maldiciones,
a odioso enfrentamiento
a sus hijos, ¡desdichado!

La mención más antigua de la Esfinge la tenemos en un verso de la *Teogonía* de Hesíodo (326), que la llama Fix *(Phix)* y que dice que habita el monte Figion *(Phikeion)*. En ese pasaje Hesíodo la sitúa junto a otros famosos monstruos como la formidable Equidna y la espantosa Quimera «que la dio a luz como funesta ruina de los cadmeos». Es, pues, uno de esos primigenios monstruos femeninos, vástago sin descendencia de una familia imponente: es hija de «la terrible, enorme, ágil y violenta Quimera, que exhala salvaje fuego» y que tenía «tres cabezas, de león, de cabra y de serpiente», hija a su vez de la «perversa Hidra de Lerna», nacida de «la divina y astuta Equidna, mitad ninfa y mitad monstruosa y sanguinaria sierpe», a la que dio a luz la Gorgona Medusa, según la genealogía que relata Hesíodo. Aunque la Esfinge es medio mujer (cabeza y pecho son de mujer y el resto del cuerpo es de leona con alas) y hace honor a la ferocidad homicida de su estirpe, no se revela tan colosalmente bestial como sus antecesoras. Es a la vez seductora y rapaz, un monstruo ambiguo, marcado por su capacidad para el canto y su extraña y destructora sexualidad[39]. También ella trajo la muerte a muchos mancebos tebanos, como recuerda el coro de las *Fenicias* de Eurípides (vs. 806-811):

¡Ojalá que nunca la doncella alada,
el monstruo montaraz, azote de esta tierra, la Esfinge,
hubiera llegado con sus cantos del todo hostiles a las Musas!
Ella, que antaño, atacando con las garras de sus cuatro patas
a las gentes nacidas de Cadmo, de estos muros
los arrebataba hacia el espacio inaccesible y luminoso;
ella, a la que el subterráneo Hades
había enviado contra los cadmeos.

Pero, antes del rapto aéreo, retaba a sus adversarios mediante la propuesta de su famoso enigma, un desafío que resulta, de entrada, de un cierto aire intelectual[40]. Edipo, que la vence al dar con la solución[41], es un héroe inteligente

39. Véase sobre sus poderes y encantos el excelente y amplio ensayo de Ana Iriarte «La Esfinge rapta y profetiza» en su libro *Las redes del enigma. Voces femeninas en el pensamiento griego,* Madrid, Taurus, 1990, pp. 130-144.
40. Según A. Iriarte (*op. cit.,* p. 136): «Píndaro ya hace referencia al "enigma surgido de las feroces mandíbulas de la virgen" (frg. 54, Puech), dando cuenta, mediante esta imagen quimérica, de las dos actividades propias, e indisociables, de la versada fiera. En la obra del poeta lírico, la ferocidad de la Esfinge no reside ni en sus terribles garras, ni en su torso de fiera, sino en la boca que le sirve tanto para formular el enigma como para despedazar a sus víctimas, la naturaleza tiránica de la Esfinge es indisociable de la palabra que detenta».
41. En alguna variante antigua del mito pudo darle muerte con su espada en combate singular. Véase el vaso del British Museum, Inv. E696,

y menos fuerte que Perseo o Heracles, que se enfrentaron con sus ferocísimas antepasadas y las eliminaron. Sófocles *(Edipo rey,* 391) la llama 'Perra cantora' o 'Recitadora' *(kúon rapsoidós),* y ese carácter la aproxima, más que a las chillonas Harpías, a las seductoras Sirenas.

Es probable que la derivación de *Phix* a *Sphinx* venga de una etimología popular que relacionaría su nombre con el verbo *sphíngo ('ahogar, 'estrangular').* Ya con ese nombre evoca su funesta amenaza. Otras figuras femeninas peligrosas son las Sirenas, las «opresoras» (en relación con *seird,* 'atadura') y las Harpías, las 'raptoras' (con sus *hárpai,* 'garras'). La Esfinge parece evocar una maligna bestia «estranguladora», aunque, en su actuación mortífera, más que estranguladora, resulta raptora e incluso devoradora de jóvenes. Para destruir a jóvenes tebanos la envió la diosa Hera, según un escolio a las *Fenicias* de Eurípides, o bien Dioniso, según otro. (En el caso de que la enviara Hera, la razón fue que se sentía ultrajada porque los tebanos no habían castigado el rapto de Crisipo por Layo; el motivo de Dioniso para ello resulta muy incierto)[42]. Existen otras versiones sobre el origen de la Esfinge, pero son tardías y tendentes a darle un aspecto menos monstruoso y más humanizado, en una línea evemerista[43].

pintado hacia 400 a. C.: Edipo avanza espada en mano contra la Esfinge en presencia de Atenea, los Dioscuros y Eneas (según los nombres inscritos en la imagen). En la otra versión, tras quedar resuelto el enigma, la Esfinge se suicida, tal vez arrojándose desde lo alto de la montaña. Cf. T. Gantz, *op. cit.,* pp. 497-498.

42. Cf. T. Gantz, p. 495.

43. Citaré unas líneas de G. Guidorizzi, *op. cit.,* p. 165, que ilustran bien dichas variantes:

«Esta Esfinge-perra, de hecho, es también una perseguidora, un demonio enviado para castigar la antigua culpa de Layo. Pero la perra era

Si los testimonios poéticos antiguos son muy escasos, las imágenes de la Esfinge abundan en la cerámica corintia y ática desde fines del siglo VI a. C. y son, desde luego, muy

también por excelencia un animal insolente y pérfido: la Esfinge es una perra, porque ella, hembra, ha osado también, signo supremo de arrogancia, vencer a los tebanos en un duelo de inteligencia usando el falso sistema de un enigma.

»Otros relatos, más tardíos, eliminan el aspecto monstruoso de la Esfinge. Un comentarista de Eurípides refiere que, según algunas versiones, Esfinge era una muchacha tebana, mujer de Macareo y esposa de Ucalegonte, que, tras la muerte de sus hombres, se trasladó al monte Phikion, en los alrededores de la ciudad, donde Edipo primero la sedujo y luego la mató.

»Pausanias contaba que la Esfinge era una hija ilegítima de Layo, y Layo, que la amaba, le había revelado un oráculo secreto transmitido por Cadmo a sus descendientes cuyo conocimiento les abría las puertas del trono. Así esta Esfinge-mujer desafió a otros hijos de Layo a desvelar el oráculo y, a medida que fallaban, los mataba, en lo que asume la forma de una ordalía. Solamente Edipo consiguió interpretar el oráculo, porque había soñado la solución, y, de este modo, llega a ser rey».

El texto de Pausanias (IX, 26, 2-4) dice así: «Más allá está el monte (Cabirio, en Beocia) desde donde dicen que, cantando un enigma, se lanzaba la Esfinge para perdición de los que capturaba. Otros dicen que se dedicaba a la piratería con una fuerza naval y llegó al mar de Antedón, y, ocupando este monte, lo utilizaba para el pillaje, hasta que Edipo la aniquiló con un ejército más numeroso con el que había llegado de Corinto. Se cuenta también que era hija ilegítima de Layo, y que este, por cariño, le dio a conocer el oráculo de Delfos dado a Cadmo. Ningún otro conocía el oráculo, excepto los reyes. Por consiguiente, cuando venía uno de sus hermanos a reclamar el trono de la Esfinge –Layo tenía hijos de concubinas y la respuesta se había dado solo a Yocasta y sus hijos–, la Esfinge se valía de engaños, diciendo que, si eran hijos de Layo, conocerían el oráculo dado a Cadmo. Y, como no sabían responder, los castigaba con la muerte, porque reclamaban injustificadamente su linaje y su trono. Pero Edipo llegó aleccionado sobre el oráculo por un sueño».

Este relato es, en mi opinión, un ejemplo de una interpretación evemerista del mito, que reduce el componente mítico más fabuloso del tema, de manera bastante confusa por lo demás; fue recogido como pintoresca leyenda local por Pausanias, ya en el siglo II d. C.

interesantes[44]. No podemos aquí tratar una por una esas imágenes[45], pero señalemos que podemos dividirlas en dos grupos que representan, fundamentalmente, dos escenas: una es la de una Esfinge volando y llevando bajo ella a un joven raptado (con el que en alguna representación parece unirse sexualmente)[46], la otra es la de la Esfinge sentada (sobre una columna o un risco) enfrentada a Edipo, al que le ha planteado su enigma[47].

La imagen más conocida, la más clásica, y muy reproducida, es indudablemente la de un vaso griego de hacia 480 a. C. (ahora en los Museos Vaticanos, Inv. 16.541), que nos presenta a la Esfinge aposentada sobre una columna conversando con Edipo, sentado frente a ella, con hábito de viajero (con su buen calzado y su sombrero de anchas alas). Unas líneas ofrecen la inscripción donde se lee *Oidípodes* y en unas letras sueltas algo así como *ai tri* (que podría ser una alusión al oráculo: el ser de «tres» formas o acaso de «tres» patas). Tiene un singular encanto la serenidad

44. T. Gantz, *op. cit.* pp. 495-496.
45. Cf. J. M. Moret, *Oedipe, la Sphinx et les Thébains,* Ginebra, Instituí suisse de Rome, 1984; I. Krauskopf, «Sphinx», en LIMC, y P. Cabrera, *Seres híbridos en la mitología griega,* Madrid, Círculo de Bellas Artes, 2012, pp. 25-29.
46. El aspecto erótico del encuentro con la Esfinge fue muy destacado por Marie Delcourt en su *Oedipe ou la légende du conquérant,* Lieja-París, Bibliothéque de la Faculté de Philosophie et de Lettres de L'Université de Liége, 1944.
47. En algunas imágenes de la cerámica griega Edipo avanza con su espada para matar a la Esfinge (cf. Krauskopf, citado antes, im. 73-77). Ya la poetisa Corina había escrito que Edipo mató a la Esfinge (frg. 672, *Poetae Melici Graeci),* según un escolio a *Fenicias* de Eurípides. Como señala L. Edmunds *(op. cit.,* p. 18), esto no basta para afirmar que hubiera habido una versión épica anterior en que el encuentro de Edipo y la Esfinge fuera sangriento y el héroe eliminara al monstruo con su arma de guerrero.

en la actitud y la postura de ambos, el monstruo femenino (con una estupenda diadema, alas y cuerpo leonino) y el reposado y pensativo Edipo. La Esfinge no impresiona aquí por su tamaño ni por su fiereza[48].

Como tema iconográfico la imagen del monstruo -doncella leonina- la retoma la iconografía moderna, y se abre camino en el célebre cuadro de Ingres (1808, Museo del Louvre). Y, con notable variación, colocando sugestivamente a la Esfinge, no sobre una columna, sino clavada sobre el pecho de Edipo, en el cuadro simbolista de Gustave Moreau (1884, Museo Metropolitan, Nueva York).

Respecto al origen de su figura, la Esfinge, echada y vigilante, parece proceder de Egipto, tal vez a través de Siria. (Ya aparece, la más antigua, en la época micénica). Acaso en Grecia se adornó con alas -como las Harpías- y una cola de serpiente -como la Quimera-. Me gustaría citar aquí una observación de O. Rank, que es interesante:

> La Esfinge tiene dos caras que, según la creencia de los egipcios en la inmortalidad, representaban la expresión artística y arquitectónica más lograda de la reencarnación; asimismo, ella ha provisto a los griegos del punto de partida para una lucha victoriosa contra una religión maternal, así como para la creación de un arte masculino, de una elevación incomparable. Es fácil de seguir, a través de la historia del arte griego, el camino a lo largo del

48. Análisis muy interesante de la iconografía de la Esfinge, cf. Ana Iriarte, *op. cit.,* pp. 143-144. Sobre el tema de esa tradición iconográfica, el estudio clásico, algo antiguo ya, es el de J. M. Moret, *op. cit.* Sobre la Esfinge y su simbolismo en la tradición iconográfica y literaria europea me parece excelente y muy sugestivo el amplio estudio de Pilar Pedraza en su libro *La Bella, enigma y pesadilla,* Barcelona, Tusquets, 1991, pp. 17-112.

cual se ha cumplido esta evolución. Cierto, los griegos han tomado prestada a los egipcios la Esfinge; pero, examinando atentamente la atmósfera griega, se nota fácilmente la base sobre la que reposa este proceso de «helenización»: un rechazo lo más intenso posible del principio maternal. La Esfinge, que como muestra Ilberg, siguiendo a Rohde, es un ser legendario tomado del extranjero, no tarda en ser fundido, en la imaginación popular de los griegos, con formaciones más o menos análogas creadas por ella misma. Pensamos, diciendo esto, en toda esa multitud espectral de monstruos femeninos que se relacionan con las creencias primitivas que no se encuentran más que en el mundo legendario griego y que aparecen bajo los trazos de una Hécate, una Gorgona, de una Lamia, de una Gelone, de una Empusa, bajo los de las Erinias, Harpías, Sirenas y de tantos otros espíritus del infierno y demonios de la muerte. Todas estas figuras encarnaban a la Madre primitiva, con toda la angustia que emana de ella (angustia del nacimiento), y hacen aparecer, en esta cualidad, la diferencia que separa la cultura griega de la cultura asiática en la cual la Gran Madre primitiva gozaba de un culto divino (Astarté-Cibeles), mientras que los griegos, reaccionando contra la angustia, lograron rechazar el recuerdo de esta Madre primitiva y remplazarla por el Olimpo, poblado de dioses masculinos, al que correspondía en la tierra el Estado, este también de un carácter masculino. La transición entre estas dos concepciones extremas del mundo está formada por la cultura egipcia, que ha ofrecido a los griegos la figura de la Esfinge[49].

De todos modos conviene insistir en la singularidad de esa Esfinge que plantea su enigma a Edipo. No es un com-

49. O. Rank, *Le traumatisme de la naissance,* París, Payot, 1968, p. 153.

bate feroz, como pudo serlo acaso en alguna primitiva versión. El monstruo no usa sus leoninas garras, ni tampoco su canto seductor y acaso mortífero para asustar al joven viajero. Ni sus encantos femeninos para hechizarlo. No sabemos de otras esfinges parlantes ni retadoras en la mitología helénica. Con todo, no fue invención de Sófocles, y probablemente ya estaba en las tragedias de Esquilo. Lo apunta muy bien J. Bollack, en *La naissance d'Oedipe:*

> El sentido de esta figura no se agota en sus orígenes -mesopotámicos o egipcios-. Cualquiera que fuese su función (mortuoría, sin duda), en Grecia o en otra parte, forma en este mito pareja con Edipo -y no solo en Sófocles-. Es la Esfinge de Edipo. Las dos figuras resumen en sí mismas toda la historia de los vasos anteriores o contemporáneos. Erich Bethe, en sus *Cantos heroicos de Tebas (Thebanische Heldenlieder,* 1891), decía que el monstruo devorador de hombres no podía plantear cuestiones sutiles: el enigma no era, pues, lo primario en la historia, sino el combate en el cual Edipo derrotaba a la Esfinge. Carl Robert le siguió en su *Edipo* (1915). El motivo de la doncella no debía ser original. Se buscaba un argumento más arcaico, menos intelectual. Sin embargo, en el caso de las representaciones plásticas, sí encontramos que, remontándonos al pasado, no presentan la escena del combate; es lo que podemos ver en un ánfora de Stuttgart de 530-520 a. C., cien años anterior al *Edipo rey.* En cuanto a las representaciones más recientes pueden mezclarse los dos temas. Edipo resuelve el enigma y mata a la Esfinge. A menudo ella misma se precipita en su muerte. Desde hace mucho, pues, la victoria es el resultado de un saber. Para comprender a Sófocles, importa preguntarse cuál es el sentido del saber superior de Edipo en la tragedia. Esta escena del en-

frentamiento, la más heroica, se perfila en la lejanía de la pieza como el signo de una elección[50].

Dos mitos contrapuestos (una sugerencia de Claude Lévi-Strauss)

Si admitimos que los grandes mitos expresan de modo simbólico, en su peculiar código narrativo, inquietudes o conflictos profundos de la sociedad en que han surgido, no es difícil aceptar que puedan encontrarse, incluso a una gran distancia cultural o entre culturas muy lejanas, mitos cuya estructura revele una problemática similar o un ejemplar contraste. Frente al mito de Edipo, tal como lo analizó Lévi-Strauss (y hemos resumido en páginas anteriores), puede situarse el mito de Perceval, el buscador del Grial, que encontramos en las novelas francesas a partir del *Cuento del Grial* de Chrétien de Troyes. Tras comentar esos relatos novelescos –de Chrétien y Wolfram von Eschenbach a Richard Wagner–, Lévi-Strauss advierte la oposición entre las historias del héroe del Grial y del Edipo vencedor de la Esfinge. No voy a extenderme en el comentario de esa sugerencia, sino solo a recordarla como un apunte para la reflexión. Y, por ello, me limitaré a copiar las líneas del artículo del ilustre mitólogo francés[51]:

50. J. Bollack, *op. cit.,* París, Gallimard, 1995, p. 227.
51. Está en el ensayo «De Chrétien de Troyes a Richard Wagner», recogido en C. Lévi-Strauss, *La mirada distante,* Barcelona, Argos Vergara, 1984, p. 265. Por otra parte, C. Lévi-Strauss ha comentado otros paralelos al mito del Grial en su ensayo «El Graal en América», recogido en *Palabra dada,* Madrid, Espasa Calpe, 1984.

Puede decirse que existe un modelo, tal vez universal, de mitos «percevalianos», que invierte otro modelo igualmente universal: el de los mitos «edípicos», cuya problemática es a la vez simétrica e inversa. Los mitos edípicos plantean el problema de una comunicación excepcionalmente eficaz (el enigma resuelto), y después abusiva con el incesto: aproximación sexual de individuos que deberán mantenerse alejados uno de otro, y también de la peste que devasta Tebas... En cambio, los mitos percevalianos tratan de la comunicación interrumpida bajo el triple aspecto de la respuesta a una pregunta no planteada (que constituye lo contrario de un enigma), de la castidad requerida de uno o varios héroes (en oposición a una conducta incestuosa), y por último la «tierra baldía», es decir, la detención de los ciclos naturales que aseguran la fecundidad de las plantas, de los animales y de los seres humanos.

(Recordemos que Perceval no ha conocido a su padre y cuando se aleja de su madre viuda le causa la muerte de pena; después, al no preguntar para qué sirve el Grial, provoca el desastre de la tierra yerma, y luego toma conciencia de quién es, condenado por su silencio, un fracasado, lejos de Dios, en busca de otro encuentro misterioso, en el que pueda remediar su pecado).

II. Intermedio

El teatro en Atenas

Para entender bien el alcance y significado de cualquier tragedia griega debemos recordar, en primer lugar, la función singular que el teatro griego desempeñó en su contexto histórico original, es decir, en la Atenas del siglo V a. C. Porque, aunque bien puede decirse que el arte dramático de nuestra cultura occidental deriva, en sus raíces, del teatro griego, en sus dos formas básicas de tragedia y comedia, lo cierto es que el teatro no tiene en nuestra sociedad moderna el alcance cultural, la repercusión social y la proyección educativa y colectiva que tuvo en la ciudad democrática donde se fundó a finales del siglo V a. C. El trasfondo mítico y el significado religioso y político del teatro griego clásico no lo recuperó el arte dramático europeo nunca.

En la antigua Atenas las tragedias y comedias se representaban en las fiestas anuales dedicadas al dios Dioniso, las

Grandes Dionisias y las Leneas, en el gran espacio teatral escalonado construido al pie de la colina de la Acrópolis. Frente a la escena -donde actuaban los personajes del drama- y al círculo de la orquesta -donde cantaba y bailaba el coro- un numeroso público de ciudadanos ocupaba el amplio graderío semicircular, un gran espacio a cielo abierto con capacidad para unos quince mil espectadores. El teatro convocaba a una multitud de ciudadanos, constituía una gran fiesta popular organizada por la ciudad y brindaba no solo diversión, sino además educación y una reflexión colectiva sobre la sociedad humana y sus valores, utilizando para ello los grandes relatos de los mitos.

Esa es también otra singular característica del teatro trágico antiguo. Los temas o argumentos que se presentaban sobre la escena del teatro de Dioniso rememoraban historias míticas, es decir, protagonizadas por héroes y dioses de los mitos tradicionales.

El dramaturgo no inventaba sus tramas, sino que recontaba, con una visión personal, las peripecias de los antiguos héroes ya bien conocidas por el público. Escenificaba famosas leyendas o mitos que ya se conocían por los poemas de la épica, o que pertenecían a una mitología que los viejos contaban a los jóvenes, cuyas escenas más notables estaban pintadas en los vasos de la cerámica o esculpidas en los relieves de los templos.

Del rico repertorio de los mitos heroicos los poetas y autores teatrales extraían temas y figuras ya conocidas para enfocarlos de nuevo con nuevos acentos propios, e invitar así a reconsiderar las terribles peripecias míticas y sus mensajes conmovedores. Volvían, pues, a sacar a escena a gloriosos héroes de desastroso final, a Agamenón, a Heracles, a Orestes, a Edipo, para reflexión y educación sentimental del público. Por eso el filósofo Aristóteles, en su *Poética,* señala que el espectáculo trágico producía en sus espectadores una especie de purificación emotiva *(kátharsis)* del terror y la compasión. Al traer ante los ojos del público, sobre la escena teatral, a los héroes de los relatos míticos, figuras de un pasado lejano y prestigioso, y también junto a ellos a los grandes dioses que influían en el destino y el final desastroso de los protagonistas, los grandes dramaturgos, como Esquilo, Sófocles y Eurípides, lograban conmover a su público usando a los personajes de los mitos como ejemplos patéticos de la arriesgada condición humana. Con su extraordinaria grandeza los imponentes héroes no se libraban de cometer algún error, y su desmesura, unida a la ignorancia sobre su destino, los llevaba a la catástrofe final. Pagaban su magnanimidad y su soberbia con el sufrimiento *(páthos).* Tal era la profunda lección ética de la tragedia: incluso los más grandes héroes sufren los riesgos inmanentes a la condición humana.

Los mitos son relatos tradicionales de héroes y dioses que actuaron de manera memorable en un tiempo prestigioso y lejano. Los mitos invitan a ser reinterpretados, y los grandes autores trágicos –Esquilo, Sófocles y Eurípides– saben contarlos cada uno con acentos propios, con un estilo y una perspectiva personal. A diferencia del poeta épico, que cuenta los relatos en forma abierta, es decir, sin limitaciones de tiempo, la obra teatral impone ciertos límites. La representación de un drama tiene una duración limitada: el dramaturgo trocea el mito y recompone los episodios más emocionantes. Generalmente cuenta la última peripecia de un destino heroico de triste final. Le queda siempre un espacio para la originalidad al escenificar la narración con nuevos acentos y detalles, y cada escritor impone su propio sello en la transmisión del mito. Bastará de ejemplo recordar cómo los tres grandes autores clásicos trataron el tema de la venganza de Agamenón por sus hijos, Orestes y Electra, en variadas obras.

O, como subrayamos luego, advertir las variantes que Sófocles aporta al tratar y escenificar con notable originalidad el mito de Edipo en las tres tragedias que le dedicó: *Antígona, Edipo rey* y *Edipo en Colono.* Las sucesivas recreaciones escénicas de un tema mítico lo enriquecen, y muy a fondo cuando se trata de argumentos construidos por un dramaturgo que es, a la vez, un poeta magnífico y un pensador profundo, como es el caso de Sófocles.

Al considerar la producción de obras dramáticas en el teatro ateniense debemos encuadrar esas obras en el contexto social de la ciudad democrática y en ese marco peculiar que eran las fiestas dionisíacas. Durante el siglo en que floreció con su pleno vigor poético el género trágico en Atenas se estrenaron cada año unas quince tragedias, ya que durante el siglo V las piezas no se repetían en ese mismo teatro, y solo se daban representaciones trágicas durante tres días de las Dionisias y uno en las Leneas (en otros días se representaban las comedias). De esas centenas de tragedias originales solo se nos han conservado enteras treinta y tres, y al margen de estas solo sobreviven algunos títulos y un puñado de fragmentos cortos de cientos de obras perdidas.

Ya en el siglo IV se permitió la reposición de obras de los tres autores clásicos, Esquilo, Sófocles y Eurípides, lo que indica una cierta decadencia frente a la etapa más creativa anterior. La comedia de Aristófanes titulada *Las ranas,* del año 404, indica ya la nostalgia del público tras la muerte del último de los tres grandes trágicos. (En esa obra el dios Dioniso, el patrón del teatro, baja al Hades infernal para rescatar a uno de los grandes dramaturgos, a fin de que reavive con su impulso la escena trágica de Atenas).

En resumen, al considerar la significación del teatro ateniense en su contexto histórico, hay que destacar su marcado carácter político y religioso en sentido amplio. Político en sentido amplio, no porque reflejara hechos políticos del momento, sino porque estaba organizado por la ciudad, la polis democrática, para todos los ciudadanos, ricos y pobres sin distinción. Así como el dios Dioniso en sus ritos y fiestas tampoco hacía diferencias entre ricos y pobres, también tragedias y comedias tenían como público a toda la ciudadanía, en el espacio abierto del teatro, y el teatro se consideraba algo esencial en la educación de la polis. Los poetas fueron en Grecia tradicionalmente los educadores del pueblo y de modo muy claro lo fueron los dramaturgos en Atenas.

A la vez ese teatro tenía un lado religioso, al representarse en el marco del teatro de Dioniso, y en las fiestas del dios de la máscara y el alborozo colectivo, y por cuanto evocaba los mitos de héroes y dioses de la tradición de la religión de todos los griegos. La religiosidad del teatro está en relación con esos mitos; pero, sobre todo, conviene insistir en que está ya en la honda mirada trágica sobre el destino humano en un mundo donde existen los dioses como los poderes definitivos, ocultos o evidentes, aunque no siempre comprensibles. Los poetas trágicos nos ofrecen una visión religiosa del destino, a través de las peripecias de los héroes y las heroínas, y su dramatización de las tramas míticas nos ofrece una representación simbólica de la existencia humana, abocada al sufrimiento, una existencia que los héroes representan en su grandeza y arrogancia arcaicas unida al dolor y la catástrofe final. Hay un trasfondo divino en todo drama, en el denodado esfuerzo y sufrimiento de los protagonistas de las tragedias. Ahí se percibe siempre la existencia de esos dioses griegos, a veces crueles y a menudo terribles. El *pathos* humano, el sufrimiento de los héroes, se expone en un primer plano escénico, pero más allá están los designios de los dioses eternos y a veces demasiado humanos. La sabiduría trágica consiste en ese reconocimiento de la grandeza de la acción humana, que según las gestas míticas concluye muchas veces en sufrimiento y agonía de sus protagonistas heroicos bajo la mirada de unos dioses unas veces cercanos, otras distantes, pero en general impasibles testigos del dolor humano. La visión de ese trasfondo divino puede variar un tanto según los poetas. La concepción de los dioses, y de los héroes, no es la misma en Esquilo que en Sófocles, ni la de uno y otro coincide con la de Eurípides, el más crítico y escéptico de los tres grandes autores trágicos.

Tragedias sobre la saga tebana

Entre las tragedias conservadas tan solo una, *Los persas* de Esquilo, que es la más antigua de ellas, puesto que se representó en el año 472 a. C., no se basa en un relato mítico, sino en un hecho histórico: la derrota de los persas en la Segunda Guerra Médica. El drama evoca la angustia de los persas en la corte de Susa ante las noticias del fracaso de la expedición acaudillada por su rey Jerjes para conquistar Grecia y la llegada al fin del derrotado monarca, que es como el héroe trágico abocado a la catástrofe por su loco orgullo. (Se tiene noticia de que ya unos años antes de Esquilo, otro dramaturgo, Frínico, también había tratado un episodio histórico cercano con el drama *La toma de Mileto).* Tal vez la perdurable emoción ante la heroica victoria obtenida en Salamina frente a los invasores asiáticos revistió ese hecho de un halo glorioso, y por eso, de manera excepcional, Esquilo construyó su tragedia sobre la derrota de los persas, un tema histórico próximo, pero de grandeza y esplendor míticos.

Todas las demás piezas conservadas y todos los cientos de tragedias perdidas de que tenemos noticia (a excepción de algún raro caso) escenificaban mitos tradicionales. Entre las sagas míticas había varias que ofrecían una temática que daba para cortar de su trama distintas piezas dramáticas, ya que algunos mitos presentaban largos conflictos familiares que duraban más de una generación y podían tener diversos protagonistas. Destacan las de dos familias regias: la de los Atridas de Micenas, es decir, la estirpe de Agamenón y sus hijos, y la de los Labdácidas de Tebas, la familia de Edipo.

Recordemos que, entre las treinta y tres tragedias conservadas de los tres grandes autores clásicos, se fundan en la saga de los Labdácidas de Tebas *Los siete contra Tebas* de Esquilo; *Antígona, Edipo rey* y *Edipo en Colono* de Sófocles, y *Las fenicias* de Eurípides. Se nos han perdido muchas otras, evidentemente, como, por ejemplo, la *Antígona* y el *Edipo* que compuso Eurípides, y las dos tragedias que acompañaban a *Los siete contra Tebas* de Esquilo, que sabemos que era la última parte de una trilogía. Existieron también algunos antiguos poemas épicos sobre el mito de Edipo y su familia, pero pocos datos tenemos sobre los más famosos: la *Tebaida* y la *Edipodia,* que se debieron de perder pronto. Seguramente diferían de la versión trágica de Sófocles en algunos detalles significativos. Por ejemplo, parece que en ninguna de estas obras Edipo moría ciego y en el exilio. Ya en la *Ilíada* (canto XXIII, vs. 679-680), en la primera mención de Edipo, se cuenta que un guerrero ha asistido a sus funerales en Tebas. En la *Odisea,* como ya hemos reseñado, en el canto XI, vs. 271-280, cuando Ulises cuenta a los feacios su visita al mundo de los muertos, relata que allí, en el Hades, vio a su madre y esposa (con una curiosa variante en el nombre de la reina suicida, aquí se llama no Yocasta, sino Epicasta).

El relato mítico sobre los descendientes de Lábdaco, que fue rey de Tebas, la ciudad fundada por Cadmo, partiendo de Layo, hijo de Lábdaco, podemos leerlo en una versión completa, aunque resumida, en el texto del mitógrafo Apolodoro (siglo II d. C.) en su *Biblioteca mitológica,* libro III, 5, 7-9.1[1]. Frente a ese resumen erudito del conjunto los diversos autores que compusieron tragedias sobre el mito dramatizan episodios o tramos de esa narración que abarca varias generaciones (la de Layo, la de su hijo Edipo, y la de los hijos de este) e introducen modificaciones y variantes en su recreación escénica.

1. Hay una traducción española de Margarita Rodríguez de Sepúlveda, en Apolodoro, *Biblioteca,* Madrid, Biblioteca Clásica Gredos, 1985, pp. 149-151.

Es interesante observar que el resumen del mito hecho por Apolodoro coincide en algunos detalles con la tragedia de Sófocles, pero en otros no. Por ejemplo, en cómo Edipo se deja ciego a sí mismo y se destierra, pero hay pasajes que Sófocles omite, como el de que Hemón murió en las garras de la Esfinge. (Hemón aparece en la *Antígona* de Sófocles como pretendiente de la protagonista y allí se enfrenta a Creonte y luego se suicida). Es un buen ejemplo de cómo el mito, en su tradición, y sobre todo en su tradición literaria, puede presentar variantes, porque no hay una versión canónica del mismo, aunque sí, desde luego, un esquema básico que un buen dramaturgo no debe alterar, como ya comentaba Aristóteles en su *Poética.*

Como hemos subrayado, la tragedia toma un segmento de la narración mítica y lo dramatiza con un enfoque propio, en una relectura nueva programada por el autor. Debe atenerse al esquema básico del relato, desde luego, pero el dramaturgo recrea con vida propia a los personajes que dialogan y actúan en la escena e ilumina el conflicto trágico desde su perspectiva personal, reservando un papel de comentador y testigo vivaz al coro, que interviene con sus cantos líricos entre escena y escena. En definitiva, el dramaturgo tiene libertad para imponer un sentido renovado al mito. Como ninguna otra tragedia *Edipo rey* de Sófocles ofrece un ejemplo claro de esa originalidad poética en la recuperación escénica de un mito. Comencemos por destacar la impresionante originalidad del drama sofocleo frente a otras versiones épicas y trágicas de las que tenemos noticia por algunos fragmentos.

Lo que el mito parece demostrar con el ejemplo de Edipo es lo ineluctable del destino, que el héroe, por más que se empeñe, no puede evitar. La fatalidad se impone; el oráculo se cumplirá a pesar de todos los esfuerzos del héroe por evitarlo. Pero eso no constituye el centro del conmovedor drama. *Edipo rey* nos dice algo mucho más hondo. El argumento no se centra en la fatalidad del destino, sino en el carácter magnánimo del héroe. Y, por otro lado, también es muy original que Edipo sea el descubridor de su destino, y lo sea a través de su empeño por buscar la verdad y salvar de nuevo a su ciudad. En una búsqueda emprendida a distancia y concluida en breve tiempo.

Como ha escrito W. Kaufmann, un estudioso del drama[2]:

> Sófocles hubiera podido centrar el argumento en la ineluctabilidad del destino, pero no lo hizo. Al colocar todos los acontecimientos de la vida de Edipo en unas pocas horas, le convierte en un hombre que busca la verdad, y los conflictos de su tragedia se acompañan de las contiendas entre Edipo, que exige la verdad, y aquellos que le dificultan la búsqueda. El Edipo de Sófocles emerge como un personaje magnífico, consistente y fascinante, que no está sacado de los mitos del pasado, sino de la fuerza genial del poeta.

Del mito a la tragedia. El caso de Edipo

La trama de esta tragedia, su argumento o *mythos* (pues Aristóteles emplea este término para designar también el argumento dramático), ofrece todos los elementos que en su *Poética* el gran filósofo analizó como constituyentes del

2. W. Kaufmann, *Tragedia y filosofía,* Barcelona, Seix Barral, 1978.

esquema trágico: error, reconocimiento y cambio de fortuna *(hamartía, anagnórisis, peripéteia),* y lo hace de manera muy clara. Por eso Aristóteles consideró *Edipo rey* como la tragedia perfecta. La *hamartía* o 'error' de Edipo estuvo en el dar muerte a Layo e ignorar quién era. La *hamartía* es una falta, un fallo, un desacierto (que no hay que traducir como 'pecado', como hacen algunos traductores, influidos por conceptos cristianos), el cual proviene, según Aristóteles, no tanto de la maldad como de la ignorancia *(ágnoia),* una tara habitual en la condición humana. También puede provenir del excesivo orgullo o la desmesurada soberbia (en griego *hýbris),* como la que llevó al Gran Rey Jerjes a invadir Grecia. (Un buen ejemplo de héroe trágico en el caso de *Los persas* de Esquilo, aunque no se trate de un héroe mítico). En el Edipo que nos ocupa su error procede, esencialmente, de la ignorancia. (En la tragedia de Eurípides *Las Bacantes,* el rey de Tebas Penteo reconoce su trágico error, que consistió en oponerse con violencia al dios Dioniso, cuando está a punto de ser descuartizado por las ménades. Ahí el error proviene de su soberbia y su ignorancia a la vez). Será la experiencia de revivir su pasado la que le hace aprender, y reconocerse. Pero en las tragedias ese reconocimiento llega tarde, al tiempo que cae sobre el protagonista el implacable castigo. Según una famosa sentencia de Esquilo, al saber se llega a través del sufrimiento *(páthei máthos).* Esa frase ('con el sufrimiento, el aprendizaje') vale como lema para toda la tragedia.

La peripecia trágica consiste en la inversión de la fortuna. El héroe que al comienzo está en lo alto de su poderío ve cómo, en un brusco viraje, por sus errores, su gloria acaba en una situación catastrófica. (La peripecia en las comedias suele ser la contraria: el héroe cómico pasa de una apurada situación al éxito y la riqueza, gracias a su ingenio). El protagonista de la tragedia, pese a sus hazañas y su nobleza, suele verse abocado a la muerte, una muerte cruel, o bien, como en el caso de Edipo, a un castigo feroz: la ceguera y el exilio. El rey aclamado como sabio y salvador es expulsado de su ciudad, maldito, y concluirá sus días como un vagabundo miserable. La mejor peripecia, según dictamina Aristóteles en su *Poética,* es la que lleva al héroe de la prosperidad a la desgracia por un error de ignorancia, y por tanto involuntario, compatible con un carácter noble, que permite la compasión del espectador.

Vuelvo a insistir en que Sófocles ha dado un nuevo sentido a esta trama heroica. Ya no se presenta como la lección básica la fatalidad del destino, el cumplimiento de la profecía oracular, sino que advierte de cómo la búsqueda de la verdad, el anhelo de conocer, lleva al noble Edipo a la catástrofe. Es su propio carácter magnánimo, que no se deja convencer por los consejos de quienes intentan apartarle de su arriesgada pesquisa, lo que le conduce a su desastroso final. Es su propia grandeza la que le lleva, como les sucede también a otros héroes inflexibles de Sófocles, a su terrible castigo. Es «la inseguridad radical del hombre» lo que arrastra a los grandes héroes a su perdición.

A lo largo de la obra hay un complejo juego simbólico de la luz y la tiniebla como expresión del saber y la ignorancia. Si los ojos no fueron capaces de ver la verdad, al final, el sabio rey se castiga a la ceguera. Se destierra no solo de Tebas, sino del mundo de los que ven la luz del sol y entra en el de la oscuridad constante. En ese final resuena el eco de una escena de inolvidable ironía: la que enfrenta a Edipo y

Tiresias, el viejo adivino ciego. El famoso *agón* entre ambos es de una refinada y cruel resonancia. El poderoso tirano que manda en la ciudad insulta y acusa de ignorante al profeta ciego, que ha acudido a su llamada, pero que, por motivos ocultos, no quiere confesar lo que sabe. El coro se siente desconcertado por ese duelo verbal que opone a los dos personajes a los que respeta y venera. Ciertamente el público ateniense que asistía a la representación, conocedor del mito, sabía que es el ambiguo Tiresias quien sabe la terrible verdad, la cual deja entrever en sus últimas y duras respuestas a las amenazas del rey. Al final, Edipo se arrancará los ojos para no ver más, y caminará arrastrando los pies en la oscuridad como en ese encuentro hacía el cauteloso Tiresias[3]. Al disponerse a marchar al exilio se parece mucho al ciego adivino al que menospreciaba. Ahora conoce ya, en su ceguera, la verdad sobre sí mismo, la que antes, poderoso y vidente, desconocía. A través del sufrimiento ha llegado a conocerse a fondo.

En ninguna otra tragedia antigua hay una ironía escénica tan evidente (aunque en *Antígona* y en *Las Bacantes* hay otros enfrentamientos parecidos a este, entre Creonte y Tiresias, y entre Penteo y Tiresias). El glorioso y sabio Edipo, «el primero de los hombres», sabe al fin que reinaba en un mundo de apariencias, y ahora, al final, cuando ya ha descubierto la verdad de su vida, se condena a vagar errante y no ver más la luz del sol.

3. Ese final es una probable invención de Sófocles. Como anotamos, la versión épica y la de la trilogía de Esquilo sobre Edipo así como la de las *Fenicias* de Eurípides no coinciden con el castigo que él mismo se impone. La ceguera, como decimos, tiene en Sófocles una significación simbólica muy notable.

> La ironía está aquí en cada contraste, en cada paso y en el argumento todo: ignorancia-conocimiento, realidad-ilusión, grandeza-miseria, el sabio que resolvió el enigma de la Esfinge ignora su propio ser, el parricida se propone vengar a Layo «como si fuera su propio hijo», el contaminador de Tebas es su celoso protector (M.ª Rosa Lida).

El destino de Edipo es, en definitiva, un testimonio de la fragilidad de la grandeza humana: el más sabio y más justo de los hombres está contaminando la ciudad con su miasma, porque, sin ser consciente de ello, en su ignorancia de su pasado, está manchado por los crímenes más aborrecidos. Y ahora, tantos años después, debe rendir cuentas, expiar sus culpas, vengar a Layo y castigarse a sí mismo.

La admirable arquitectura de *Edipo rey* salta a la vista. Paso a paso avanza Edipo hacia el final de sus pesquisas. Una tras otra se ajustan las piezas. Y el coro sigue, en sus apasionados y emotivos comentarios, el desarrollo de la investigación. De la admiración y confianza sin límites en su rey pasa al asombro y la compasión. El último estásimo, que comienza con «¡Ah, generaciones de los mortales!», expresa su honda conmoción ante el destino de su rey, por el que siente todavía admiración y compasión sin límites. (La obra presenta cinco largos cantos corales -*estásimos*- y cinco episodios, de modo que pudo servir de modelo a los cinco actos del drama de la preceptiva clásica posterior).

No sabemos con precisión en qué año se representó en Atenas *Edipo rey*. Si tenemos en cuenta un eco probable de las palabras de Edipo («¡Oh ciudad, ciudad!») en la comedia de Aristófanes *Acarnienses* (en cuyo prólogo el campesino Diceópolis dice esas mismas palabras), tenemos que ubicar su representación algo antes del 425 a. C., año de esa comedia. Presentada en esos años, es decir, después de la peste que asoló Atenas en el 429, la escena inicial tendría una resonancia clara entre el público que había conocido una epidemia semejante a la de Tebas. La interpretación arcaica de que una calamidad semejante es un castigo enviado por algún dios reclamando la expiación de algún crimen se encuentra ya en el primer canto de la *Ilíada.* (Allí es Apolo, irritado contra Agamenón, quien dispara sus flechas portadoras de la epidemia sobre el ejército aqueo y debe ser luego ritualmente aplacado). Puede pensarse que, en esas fechas, en plena guerra del Peloponeso, la figura de Edipo suscitaría en algunos el recuerdo de otro gobernante sabio, y desgraciado al final: el ateniense Pericles[4]. También él confiaba en su inteligencia y su honestidad para salvar a la asediada Atenas, pero murió en la peste y sus planes sensatos quedaron truncados por un azar imprevisto.

Antígona, la rebelde contra el tirano

El argumento de *Antígona* es, probablemente, una invención de Sófocles. No conocemos ningún tratamiento anterior de esa trama. Nuevo parece ser, al menos, el desarrollo del carácter de la protagonista, la joven hija de Edipo, enfrentada a su tío Creonte, el nuevo rey de Tebas. Cierto es que el elemento básico del conflicto, la prohibición de en-

4. También Pericles pertenecía a una familia sobre la que pesaba desde antiguo una vieja maldición religiosa, la de los Alcmeónidas. Pero creo improbable que Sófocles pensara en una alusión precisa a ese miasma heredado de los Alcmeónidas.

terrar a Polinices y la resolución de Antígona de desobedecer el decreto, ya está en el final de *Los siete contra Tebas* de Esquilo. Un final que, por otra parte, muchos filólogos han considerado un añadido tardío, e inspirado en la obra de Sófocles. Pero no vamos ahora a discutir eso. (Dejémoslo apuntado, como una posibilidad). *Antígona* es una obra compuesta unos años antes que *Edipo rey,* pongamos que hacia 443 o 442 a. C. Y presenta una característica de los dramas sofocleos de esa etapa *(Ayante, Las traquinias):* la presencia de dos figuras centrales, un esquema de díptico con dos protagonistas en contraste. El centro de la trama lo ocupa el famoso *agón* de la discusión decisiva entre Antígona y Creonte.

Este enfrentamiento es el eje del entramado mítico (que suponemos creación de nuestro dramaturgo) y el que revela la tensión esencial de la obra. En el contraste y choque de caracteres y de ideas, en esa escena de enorme resonancia patética y ética, se definen dos posiciones irreconciliables. Antígona es, en su inflexible talante, digna hija del obstinado Edipo, mientras que Creonte es el tirano seguro de sí mismo, defensor del orden. Constituye una característica del arte dramático de Sófocles el contraste entre figuras bien definidas y no dispuestas a ceder en sus antitéticos principios. El contraste fundamental aquí es el de Creonte y Antígona, pero hay otros, como el de Antígona y su hermana Ismene, al comienzo de la pieza, y luego el de Creonte y su hijo Hemón.

La construcción agonal de la tragedia, con sus dos protagonistas y sus dos opuestas concepciones de la justicia, se refleja en la doble catástrofe, que llegará mortal para Antígona primero, y más tarde para Creonte, el cual se verá privado de su mujer y su hijo y condenado a una amarga soledad en el trono. No conduce a nada, pienso, discutir si el verdadero héroe trágico es él o ella. Creonte ocupa mucho más tiempo en escena que Antígona, y en su actuación advertimos más claramente la secuencia de *hamartía* y *anagnórisis* del esquema clásico. Por otra parte, a diferencia de otros héroes de Sófocles que son inflexibles frente a su destino, Creonte es un héroe que, al final, cede ante las advertencias de Tiresias y corre a salvar de la muerte a la condenada Antígona. Pero, tristemente, llega demasiado tarde. Antígona tiene un papel más corto, y muere hacia la mitad de la obra (como Ayante y Heracles en las otras tragedias en forma de díptico). Sin embargo, es ella quien da nombre a la obra, y quien se alza con el triunfo por encima de la muerte, y ella es, por lo tanto, quien atrae la simpatía y la compasión de los espectadores.

> La pieza entera estriba en la lucha de estos dos seres humanos, que son parientes de sangre, tío y sobrina. Por tanto no en una lucha entre dos principios, sino entre un hombre que representa el principio del Estado (o cree representarlo) y una muchacha que defiende las leyes no escritas de la religión. La acción transcurre de tal modo que Creonte, que es el dominante, con su poder envía a la muerte a Antígona, que, sin embargo, permanece victoriosa, mientras que Creonte, el superviviente, se queda abatido y destrozado[5].

Pero también Antígona resulta excesiva en su heroísmo, en una actitud inflexible que comporta una cierta dosis de

5. W. Schadewaldt, *Die griechische Tragödie,* Frankfurt, Suhrkamp, 1991.

hýbris. La doble catástrofe viene decidida por el empecinamiento de una y otro. Ambos tienen sus razones y resultan, a la par, admirables y soberbios, al defender sus tesis, contrarias e irreductibles. Enfrentan la ley del Estado y la ley de la sangre y la familia. Sirven a dos principios y a valores antitéticos como muy bien subrayó Hegel, que veía en ese conflicto el paradigma de lo trágico. Ahí se oponen, por un lado, la sangre, el culto a los muertos, el amor fraterno, el imperativo divino, la juventud y la entrega de uno mismo al sacrificio; y por el otro, la voluntad de dominio, la razón de Estado, la moral de la polis, la fría legalidad, la rigidez, la ceguera de la edad, la afirmación del yo en nombre de la justicia, que llega hasta transgredir los preceptos divinos de la piedad.

Recorre todo el drama una honda tensión dialéctica entre dos formas de entender el deber y el acatamiento de las leyes. (Las del Estado proclamadas por la autoridad legal se oponen a las leyes no escritas de la Piedad). Pero no se trata de una lucha de principios, sino del enfrentamiento entre dos personajes que los blanden como armas para un duelo personal. Ambos, con intransigente fervor, se precipitan en su destino trágico. Como escribió Hegel, «la gloria de los grandes caracteres les lleva a ser culpables». Antígona y Creonte son, en efecto, a la vez mártires y culpables. Tal vez sea esa la lección que el dramaturgo quiere sugerir a su público: la convivencia requiere pactos, comprensión mutua, y esos formidables e inflexibles héroes no caben en una ciudad democrática. Creonte podría haberse salvado, si hubiera cedido a tiempo.

Pero indudablemente es Antígona quien, en su arrojo solitario, atrae la simpatía del espectador. Es joven y, al desafiar el mandato del nuevo señor de la ciudad, actúa movida por el amor fraterno y una profunda religiosidad, en la radical soledad del héroe, como Edipo o Ayante. En este sentido, el helenista austríaco Albin Lesky apunta lo siguiente:

> Antígona no siente reparos y pisa la escena con la firme resolución de asegurar a su hermano su sepultura. Su carácter y su decisión aparecen en contraposición al modo de ser de su hermana Ismene, que no defiende la prohibición de Creonte, pero se acomoda a ella [...]. De ese contraste se perfila para nosotros la imagen del héroe sofocleo en la incondicionalidad de su voluntad; para él lo condicionado, lo reflexivo y lo cómodo no solo se le antoja una locura, sino que se le muestra como una seducción que debe ser evitada. Y cuando Ismene, en el curso de esta escena inicial, se aparta de su hermana, Antígona tiene que realizar su acción completamente sola, y ahí se nos muestra con toda claridad la soledad en que se mueven las grandes figuras de Sófocles y, en general, todas las personas grandes que hay en el mundo[6].

En esa familia donde el hijo mató al padre, donde los hermanos se mataron uno a otro, Antígona actúa movida por el amor a los suyos. «Nací para compartir no el odio, sino el amor», como dice en el famoso verso, y es por esa *philía* hacia los suyos (más poderosa que el deseo de boda, el eros hacia su prometido futuro esposo, Hemón) por lo que Antígona desafía la orden del tirano, sin vacilar ante las amenazas de muerte. Ya en la cueva Antígona se suicida, como otras figuras femeninas de los dramas de Só-

6. Leski, *La tragedia griega,* Barcelona, Acantilado, 2001.

focles, como Yocasta, Deyanira o Eurídice, la esposa de Creonte.

Pero antes encontramos el emotivo lamento que, a punto de perder la vida, entona Antígona cuando es llevada hacia la cueva a ser enterrada para siempre. Ese canto lírico de despedida (triste canto al que responde el coro, en lo que se llama un *kommós),* en el cual llora su boda no cumplida, así como el hecho de que no habrá de ver más la luz del sol, es un «adiós a la vida» de intensa emoción. Curiosamente va precedido de un canto sobre el poder de Eros, el dios de la pasión amorosa. Tal pasión es la que mueve a Hemón, que se suicidará a los pies de su amada, sin haber logrado desviar a Antígona de su deber fraterno. Ella no es una víctima del fanatismo religioso, ni una criatura desesperadamente melancólica. Cumple su deber hacia el hermano muerto y un profundo amor justifica su decisión.

De singular intensidad poética son también algunos de los cantos corales de la obra. Tanto el famoso «¡Portentos muchos hay, pero nada es más portentoso que el ser humano!»[7], que habla de la tremenda audacia de los progresos técnicos, como el que comienza «Felices aquellas cuya vida jamás probó la desdicha», que, tras comentar el

7. Ese famoso verso dice en griego: *Pollá tà deiná koùdén anthropou deinóteron pélei.* No es fácil traducir todo el sentido de *deiná,* porque ese adjetivo significa 'terrible' o 'tremendo' y también 'maravilloso', 'prodigioso', 'asombroso', lo que viene a subrayar la ambigüedad del progreso técnico y los logros que enorgullecen al ser humano. Como señala A. Lesky: «En esa época entonó Sófocles el canto acerca de la siniestra facultad del hombre de ensanchar más y más las fronteras de su dominio dentro del reino de la naturaleza y llevar los signos de su soberanía hasta los confines del mundo. Este afán de conquista despierta en él asombro y miedo al mismo tiempo».

trágico destino de los Labdácidas, recuerda que la grandeza se paga con el sufrimiento. El coro, formado por ancianos, al principio se distancia de la audaz joven, pero luego expresa su compasión sincera por su destino y admira su piedad hacia dioses y muertos.

Habría sido muy interesante comparar la tragedia del mismo tema y nombre de Eurípides, seguramente algo posterior, si la conserváramos. Pero de esta tragedia solo conocemos algunos trazos por el resumen, curioso desde luego, que ofrece el mitógrafo latino Higino (siglo II d. C., en el texto 72 de sus *Fábulas)*. En su argumento ofrecía episodios nuevos: Antígona, junto con Argía, la esposa argiva de Polinices, trataba de quemar de noche el cadáver de este en la misma pira fúnebre de Eteocles, pero era descubierta y condenada a muerte por Creonte. Hemón, al que su padre encargaba ejecutar la condena, lograba ponerla a salvo y convivía con ella y tenían un hijo. Años más tarde Creonte los descubría y Hemón mataba a Antígona y luego se suicidaba. Tal vez Higino mezclara algunos datos de la tragedia de Eurípides con otra de igual título de Astidamante, pero en todo caso esas aventuras de la audaz hija de Edipo alargaban las peripecias patéticas, aunque no parece que, con esa prolongación novelesca, pudieran añadir intensidad dramática al carácter de la protagonista.

En la tragedia de Eurípides titulada *Fenicias* (compuesta hacia 410 a. C.) Antígona acompaña a su madre Yocasta cuando ella intenta detener, sin conseguirlo, el duelo entre Eteocles y Polinices, ante los muros de Tebas. Los dos hermanos combaten y se matan uno a otro. Yocasta se suicida sobre los cadáveres de sus hijos, clavándose la espada de uno de ellos. Antígona entona un patético lamento por sus dos hermanos, en especial por Polinices, y luego protesta contra el decreto de Creonte de negarles la sepultura. Sale del palacio Edipo, ciego y viejo, y se une a las lamentaciones de su hija. Creonte discute airadamente con ellos y destierra a Edipo, que marcha al exilio acompañado por su hija. (Todo ello constituye el episodio final o el éxodo, muy extenso –vs. 1308 a 1766–, de esta tragedia, una de las últimas de Eurípides).

En *Edipo en Colono,* la última tragedia escrita por Sófocles, que se representó ya póstuma hacia el 402 a. C., reaparece la joven Antígona, que, con amor filial, ha acompañado al destierro a su padre ciego. Convertido en un mendigo y vagabundo sin patria, Edipo llega a Colono, una aldea cercana a Atenas, para morir allí. Es la tercera tragedia del gran dramaturgo sobre el mito edípico, escrita a muchos años de distancia de las anteriores *(Antígona* es del 440, *Edipo rey,* del 428 y *Edipo en Colono,* de hacia el 405).

Sobre *Edipo en Colono*

Edipo en Colono se funda en una leyenda local ática, según la cual el viejo rey habría muerto en un lugar cercano a Atenas, donde el rey Teseo le habría ofrecido lugar para su tumba. El hospitalario monarca de Atenas daba acogida al desterrado y maldito Edipo, y este llegaba allí, al bosquecillo consagrado a las Euménides en la aldea de Colono, para despedirse de la vida, y su tumba secreta se convertiría en lugar santo para bendición de la ciudad. Sófocles parece ser el primer autor que menciona Colono como el lugar de la tumba del héroe famoso. Allí precisamente había nacido el propio Sófocles, que contaba noventa años cuando escribió esta última obra.

Escrita en su avanzada vejez, *Edipo en Colono* es una despedida y un ajuste de cuentas del gran poeta con su más logrado personaje. En *Edipo rey* lo había dejado en la completa desolación, ciego y maldito. Esta última tragedia, de muy poca acción, gira en torno al final de la vida del rey de Tebas, ahora convertido en un mendigo vagabundo, al que la leal Antígona sirve como lazarillo. La tragedia no carece de intriga, pero desde el comienzo sabemos, o podemos predecir fácilmente, su final. Los dioses han perdonado a Edipo. El héroe ha saldado, ha tiempo, su deuda. No hay aquí ni *anagnórisis* ni *peripéteia.* Edipo sabe quién es y lo que le queda de vida. Sófocles, ya en su ocaso, quiere despedir a su héroe, perdonado ya por los dioses, ensalzando al viejo e inflexible Edipo, santificado por el largo dolor, dándole un final misterioso.

No es, de todos modos, un drama carente de tensión trágica. El viejo suplicante no duda en rechazar a sus hijos, a los que maldice, y depende, en tierra ajena y sin más apoyo que el de su fiel Antígona, de una hospitalidad arriesgada. Pero aun así conserva su carácter altivo, amargado por las desgracias, sin doblegarse nunca. Lo comenta bien María Rosa Lida:

> En su tragedia póstuma *Edipo en Colono,* Sófocles ha pintado la vejez de un semidiós. Edipo, antes rey de Tebas, que ha vivido a ciegas en el pecado y se ha arrancado los ojos al descubrirlo: Edipo viejo, ciego, andrajoso, inoportuno, pidiendo sin cesar la protección que le ha sido ya prometida, lleno de rencor y de maldiciones, vaga acompañado por su hija, sin lugar en su

propia ciudad, dependiendo de la caridad de un rey extranjero. Solo que está ya profetizado -es decir, irracional, misteriosamente como verdad incontrovertible- que su tumba será protección del territorio en que se halle. En el último momento Tebas y Atenas se disputan encarnizadamente la persona del mendigo moribundo. Y el lector no puede menos que pensar qué terrible cosa sea la santidad. Este viejo irascible que ha cometido incesto y parricidio, que maldice con furia al hijo que viene a pedirle protección, que anda errante con una hija que hace todo lo que la hija de un respetable ciudadano ateniense no debe hacer, este Mesías de la infamia es el protector, y su tumba, vacía por añadidura, será el talismán de Atenas[8].

En la última evocación del sufrido héroe, Sófocles se despide llevándolo a morir a la aldea donde él mismo había nacido, en la plácida campiña del Ática.

Sófocles y el héroe trágico

De las más de 120 tragedias que escribió Sófocles, dramaturgo muy prolífico y de larga vida, se han conservado siete: *Ayante. Las traquinias, Antígona, Edipo rey, Electra, Filoctetes* y *Edipo en Colono*. De ellas tres tratan del mito de la familia de Edipo. Pero no forman una trilogía, sino que cada una de ellas tiene su propia independencia y, tal como se ha dicho, se presentaron en escena en distintos momentos, con notable distancia temporal entre una y otra: *Antí-*

8. M.ª R. Lida, Introducción al teatro de Sófocles, Barcelona, Paidós, 1983.

gona hacia el año 441, *Edipo rey* hacia el 428 y *Edipo en Colono* en el 406. Parece cierto, a juzgar por lo que sabemos y, en su conjunto, por las obras perdidas, que conocemos por fragmentos, que esta aparente predilección por el mito de Edipo es un efecto del azar. Pero, aun así, resulta muy interesante para nosotros poder constatar cómo un autor dramático toma como asunto para sus tragedias diversos segmentos de una historia mítica. Es el relato mítico de la familia de los Labdácidas de Tebas, ciudad que ofreció numerosos héroes a la épica y la tragedia.

Las otras tragedias conservadas de Sófocles –*Ayante,* de hacia el 450; *Las traquinias,* hacia el 445; *Electra,* del 410, y *Filoctetes,* del 409– dramatizan episodios de otras leyendas épicas, las de la guerra de Troya, la relativa al fin de Heracles y la de la familia de los Atridas, reyes de Micenas. También sobre los Labdácidas hubo famosos poemas épicos, como la *Edipodia,* la *Tebaida* y los *Epígonos,* allá por el siglo VII a. C., hoy perdidos. Y, como ya hemos señalado, antes que Sófocles, Esquilo había compuesto una trilogía trágica sobre las varias generaciones de la familia, que solo conocemos por sus títulos y unos breves fragmentos. Habría sido muy interesante poder comparar sus tramas con la obra de Sófocles. Pero solo nos ha quedado una pieza, la última: *Los Siete contra Tebas,* que trata del asedio de la ciudad y el duelo a muerte entre los dos hijos de Edipo. Sobre ese mismo tema conservamos también una larga tragedia de Eurípides: *Fenicias.*

Edipo rey ocupa un lugar central en la serie de obras de Sófocles conservadas, lo cual es producto del azar, pero, en cuanto a su argumento, dramatiza un episodio del mito anterior a las otras dos, que tratan, respectivamente, del trágico destino de la hija más querida de Edipo y de la muerte de este, en un paraje sagrado vecino de Atenas. Hay que destacar también que *Edipo rey* toma un tema tradicional, central en el famoso mito y ya tratado por Esquilo, mientras que tanto de *Antígona* como de *Edipo en Colono* no sabemos de precedentes en el teatro antiguo.

En las piezas de Sófocles alcanzó la tragedia griega su expresión más clásica. Comparado con él, su gran predecesor, Esquilo, «el creador de la tragedia» -según el título famoso de Gilbert Murray-, presenta una solemnidad y una rigidez características de la época arcaica, mientras que luego Eurípides, más joven, influenciado por la sofística, muestra en su gusto retórico, en sus críticas al pensar tradicional y en sus análisis psicológicos y su escepticismo, signos de una modernidad corrosiva con respecto a las fuentes religiosas del género trágico. Tal vez el rasgo más decisivo de Sófocles fue poner al héroe protagonista de cada tragedia en el centro de su perspectiva dramática, así como subrayar el sufrimiento de sus personajes, inolvidables caracteres de inflexible grandeza, como eje de la acción teatral. (Recordemos, como nota característica, que de los siete dramas conservados seis llevan el nombre del protagonista). La determinación del héroe de asumir su destino patético con admirable arrojo da a la acción trágica en Sófocles su sello más característico y su intensa tonalidad emotiva.

El *éthos* del héroe, su carácter, resulta ser, en definitiva, su *daímon,* su destino, por completo de acuerdo con lo que afirma la conocida sentencia de Heráclito. El modo de ser del protagonista de cualquier drama sofocleo, enfrentado a una situación conflictiva, evidencia su nobleza personal, aunque le lleva, en su actuar magnánimo y empecinado, a la destrucción (igual que Ayante, Antígona y Edipo). Como dice B. M. W. Knox en su magnífico libro *The Heroic Temper*[9]:

> Este método dramático, la presentación del dilema trágico en la figura de un único carácter dominante, parece ser de hecho una invención de Sófocles. Es, en todo caso, tan característico de su técnica que podemos tranquilamente y sin exageración llamar *sofoclea* a la corriente central de la tragedia europea desde su época. Es Sófocles quien nos presenta lo que conocemos (aunque los griegos desde luego no utilizaran este término) como «el héroe trágico».

Por otra parte, a Sófocles le interesan mucho menos que a Esquilo los conflictos ideológicos o teológicos y mucho más los humanos. De ahí, probablemente, su renuncia al desarrollo de la acción en una trilogía, innecesaria en su perspectiva, que se concentra en el ocaso y la destrucción de sus héroes. Lo subraya muy bien W. Schadewaldt:

> Sófocles ya no expuso en trilogías, como Esquilo, grandes acontecimientos histórico-universales ni fundadores de orden. Resumió la acción en el drama singular, densificó el conflicto y lo colocó en el interior y redujo el acontecer al hombre singular. Lo que nos presenta es el hombre y su destino, y este ser humano hace su quehacer, soporta su destino y sufre su pena. Y el mundo hasta sus límites y hasta la morada de los dioses, el

9. B. M. W. Knox, *The Heroic Temper: studies in Sophoclean tragedy,* Berkeley, University of California Press, 1964.

> campo de lucha de los poderes contrarios no son ya la tierra, sino el alma del hombre. Y cuando la desgracia se cierne sobre él, ya no hay una más alta instancia que sepa arbitrar y dar soluciones. Si bien en Esquilo las cosas eran monstruosas, en Sófocles son duras y enérgicas. Pues la desgracia que se cierne sobre el héroe ya no pregunta por culpa o delito. Justamente cae sobre el noble y lo empuja hacia un dolor que no tiene salida[10].

Recordemos que, frente a la epopeya, que gracias a su forma narrativa abierta relata por extenso las hazañas de los héroes y ensalza sus momentos de gloria, la tragedia concentra su mirada en los momentos de crisis y quebranto de los grandes héroes. El *épos* difunde el *kléos,* la fama que inmortaliza a sus elegidos, mientras que la tragedia trae a la escena dionisíaca los sufrimientos, el *páthos,* la angustia y el final doloroso de esos personajes míticos. Rememora la última crisis, la pena, la agonía final en que concluye la carrera del héroe o la heroína. En la visión más optimista de Esquilo el sufrimiento aboca a una salida esperanzada, y el sufrimiento heroico está al servicio de un plan divino, encaja en el proceso trascendente de la Justicia o el Orden. En Sófocles no. No se atisba un más allá del dolor que lo justifique de algún modo. Sus grandes héroes se ven abocados, por sus propias acciones, a su destrucción. Es muy significativo que en las siete tragedias conservadas encontremos nada menos que seis suicidios. Si la tragedia exige una peripecia del destino heroico, según el célebre análisis aristotélico de la *Poética,* y por lo tanto el sufrimiento está a la orden del día en todos los dramas del género, parece, con

10. W. Schadewaldt, *op. cit.,* pp. 65-66.

todo, característica de la creada por Sófocles ese final oscuro en el que los héroes quedan atrapados por su dolor sin escape alguno.

De nuevo citaré a Schadewaldt, con su insistencia en el tema del *Leid,* es decir, el sufrimiento, el dolor o la pena (de los tres modos traduzco aquí el término alemán, que acentúa sobre todo el pesar subjetivo, lo patético) como trampa cierta del héroe:

> Fue primeramente Sófocles quien captó al hombre solo en su dolor, al hombre que está entregado a su pena. En él la pena adquiere el carácter de una situación de destino que encierra al ser humano y de la que no puede salir porque él mismo es su dolor. La pena está dada aquí con el ser del hombre[11].

La grandeza del héroe sofocleo está en relación con su nobleza y su íntima y final soledad. Actúa por decisión propia, desvinculado de unos dioses que quedan al margen, lejanos y ambiguos. (Aunque el piad°so Sófocles no pone nunca en duda su existencia, los presenta distantes y crueles a veces). Por propia decisión los protagonistas de las piezas sofocleas desafían el mundo y no están dispuestos a pactos para salvarse a costa de renunciar a sus propias convicciones. La dicha no está al alcance de la propia decisión, pero sí el conservar el honor. De nuevo podríamos citar al filósofo Heráclito: «Los mejores exigen una cosa por encima de todas: gloria imperecedera entre los mortales» (frg. 29DK). Por esa gloria, por el respeto a sí mismos, los héroes sofocleos están dispuestos a arrostrar la muerte.

11. W. Schadewaldt, *op. cit.,* p. 70.

Si no se puede vivir bien, más vale morir bien, como dice Antígona (en la tragedia homónima, cf. los versos 9, 72 y 555). Y, de manera muy rotunda, también en *Ayante* encontramos esta idea:

> Vergonzoso es pues que un hombre ansíe una larga vida, si no puede variar en nada en sus desdichas. ¿Qué placer puede tener en añadir un día a otro y retardar el morir? No compraría por ningún precio a ningún humano que se anime con esperanzas vanas. El noble debe vivir con honor o con honor morir. Has escuchado todo mi razonamiento *(Ayante,* vs. 473-80).

El héroe de Sófocles se ve obligado a comportarse de acuerdo con su natural noble. Es *eugenés* por nacimiento y por aceptación de esa nobleza que le obliga hasta el final. Por ello acepta su destino doloroso, sin quebrarse ante la adversidad, aun a costa de la dicha y de la vida. Prefiere conservar, sea como sea, su honor, su *timé,* con fidelidad a las normas que su naturaleza noble le exige. Sabe que su fama propia, su *kléos,* le sobrevivirá. Tiene libertad para elegir su acción, pero esa elección está predeterminada por su modo de ser, por su *éthos*. La grandeza de miras del héroe o la heroína -pensemos en Ayante o en Antígona- le lleva a definir su destino. «Vivir con nobleza o quedar muerto con nobleza *(kalôs tethnekênai)*» es la opción que se plantea Ayante. Y ante tamaña grandeza de miras, esa «virtud» o *areté* del héroe le hace ser inflexible. No cede ni ante las amenazas ni acepta compromisos o consejos, de modo que avanza solitario hacia su catástrofe. Esa misma grandeza le hace incurrir en el exceso, en trágica *hýbris,* y lo enfrenta a la opinión vulgar, a veces expresada por el coro, que suele reclamar una cierta moderación y resignación. Ahí está su grandeza y también su miseria. La felicidad, que depende de los dioses y las circunstancias, no está al alcance de los protagonistas de estos dramas, que responden a sus conflictos con un ánimo intrépido e inquebrantable. En nuestro trágico, esa decisión solitaria del héroe lo define frente a todos y todo. Tal aspecto de la tragedia sofoclea lo describe muy bien Knox, cuando comenta:

> En un drama de Sófocles nunca somos conscientes, como siempre lo somos con Esquilo, de la naturaleza compleja de la acción del héroe, de su situación en la secuencia de los hechos sobre generaciones pasadas y futuras, su relación con el plan divino del que es resultado esa secuencia. El héroe sofocleo actúa en un *vacuum* terrorífico, un presente que no tiene futuro para confortarle y tampoco ningún pasado para guiarle, un aislamiento en el tiempo y en el espacio que impone al héroe la completa responsabilidad de su propia acción y sus consecuencias. Es precisamente este hecho lo que hace posible la grandeza de los héroes de Sófocles; la fuente de su acción está en el héroe solo y en nadie más.
>
> Sófocles nos presenta por primera vez lo que reconocemos como un «héroe trágico»: uno que, sin ser apoyado por los dioses y frente a la oposición humana, toma una decisión que brota de los niveles más profundos de su naturaleza individual, su *phýsis,* y luego mantiene ciega, feroz, heroicamente, esa decisión hasta el punto de su autodestrucción.
>
> De nuevo el ejemplo de Eurípides sirve para destacar este punto. Con excepción de Medea, el héroe característico de Eurípides sufre más que actúa. Heracles, Penteo, Hipólito y muchos otros son más víctimas que héroes. Los caracteres de

> Sófocles son responsables, a través de su acción y su intransigencia, de las consecuencias trágicas; pero en la tragedia euripidea el desastre habitualmente golpea caprichosa y ciegamente, y procede a menudo no de la reacción de los compañeros a la rigidez del héroe, sino de los dioses mismos: de Afrodita, de Hera, de Dioniso. Eurípides vuelve la espalda a la soledad característica del héroe y trágico sofocleo, en sus tragedias el hombre está una vez más en un mundo donde la autonomía de su acción está en duda: los grandes dioses transitan por la escena[12].

La desgracia, en variadas formas, alcanza de frente al héroe y entonces este queda como entrampado porque su nobleza le obliga a responder al desafío con su firme *areté,* esa 'virtud' que le compromete hasta el desastre. Pero no sabe doblegarse. No se resigna a las medias tintas, no puede refugiarse en la mediocridad o en la ausencia de acción. Si frente a las penalidades de la fortuna, contra los adversos embates del destino, los poetas líricos habían recomendado 'resignación' o 'paciencia' *tlemosyne,* los héroes no intentan prolongar su existencia cuando esta se les propone acomodaticia y sombría. El héroe trágico, como Edipo, se empeña en buscar la verdad hasta el final, aun a costa de hundirse en la catástrofe. Porque no se contenta, como la mayoría, como los que no son héroes trágicos, con las apariencias, y quiere ir hasta el final en su búsqueda. Pero la condición humana, en la perspectiva sofoclea, comporta el actuar en la ignorancia, en esa *ágnoia* que Aristóteles percibía como un rasgo de la acción humana. Solo los dioses sa-

12. B. M. W. Knox, *op. cit.* p. 6.

ben el sentido último del obrar en el mundo. El héroe avanza en una cierta penumbra y sus grandes acciones y pasiones conllevan siempre grandes riesgos. De esa ignorancia humana proviene la frecuente *hamartía,* el 'error', y luego la tardía *anagnórisis* o 'reconocimiento del sentido real de la actuación pasada'. El mundo en que se mueven los héroes es un ámbito cruel, sembrado de trampas, un espacio de apariencias en que es fácil extraviarse y equivocarse cuando se actúa a lo grande, como es el destino y la condición de los más nobles. Recordemos a Edipo, como el más claro ejemplo. La grandeza está ligada al riesgo, y la carrera de los más grandes héroes puede concluir, de improviso, en un tremendo y angustioso final. Recordemos al desesperado Heracles de *Las traquinias.*

Abundan en las piezas de Sófocles las sentencias rotundas que expresan una visión pesimista, a menudo en boca del coro. A propósito de *Ayante* escuchamos la sentencia: «Los hombres que vivimos somos solo imágenes aparentes y sombras sin ser». En *Antígona,* tras el ocaso de todos los personajes, se dice con respecto a Creonte: «Todo se ha acabado, pues cuando la alegría abandona a un ser humano, entonces este ya no ha de contarse entre los seres vivos, sino tan solo como un cadáver viviente». En *Edipo* se lamenta el coro: «Generaciones de los hombres, os he sopesado y os encuentro iguales a la nada». En *Edipo en Colono,* el coro canta: «Quien desee una vida más larga de lo adecuado es un loco. Porque la larga serie de los días trae más pena. Y no se sabe dónde queda el placer. Finalmente, cuando sin ruido ni canto se abre la tumba, acude como auxiliadora, viene como compañera solo una: la muerte». «No haber nacido es lo mejor que puede pensarse y desearse; lo más próximo a esto es que, una vez nacido, se vuelva a toda prisa al lugar de donde uno salió».

Como ya hemos dicho, abundan los suicidios en los dramas de Sófocles. Los personajes deciden morir (Ayante, Antígona, Deyanira, Heracles, Hemón, Eurídice, Yocasta) o desean estar muertos (Edipo, Filoctetes), cuando sus posibilidades de vivir noblemente se les acaban. Responden a su talante heroico. De nuevo Knox:

> El héroe escoge la muerte. Este es después de todo el final lógico de su rechazo al compromiso. La vida en la sociedad humana es un amplio compromiso; vivimos, todos nosotros, solo mediante la constante sumisión de nuestro propio querer, de nuestros propios deseos, a las propuestas de otros, expresadas como la ley de la comunidad o la opinión de nuestros compañeros. Aprendemos esta lección en la niñez o, más costosamente, más tarde. Los que fracasan en el aprendizaje acaban como criminales o locos. Pero en las tragedias de Sófocles el héroe se enfrenta a una situación en la que no puede comprometerse y seguirse respetando a sí mismo. Rendirse sería su autodestrucción espiritual, una traición a su *phýsis;* el héroe está obligado a elegir entre el desafío y la pérdida de identidad. Y en el héroe de Sófocles el sentido de la identidad, de la existencia independiente, individual, es terriblemente fuerte.
>
> En la crisis de su vida, abandonado por sus amigos, asediado por sus enemigos, sin apoyo de los dioses, no tiene adonde retroceder para su socorro, sino a la fe en sí mismo, a su concepción de su propio carácter y su destino[13].

13. B. M. W. Knox, *op. cit.,* p. 36.

Así sucede en los dramas más antiguos (de los conservados), pero en cambio, Edipo no se da la muerte, sino que escoge la ceguera y el destierro, porque, aunque culpable objetivamente, se sabe inocente.

Y, sin embargo, a diferencia de lo que sucede con las tragedias de Eurípides, que dejan en el espectador una sensación de desasosiego y angustia, al concluir la visión de estos dramas sofocleos el efecto es de una cierta serenidad. Lo advierte Schadewaldt, en un comentario que se refiere precisamente a Edipo:

> Considerando las cosas rectamente, tampoco se puede hablar de un sufrimiento del hombre *ad maiorem gloriam Dei,* ni en su *Ayante* ni en su *Edipo*. Y, sin embargo, cuando ha concluido una tragedia sofoclea, toda la pesadez opresiva se ha esfumado. Creemos haber participado de algo maravilloso ante tanto dolor. Lo que presenciamos fue algo grato en sentido profundo, porque fue bello. Y esa belleza no proviene simplemente de la configuración externa de las palabras y de las acciones (en las que «el conductor de almas» Sófocles es un maestro); brota de la profundidad de aquel mismo dolor sin salida. ¿En qué consiste semejante fenómeno?
>
> Consiste en el hecho de que aquellos seres humanos sofocleos sufran de modo tan grande, incondicional y sencillo. Lo que tienen de auténtico se revela en ellos por ese dolor sin salida que los aísla y casi los ahoga. En su pena ellos mismos se nos presentan como lo que son con mayor hondura y en su más propia condición. Es aquí donde revelan su «gran modo». «Nobleza» *(gennaíon)* lo llama Sófocles, «grandeza» deberíamos llamarlo... El sufrimiento del héroe sofocleo no tiene meramente la significación mediata de tránsito, grado. En definitiva, es ani-

> quilación. Pero justamente en cuanto dolor absoluto constituye el lugar humano en el que asoman las grandes mentes y eso quiere decir que estamos ante el verdadero ser del hombre. También podríamos decir que aquí, en la pena, el hombre se decide totalmente por lo que hay de eterno en él. [...][14].

De modo que es en su catástrofe, en medio de su angustia, como el hombre revela su ser más auténtico. A la manera trágica ahí se cumple el precepto délfico de «conócete a ti mismo». La *anagnórisis* de Edipo es la más ejemplar. Cayendo de lo más alto a lo más bajo -de ser un sabio *týrannos* a devenir un mísero exiliado, sin familia ni ciudad-, en esa «inversión de fortuna» que mentaba Aristóteles y que ha analizado magistralmente J. P. Vernant en sus ensayos sobre este drama, el héroe se reconoce, revisando su pasado a una nueva luz, y toma conciencia de sí mismo, en su más honda y dolorosa identidad. Y en el sufrimiento extremo no abdica de su grandeza. La experiencia de esa capa profunda de la existencia heroica que no puede serle arrebatada y que está marcada por el sufrimiento tras la dolorosa *anagnórisis,* nos habla de la grandeza y la clara inocencia del héroe. Y el espectador percibe esa condición trágica del destino de los más grandes que, sometidos a un hado cruento, saben sufrir con inquebrantable nobleza. Ahí cobra sentido la paradoja del epigrama famoso que Hölderlin puso en boca de Sófocles:

> Muchos intentaron en vano expresar gozosamente la alegría.
> Aquí se me revela por fin, aquí se expresa en el dolor.

14. W. Schadewaldt, *op. cit.,* p. 73.

Sófocles ha sabido expresar con inolvidable fuerza poética la grandeza anímica de los héroes, seres humanos ejemplares en muchos aspectos. Sin duda, sus personajes suscitaban por su aciago destino y su patético coraje de un modo muy diáfano piedad y espanto, *éleos* y *phóbos* en los espectadores. A los ojos del público ateniense, sin embargo, las figuras de la tragedia son gigantescas sombras de antaño, criaturas del mito de épica prosapia. Los espectadores, ciudadanos de la democrática Atenas, no se identifican con los protagonistas del drama, a los que admiran y por los que sienten compasión. Lo que el ateniense medio podía sentir acerca de sus actitudes frente a la desdicha se aproxima a lo que expresa el coro, ese coro que no participa de la acción dramática, sino que comenta desde su posición en un nivel más bajo las vicisitudes del drama. El coro asiste al desarrollo del conflicto trágico y, escena tras escena, expone sus sentimientos y reflexiones en forma lírica, amortiguando en cierto modo la dureza de los parlamentos de los héroes, y promoviendo una atmósfera sentimental *sui generis* en torno a las figuras grandiosas y solitarias de los protagonistas.

Como escribió J. P. Vernant, en el teatro de Dioniso los grandes héroes míticos y épicos se presentan ante los espectadores de la ciudad democrática como figuras enigmáticas y problemáticas, que incitan a una reflexión sobre aspectos de la vida y la política:

> Los personajes heroicos más cercanos por su lenguaje al hombre ordinario no solo se hacen presentes sobre la escena ante los ojos de todos los espectadores, sino que a través de las discusiones que los oponen a los coreutas, o los unos a los otros,

se convierten en objeto de debate; en cierto modo son cuestionados ante el público. Por su parte, el coro, en las partes cantadas, se preocupa menos de exaltar las virtudes ejemplares del héroe, como sucede en la tradición lírica de Simónides o de Píndaro, que de inquietarse o preguntarse sobre él. En el nuevo marco del juego trágico, el héroe ha dejado, por tanto, de ser un modelo; se ha convertido, para él mismo y para los demás, en un problema.

Frente a la solitaria grandeza de tales héroes aislados en sus terribles apuros, condenados a un fracaso riguroso, la polis ofrece a sus ciudadanos un resguardo firme, con tal de que acepten sus normas, esas leyes que consolidan y permiten la convivencia, en esa *politiké téchne* que es un don de Zeus para todos los humanos según el mito platónico del *Protágoras.* No vamos ahora a tratar de analizar a fondo el tema. Tan solo quisiera destacar que el héroe parece, a menudo, situarse al margen o por encima de las normas cívicas o de las leyes de la tierra *(nómoi chtonós)* que amparan a todos los ciudadanos. Así, por ejemplo, en el caso de Antígona contra Creonte ambos cometen una flagrante transgresión, empujados por su respectiva *hýbris,* de las normas de la prudencia cívica. Por ello ambos se encaminan hacia su destrucción, en virtud de su audacia y su obstinación *(tólmas chárin),* sin atender a los pactos dictados por la *sophrosýne* cívica. Pero su propia grandeza arrastra al héroe al peligro.

Sobre la escena del teatro de Dioniso, los héroes trágicos actúan ante la mirada crítica y quedan expuestos a la reflexión de los ciudadanos de Atenas. Sófocles, con su saber de los mitos y su experiencia de la trayectoria política de su ciudad, advierte bien los riesgos de la grandeza. Cuanto más alto se está mayor riesgo hay de una estrepitosa caída. El destino de los héroes está ligado a su excesivo coraje, a una excelencia que resulta casi siempre puesta a prueba por el azar y la violencia, y de ahí la *hýbris* y la *hamartía*. Los dioses, a veces, parecen complacerse en la destrucción de los más nobles, o, al menos, saben guardar silencio frente a la angustia de los mortales más dignos. Los héroes ofrecen la más brillante imagen de la gloria humana, pero también pagan su grandeza con un catastrófico final. Frente a esas grandes y magnánimas figuras del mito, la polis, con su *philía* comunitaria, con la moderación de un pensar igualitario, ese ideal del *íson phroneîn,* esa cordura cívica de que carecen Antígona y Creonte, brinda un puerto de salvación en las tempestades del azar y los vaivenes de la fortuna. Los protagonistas de las tragedias de Sófocles afrontan, de manera muy clara, los riesgos de la condición humana en su más alto nivel. Los héroes están muy por encima del nivel medio de los seres humanos. Son, a la vez, venerables y terribles. O, como se decía en griego, *deinoí*. Causan admiración y espanto a la vez. Como, por otra parte, también lo causa el ser humano en el despliegue de su ingenio, productor de múltiples inventos y máquinas, pero sometido, en definitiva y sin escape, a la muerte.

Y aquí es el momento de aludir al tantas veces citado y comentado canto coral de *Antígona* (vs. 332-375), que comienza con la emblemática frase: *Pollà tà deinà koùdèn anthropou deinóteron pélei* ('Portentos muchos hay, pero nada es más portentoso que el hombre', o bien, 'Muchas son las cosas terribles, pero ninguna es más terrible que el hombre'). El adjetivo *deinós* significa, a la vez, 'admirable' y 'terrible', y sobre ese doble sentido discurre el famoso estásimo, que recuerda los grandes logros del ser humano, y también su fragilidad ante la adversidad y la muerte.

Releer ese magnífico texto de *Antígona* sería un buen colofón para estos apuntes. Pero, por mi parte, quisiera añadir una última cita, la de unas líneas finales de un largo ensayo de José Lasso de la Vega sobre «El dolor y la condición humana en el teatro de Sófocles», en la estela de los trabajos de Reinhardt[15] y Schadewaldt[16]:

> El arte transforma en imágenes hermosas los espectáculos más espantosos de la vida, y, al hacerlo, lleva consigo cierta eficacia de consuelo. Ante una tragedia de Sófocles nos sentimos gozosos, a la vez, y aterrados de ser hombres. Cae el final de la pieza, y la obra, pese a su terrible carácter trágico, no nos da la sensación de desconsuelo. Sentimos, para decirlo con Racine, la sedancia de aquella *tristesse majestuese, quifait tout le plaisir de la tragédie*. No se trata ni solo ni tanto del efecto de la armonía de la forma que hace de una tragedia de Sófocles, por antonomasia, la obra de arte apolínea en un acto de culto dionisíaco [...]. No dejará de influir, digo yo, que la tragedia es un juego serio, pero, al fin, juego y ficción, y no dolor real. Pero, sobre todo, se trata de que al restringir nuestros humos y ponernos en nuestro sitio, sabemos en dónde estamos y saberlo nos produce una sensación de seguridad, resignación, paz. A la relatividad humana se le asigna un lugar en un conjunto y orden absoluto, comprendemos que él, un orden, algo firme y seguro existe[17].

15. K. Reinhardt, *Sófocles,* Barcelona, Madrid, Gredos, 2010.
16. W. Schadewaldt, *op. cit.*
17. J. S. Lasso de la Vega, *Sófocles,* Madrid, Ediciones Clásicas, 1993, p. 136.

Tal vez sea así. O acaso, ante el dolor de los héroes, en la conmoción emotiva suscitada por el drama, le queden a uno dudas sobre la justicia de ese orden cósmico que implica tanto dolor, ante la catástrofe heroica llevada a escena por el piadoso Sófocles. Pero, en todo caso, hay algo que al espectador le queda en la memoria y acaso le produce admiración y cierto sosiego, en medio del terror y la compasión suscitados por el espectáculo trágico: la visión de una libertad humana que se mantiene, en un mundo regido acaso por dioses incomprensibles, por encima del azar y de la desdicha y del dolor; es decir, el ejemplo de la existencia heroica.

Nota bibliográfica

Fraisse, Simone, *Le mythe d'Antigone,* París, Armand Colin, 1974.

García Gual, Carlos, «Los mitos de Sófocles», en AA.VV., *Sófocles el hombre, Sófocles el poeta,* Málaga, Charta Antiqua, pp. 21-42.

Romilly, Jacqueline de, *La tragedia griega,* Madrid, Gredos, 2011.

Segal, Charles, *Sophocles' Tragical World: Divinity, Nature, Society,* Cambridge-Mass., Harvard University Press, 1995.

Vernant, Jean-Pierre y Vidal-Naquet, Pierre, *Mito y tragedia en la Grecia antigua,* vols. I y II, Madrid, Taurus, 1987-1989.

III. La tragedia de *Edipo rey*

La unidad y el conflicto entre el ser y la apariencia fueron originariamente poderosos en el pensamiento de los tempranos pensadores griegos. Sin embargo, todo esto encontró su representación más elevada y pura en la tragedia griega. Pensemos en el Edipo rey *de Sófocles. Edipo, salvador y señor de la ciudad, envuelto al principio en el brillo de la gloria y la gracia de los dioses, se verá privado de ese brillo (Schein) que no es un mero parecer subjetivo que Edipo tenga de sí mismo, sino aquello en lo cual aparece su existencia, hasta que se produce el descubrimiento de su ser como asesino de su padre y deshonrador de su madre. El camino desde este comienzo brillante hasta aquel horror del final constituye todo él una lucha entre la apariencia (lo encubierto y el disimulo) y el descubrimiento (el ser). En torno a la ciudad acampa lo encubierto de quién asesinó a Layo, el rey anterior. Con la pasión propia del griego que está al descubierto en el esplendor Edipo se pone a desvelar lo encubierto. Al hacerlo, paso a paso, forzosamente se descubre a sí mismo, arrancándose los ojos, es decir, apartándose de toda luz, dejando que la noche lo envuelva. Y así, cegado, pide a gritos que se abran todas las puertas para que se revele al pueblo un hombre que es tal como él mismo es.*

Martin Heidegger, *Introducción a la metafísica*

Es el valor de llegar hasta el fondo de los problemas lo que hace al filósofo. Debe ser como el Edipo de Sófocles que, tratando de elucidar su terrible destino, prosigue infatigablemente su búsqueda, incluso cuando adivina que la respuesta no le reserva sino horror y espanto. Pero la mayoría entre nosotros lleva en su corazón una Yocasta que suplica a Edipo, por el amor de los dioses, que no siga en su indagación.

Arthur Schopenhauer, *Carta a Goethe,*
11 de noviembre de 1815

Queremos también aquí renunciar al intento de una interpretación de conjunto y atenernos a lo que realmente sucede en escena. Permítannos de momento precisar ciertas cosas de las que se puede decir: esto es así. A eso pertenece lo que Schiller ha llamado «análisis trágico» y que con Reinhardt podemos llamar un drama de descubrimiento y revelación. Esto es lo que domina la atmósfera de la pieza, el descubrimiento de algo, en un alto sentido dramático. Se puede decir que el Edipo *es la primera narración detectivesca* (die erste detective story) *y que la acción escénica se mantiene en ese tono criminalista. Solo que hay que añadir a continuación una historia detectivesca del más elevado estilo. Lo que en los relatos de crímenes interesa es desde luego la revelación.*

Wolfgang Schadewaldt, *Die griechische Tragödie*

Alguien ha querido ver en Edipo rey *el comienzo glorioso de la novela policial. Considerábase, por otra parte, esta obra inicial como una obra maestra del género, haciendo observar que en ella el asesino no es sino el propio detective. Pero un agradable anacronismo no debe convertirse en un error comúnmente aceptado. Todos los espectadores de Sófocles sabían sin excepción desde su infancia quién era el matador de Layo. Para ninguno de ellos Edipo podía representar el papel de un policía en busca del culpable misterioso cuyo nombre se escucha con sorpresa cuando llega el desenlace. En Edipo no hay nada de intelectual, ni existe efecto alguno de sorpresa, salvo para el propio Edipo, y la tragedia no persigue otro fin que el que infatigablemente buscaba el teatro griego, o sea las vicisitudes del destino persiguiendo a la virtud, la justicia y la prosperidad, y convirtiendo a héroes, reyes y grandes vencedores en delincuentes y desdichados suplicantes, más grandes aún. En realidad, el resorte del interés en Edipo es exactamente el inverso de una novela policial. El público sabe lo que el «detective» ignora; sabe cómo Edipo va en busca de su propia desgracia.*

Roger Caillois, *Fisiología de Leviatán*

Una investigación. ¿Quién mató a Layo?

Me parece que esa pregunta básica es un buen punto de partida para subrayar la originalidad de la intriga dramática en la pieza de Sófocles: hay un cadáver que reclama venganza. Un asesinato no resuelto, ya lejano en el tiempo, exige una urgente investigación criminal. Se debe reabrir el caso de Layo. Y encontrar y castigar al asesino, no ya para que el muerto repose de una vez en su tumba, sino porque los miasmas del delito infectan la ciudad. Son los dioses ahora los que, enviando la peste, avisan de esa urgencia. Y es el propio gobernante quien decide encargarse del asunto, puesto que este concierne a la ciudad. El *týrannos* escucha el clamor del pueblo y toma en sus manos, decidido a llegar hasta el fondo, la investigación, la salvaguardia de la polis.

Es el principio de cualquier novela policíaca: en primer plano, un asesinato sin sentido y un criminal desconocido. Pero, como se ha dicho, la trama policíaca se sitúa aquí en un plano muy elevado. Pues no se trata del cadáver de uno cualquiera, sino que el muerto era el anterior rey de la ciudad. El asesinato es antiguo, pero es ahora, en circunstancias que exigen la investigación, cuando el nuevo monarca, su sucesor, se impone la tarea de buscar y castigar por fin al matador de Layo. Y se pone a ello con un interés extraordinario: «Como si se tratara del de mi propio padre», afirma Edipo (v. 264). El asunto tiene un claro matiz político, pero también se revela, en esas palabras del sabio Edipo, como un empeño muy personal, en el que los espectadores atenienses, que ya saben quién fue el asesino y quién el padre de Edipo, captan una trágica ironía[1]. Al dar con el culpable, vengará justamente a Layo, y así apaciguará la ira de los dioses que han enviado la peste, como castigo a la ciudad por su negligencia al respecto. El caso se cerró entonces, hace muchos años, sin una investigación a fondo, y las noticias que trajo el único superviviente de la emboscada en que murió Layo fueron confusas. Pero la

1. Esa ironía trágica, que persiste en la trama y es esencial en el entendimiento a fondo de la tragedia sofoclea, mucho más que en el mito, se ha subrayado a menudo. Véase, por ejemplo, un extenso análisis filosófico sobre esta relación de «ironía y conocimiento», en el libro de Rocío Orsi, *El saber del error. Filosofía y tragedia en Sófocles,* Madrid, CSIC, 2007, pp. 251-326.

ciudad se encontraba agobiada por una feroz y angustiosa amenaza: la Esfinge destruía a sus jóvenes guerreros uno tras otro. Hasta que apareció felizmente el héroe salvador, ese extranjero, Edipo, que es quien ahora ocupa el trono y está casado con la que fue esposa del difunto Layo. (Tal vez nadie echara de menos a ese rey violento).

La peste se interpretaba como castigo divino, según la antigua tradición mítica. Ya en el canto I de la *Ilíada* el dios Apolo, irritado, envía con sus flechas la peste mortífera que diezma a los aqueos, para castigar el ultraje de Agamenón a su sacerdote Crises, y desaparece cuando la ira del dios es aplacada y la afrenta al sacerdote es reparada. Ahora los tebanos, al tiempo que entierran a sus muertos, hacen constantes sacrificios a los dioses y acuden en masa a los altares con ramos implorando su socorro. Y, de nuevo, espera la intervención salvífica de Edipo, su sabio y justo rey. Un crimen sin resolver deja en el aire una mancha, un *míasma* o un *ágos,* según los términos griegos, que debe borrarse mediante el justo castigo para así purificar de nuevo a la ciudad. También aquí Apolo, el dios de la purificación, está presente con su estatua en escena[2].

(Es probable que cuando *Edipo rey* fue representada en el teatro de Atenas hacia el 328 a. C., su público recordara vivamente la cercana y terrible peste que había asolado la ciudad a comienzos de la guerra del Peloponeso, la gran epidemia en la que murió el propio Pericles y que describe el historiador Tucídides con inolvidable agudeza. Esa referencia latente a una desgracia tan actual marcaría probablemente el ánimo de muchos espectadores. Aquí la cul-

2. Cf. Schadewaldt, *op. cit.,* p. 280.

pa de la ciudad y el castigo divino podían quedarse a un lado, como explicación solo válida para casos mitológicos y creyentes ingenuos).

Por otra parte, hay que reconocer que los dioses avisan tarde[3]. El crimen sucedió hace casi veinte años, cuando Edipo aún no había llegado a Tebas. Este es un aspecto en el que, frente a la versión homérica, Sófocles innova estupendamente. La trama escénica muestra la maestría del dramaturgo en su juego con el tiempo. Desde que Layo murió han pasado muchas cosas: Edipo se ha casado con Yocasta, ha tenido cuatro hijos y ha gobernado feliz y sabio en Tebas. Ahora la peste invita a resucitar el pasado y en breves horas todo se aclarará. De la pregunta «¿Quién mató a Layo?», Edipo pasará a otra, tal vez más angustiosa: «¿Pero quién soy yo?». (Una pregunta ya apuntada por Tiresias: «¿Sabes de quién eres hijo?», en el v. 415). Y al fin él, en muy breve plazo, descubrirá simultáneamente la identidad del asesino (que el público asistente a la función teatral ya sabía por el mito) y la suya propia. La intriga es, en efecto, complicada: no solo hay que descubrir quién es el asesino, sino a la vez quién es el detective (que resultará ser, a la vez, el juez y el verdugo del enigmático caso). No hay un ejemplo más patético de la tremenda aventura que puede ser el conocerse a sí mismo. Cumple Edipo, para su desdicha, el consejo de los sabios recogido en el atrio del santuario de Delfos: *Gnóthi seautón,* «Conócete a ti mismo».

3. Así sucede a veces, como lo comenta, en general, el erudito y piadoso Plutarco en su ensayo *Sobre la tardanza del castigo divino* (en latín *De sera numinis vindicta*).

La tragedia perfecta

Según afirma Aristóteles en su *Poética, Edipo rey* es la tragedia que mejor refleja y expresa los elementos fundamentales del entramado dramático del mito, tal como es recontado y reconstruido sobre la escena dionisíaca en la Atenas del siglo V. Esta obra de Sófocles -de la época central de su extensa producción dramática- es el paradigma más clásico del género. (Sorprendentemente, no obtuvo el primer premio en su representación -junto con otras tres obras, dos tragedias y un drama satírico que no conocemos, pues cada uno de los tres trágicos presentaba cuatro piezas- cuando se presentó en el teatro de Dioniso en Atenas entre el 429 y el 425 a. C. Según una escueta noticia, quedó en segundo lugar, después de un tal Filocles, sobrino de Esquilo, cuyas obras no conocemos).

Edipo rey tiene una estructura dramática tan lograda que resulta el mejor ejemplo para la teoría aristotélica del drama. El Estagirita cita a *Edipo* como ejemplo de la tragedia óptima, la que produce compasión y espanto por la catástrofe tremenda de su protagonista, causada no por maldad, sino por error. Añade que las mejores tramas (en griego *mythoi,* en ese sentido de 'argumentos') son aquellas que escenifican algo así como «crímenes en la familia», como las de Alcmeón, Edipo, Orestes, etc.; es decir, en las que unos parientes matan a otros, «por ignorancia». Y, desde luego, la saga mítica de los Labdácidas de Tebas es, junto a la de los Atridas de Micenas, una estirpe de las más sanguinolentas.

> Es preciso que se componga la trama de tal forma que, aun sin verla representada, quien escuche el desarrollo de los hechos

> se estremezca y sienta compasión a raíz de los sucesos, como puede experimentar quien oye el argumento del *Edipo (Poética,* 1453b).

En cuanto a la mejor estructura dramática, Aristóteles insiste en que en el argumento *(mythos* como 'trama' o 'estructura de los hechos', es decir, *systásis ton pragmáton)* han de cumplirse dos elementos básicos: la famosa *peripéteia* ('peripecia' o 'cambio de fortuna') y la *anagnórisis* ('reconocimiento').

> Esta es, como su nombre indica, el paso de la ignorancia al conocimiento [...]. El reconocimiento más hermoso se produce cuando se da al tiempo que la peripecia, como el que sucede en el *Edipo (Poética,* 1452a).

Realmente es difícil encontrar un drama griego donde la fortuna del protagonista cambie tan radical y catastróficamente como en esta pieza de construcción tan trabada.

> El reconocimiento que realiza Edipo no se refiere, en efecto, a nadie más que al propio Edipo. Y esta identificación final del héroe por sí mismo constituye una inversión completa de la acción, en los dos sentidos que puede darse a la fórmula de Aristóteles (tampoco exenta de ambigüedad): la situación de Edipo aboca a un resultado inverso al que se había pretendido. Al iniciarse el drama, el extranjero corintio, descifrador de enigmas, salvador de Tebas, situado al frente de la ciudad y al que el pueblo venera como igual a un dios por su saber y su abnegación por la cosa pública, debe hacer frente a un nuevo enigma, el de la muerte del antiguo rey. ¿Quién mató a Layo?

> Al término de la investigación, el justiciero se descubre idéntico al asesino. Tras la elucidación progresiva del enigma, que podemos llamar policíaco (aunque el policía aquí es el propio rey y el criminal buscado) y que resulta el núcleo de la acción trágica, lo que se representa de hecho es el reconocimiento por Edipo de su identidad... *Egò phanô* (dice Edipo en el verso 132): «Soy yo quien sacará a luz al criminal»..., pero también: «Yo me descubriré a mí mismo como criminal».
>
> Como su propio discurso, como la palabra del oráculo, Edipo es doble, enigmático. Desde el principio al final del drama sigue siendo psicológica y moralmente el mismo [...] pero sin que lo sepa, sin haberlo querido ni merecido, este personaje edípico se revela, en todas sus dimensiones, social, religiosa, humana, inverso a lo que aparecía al comienzo al frente de la ciudad. El extranjero corintio es en realidad natural de Tebas; el descifrador de enigmas, un enigma que no puede descifrar; el justiciero, un criminal; el clarividente, un ciego; el salvador de la ciudad, su perdición. Edipo, célebre para todos, el primero de los humanos, el mejor de los mortales, el hombre del poder, de la inteligencia, de los honores, de la riqueza, resulta ser el último, el más desventurado, y el peor de los hombres, un criminal, una mancha, objeto de horror para sus semejantes, odiado por los dioses, reducido a la mendicidad y al exilio[4].

Todos esos adjetivos se dicen de Edipo a lo largo de la tragedia, cargada como ninguna otra de ambigüedad y de ironías. Como apunta Vernant en su claro análisis, «*Edipo*

4. J. P. Vernant, «Ambigüedad e inversión. Sobre la estructura enigmática del *Edipo rey*», en *op. cit.*, 1987, pp. 109-110.

rey no está centrada solo en el tema del enigma, sino que, en su presentación, en su desarrollo, en su desenlace, la pieza misma está construida como enigma»[5].

La idea de Aristóteles sobre la tragedia ocupa un espacio central en el conocido e influyente texto de su *Poética,* pero es bastante fácil resumir su esquema de fondo y sus líneas esenciales[6]. Para que la representación de una tragedia logre su objetivo de conmover bien a su público, es decir, para producir en sus espectadores una fuerte conmoción emotiva, esa «catarsis» patética, que consiste en una 'purificación del horror y la compasión' *(kathársis tou éleous kai phóbou),* el héroe trágico debe precipitarse mediante su propia acción en la catástrofe. Lo hace al cometer una falta *(hamartía)* impulsado por su excesiva arrogancia *(hýbris)* y en una cierta ignorancia *(di'ágnoian).* Luego sufre sus consecuencias, en el dolor y la agonía, y, antes de concluir su propio desastre, el héroe advierte y reconoce su error en el momento crucial de la *anagnórisis*. El error del protagonista trágico *(hamartía* o *hamártema)* no hace del héroe un brusco malvado; solo es un ser humano que se equivoca al actuar, imprudente y acaso feroz o violentamente, quebrantando alguna norma[7], pero, en cierto modo, es su propia

5. J. P. Vernant, *op. cit.,* pp. 11-12.
6. No hay, sin embargo, un modelo único, una receta que valga para todas las piezas trágicas. Aristóteles señala lo más efectivo en las mejores, y a ese respecto cita, más veces que a ninguna otra, a *Edipo rey.*
7. Sobre este término, tan importante en la representación trágica, cf. Suzanne Saïd, *La faute tragique,* París, Maspero, 1978. Sobre Edipo, pp. 26-31, 166-212, 452-454. Es singularmente claro y preciso el análisis, a partir del texto trágico, que S. Saïd hace de la «responsabilidad» de Edipo en sus actos y en el castigo que a sí mismo se impone *(op. cit.,* pp. 212-20).

grandeza la que le impulsa a ese desastre. Es su mismo carácter lo que lleva al héroe a empeñarse en su camino de perdición, y lo reconoce luego, cuando ya es tarde. El espectador siente piedad por quien sufre tremenda desgracia sin merecerla y experimenta un cierto horror porque lo siente cercano, parecido a él mismo. En esa propensión al error y al dolor de los grandes el espectador identifica la fragilidad y lo azaroso de la condición humana. El horror y la compasión se despiertan en el público que ya conoce en forma esquemática esas historias míticas, pero que ahora las ve representadas, y tiene delante de sus ojos a los héroes que sufren.

Aunque, claro está, no olvida que los protagonistas de las tragedias son siempre personajes de los mitos antiguos, poderosos reyes y héroes magníficos, que sufren mucho porque sus acciones eran grandes, a la vez que terribles sus destinos. El contraste con la épica no es solo formal, sino esencialmente de sentido y función. Si la épica cantaba las gestas gloriosas y memorables de los héroes, la tragedia recuerda los finales catastróficos de esos mismos héroes de antaño y los presenta a la reflexión de los ciudadanos. Si las audaces y grandiosas aventuras suscitan la admiración, los dramas del agónico final despiertan la compasión y el espanto. La función de los dos géneros literarios es diversa: uno evoca la fama, el *kléos,* otro la pasión dolorosa, el *páthos.*

Pero en *Edipo rey,* de manera singular, se nos presenta la condición humana como una aventura existencial que se empeña desde los engaños de la apariencia en la busca de la verdad, una verdad oculta que resulta catastrófica, en el sentido original o etimológico del término. («Catástrofe» significa inversión, y esta aquí es espectacular). Lo señalaba muy bien K. Reinhardt, en su gran libro sobre Sófocles[8]:

> Edipo no es, de ninguna forma, a diferencia de otras tragedias, la tragedia del destino humano, el modelo por el que se había tomado largo tiempo, en el cual por «destino», tal como lo concebía el clasicismo alemán, siempre se sobreentendía «libertad», es decir, la libertad sublime; es más bien, en contraposición a otras tragedias griegas, la tragedia de la apariencia humana, en la que hay que incluir la apariencia en el ser, como en Parménides *alétheia* se contrapone a *dóxa*.

La referencia a esos dos términos griegos de gran prestancia filosófica (desde el famoso poema presocrático de Parménides hasta el mundo platónico) es aquí muy pertinente: es la apariencia de Edipo, sabio y rey al comienzo del drama, un maldito criminal al final, lo que se quiebra y derrumba al avanzar en busca de la verdad de sí mismo. La opinión del pueblo, representado por los ancianos del coro, va cambiando, desde la veneración al horror y la compasión, conforme avanza la investigación. Todo se descubre porque Edipo se ha empeñado en esa denodada búsqueda. La *dóxa* es mutable y se ve cuestionada y transformada a medida que se va conociendo, brillando, desvelando, la ver-

8. K. Reinhardt, *op. cit.,* y p. 113. La ironía de algunas escenas del *Edipo* está basada en ese contraste entre lo aparente y lo verdadero, la estremecedora verdad que aún no ha salido a la luz. Reinhardt insiste en ello varias veces. «Empieza la lucha abierta entre la verdad y la apariencia en la escena de Tiresias. No se trata ya de la disputa entre la verdad y el error. Si se hablara solamente de error, no se tendría presente que es imposible no errar, que no es la razón la que es ineficaz, sino la condición humana en su totalidad, tanto interna como externamente» *(op. cit.,* p. 118). Para la crítica de la idea romántica de destino, cf. Schadewaldt, *op. cit.,* p. 275.

dad. Recordemos que la palabra griega para «verdad», *alétheia,* significa algo así como 'desvelación', o 'desolvido', es decir, destrucción de la *léthe* u 'olvido' de lo aparente, un engaño ubicuo que recubre el ser auténtico (como muy a fondo y diestramente glosó M. Heidegger). «La naturaleza gusta de esconderse» reza una famosa sentencia de Heráclito; el ser de verdad se esconde bajo las apariencias, y la razón trata de traspasar ese velo turbio. «Conócete a ti mismo» apunta también a ese traspasar la apariencia inmediata para alcanzar un estrato más profundo de realidad.

Esa búsqueda de la verdad en oposición a la manifiesta apariencia, que en la filosofía antigua alcanza tanta resonancia, está en la tragedia de Sófocles unida a otro enfrentamiento: el de luz y sombra, es decir, videncia y ceguera. Como ya hemos subrayado, el enfrentamiento entre Tiresias y Edipo constituye una escena decisiva en este planteamiento de Sófocles[9]. Es cierto, por otra parte, que cada uno de los dos «sabios», Edipo y Tiresias, tiene su propia manera de saber; pero la obra demuestra que el saber del adivino es supe-

9. Es, a propósito de esta escena, excelente, en mi opinión, el comentario de W. Kaufmann, *op. cit.* (cap. IV: «El enigma de Edipo», pp. 169-216), p. 190:
«Edipo insulta a Tiresias por estar ciego, no solo literalmente, sino también de oídos y de espíritu, a pesar de que, en realidad, Tiresias ve lo que Edipo no llega a ver. Y, cuando finalmente Edipo se da cuenta de su propia condición, se desgarra los ojos.

»Y de ningún modo es ciego solamente a su propia identidad, sino que su ceguera cubre incluso a aquellos a quienes más ama: su madre y esposa, sus hijos y, evidentemente, su padre, así como sus relaciones con todos ellos. Puede que la ceguera espiritual de Edipo, no menos que su ceguera física al final de la obra, sea peculiar a él y no universal; pero el efecto sobrecogedor de la tragedia está en que su ceguera es representativa del género humano, de la condición humana».

rior al saber del rey, que desprecia sus advertencias. En la escena vence Edipo, que expulsa al viejo profeta ciego; pero el espectador, o el lector, sabe quién tiene la verdad. De ahí la ironía trágica y el desconcierto del coro, que ya duda.

Los sufrimientos de Edipo van unidos a ese afán de conocer a fondo, de llegar a la última verdad -sobre el crimen primero, sobre sí mismo después- cueste lo que cueste. En su *Edipo* Sófocles representa «la inseguridad radical del hombre»: el más sabio vive feliz, en un mundo de apariencias, pero anda cegado, y se arriesga en su empeño de investigar una verdad enigmática. «*Edipo rey* es la tragedia de la *maldición de la honradez*» escribió W. Kaufmann en un brillante análisis del sentido de la tragedia[10] [11].

> Si Edipo hubiese abandonado su búsqueda, hubiese abandonado también a su pueblo y este hubiera seguido bajo las garras de la peste. Su honradez benefició a su gente, pero al precio de destruirse a sí mismo, a Yocasta, y la felicidad de sus hijos. A causa de la situación en que Sófocles le coloca al comienzo de la obra, todos sus actos le acarrean una terrible culpa. Y ello se debe también a la genialidad del poeta y no al material del mito. Y este es otro aspecto que convierte al *Edipo* de Sófocles en prototipo de la condición humana.

Hay en esta consideración algo más que conviene subrayar: Edipo se sacrifica por la polis; por salvar de nuevo a la ciudad

10. W. Kaufmann, *op. cit.,* la cita siguiente en pp. 202-203.
11. Recordemos que esta es la versión de Sófocles, quien, muchos años después, nos contará el final del héroe en *Edipo en Colono.* Tal vez para dejar claro, antes de morir él mismo, que la muerte de Edipo no será la de un criminal, sino la de un héroe reconocido por la divinidad que tanto lo había perseguido.

de Tebas se condena a sí mismo. No se trata tanto de «culpa» como de «honradez». Al verse designado como *ágos* y *míasma* –por sus propios crímenes, inconscientes hasta ese momento– decide su propia expulsión, y así asume el destino de un apestado, un *pharmakós,* que abandona para siempre su ciudad.

Pero en ese final se revela la grandeza de su ser verdadero, y esa «emergencia de la verdad» (en términos de Heidegger), terrible, sí, pero, liberadora, es un trágico triunfo.

> El drama de Edipo, visto desde fuera, es la caída de un hombre grande, feliz, poderoso y prudente y seguro de sí mismo en la más cruel humillación. Pero ¿era Edipo en medio del brillo de su grandeza de señor realmente el Edipo que se creía? ¿No era este brillo una máscara que ocultaba? ¿No era este fausto mera apariencia? Sí, era apariencia pues quien llevaba el manto del rey era un asesino, un réprobo. Su caída en la degradación lo desveló tal como es, esto es, asesino, réprobo –no el que en esa degradación es justo y digno–. Pues si el destino, que hemos presenciado en el drama, reveló la verdad de lo incestuoso de ese parricida, lo ilimitado de su pena revela su ser verdadero, interior, indestructiblemente auténtico. Edipo es grande por su capacidad de sufrir, de tener una pena de gran dimensión[12].

Eso puede enlazar bien con otras líneas magistrales de Schadewaldt:

> Todo esto: verdad, pureza y la mortalidad del hombre como la *condition humaine* son legítimos aspectos (para nuestra lectura del drama) y nos transportan al amplio escenario de la religión

12. W. Schadewaldt, «Sófocles y la pena», en *La actualidad de la antigua Grecia,* Barcelona, Alfa, 1960, p. 73.

délfica[13]. En ese horizonte hay que entender el *Edipo* sofocleo, no solamente como drama o en general una obra de arte, sino más bien como el gran ejemplo de una antigua Pasión helénica, que nos conmueve a causa de esto, porque nos atañe todavía aún más a nosotros, porque su persona es el ser humano mismo. En eso puede consistir el permanente impacto de esta tragedia[14].

La despedida de Edipo (y la del viejo Sófocles)

> *La figura que más sufre sobre el escenario griego, el desdichado Edipo, es presentada por Sófocles como un hombre noble que, abocado, a pesar de su sabiduría, al error y la miseria, termina deparando en su entorno, gracias a su espantoso sufrimiento, una beneficiosa fuerza mágica, cuyos efectos se siguen manteniendo incluso después de haber muerto.*
>
> Friedrich Nietzsche

Edipo en Colono alberga un extraño resplandor, una luz crepuscular de fondo sobre la que se recorta la silueta del exi-

13. Citando los últimos versos del coro que concluyen la obra, Schadewaldt (*op. cit.*, p. 280) insiste en el trasfondo religioso, de una religiosidad apolínea que ilumina la tragedia sofoclea: «La fundamental fragilidad de la existencia humana es algo que el Apolo délfico una y otra vez predica y que también siempre Sófocles ha insuflado una y otra vez en sus dramas. De esa inestabilidad trata el gran canto coral del *Edipo* tras la catástrofe. Podemos mencionar también en el mismo sentido el famoso coro de la *Antígona* sobre el poderío del ser humano. Entre esos dos polos, la identidad dialéctica del poderío y la nulidad del hombre, se mueve la tragedia de Sófocles».
14. W. Schadewaldt, *op. cit.*, p. 281.

liado Edipo, ciego como Tiresias, al que guía, como fiel lazarillo, su hija Antígona. Ya no está en Tebas, sino lejos de la ciudad, porque ya no tiene ciudad alguna. Es un vagabundo, miserable, desvalido, apátrida y maldito. Y, sin embargo, esa figura del solitario y desamparado que antaño fue un famoso rey y sabio mantiene y aun acentúa su grandeza, como si el sol poniente alargara su sombra.

Sófocles escribió esta su última tragedia a sus noventa años, hacia el 407-406 a. C. No la vio representar porque murió poco después. Se puso en escena, por fin, en el 401, bajo el cuidado de su nieto de idéntico nombre. Fue escrita en años muy adversos para Atenas, que tuvo que asumir su terrible derrota final en la larga guerra del Peloponeso, en el 404. Sófocles no llegó a presenciar ese catastrófico final de la ciudad que había conocido en su época de mayor esplendor, en tiempo de Pericles, y que luego vio declinar dolorosamente en los últimos años. La pieza es, como se ha dicho muchas veces, una despedida: un adiós al teatro, adiós a Atenas, adiós a su mundo y a la vida. Todo un período de la cultura ateniense agonizaba con la ausencia de Sófocles, el último en morir de los grandes autores trágicos, educadores de los ciudadanos desde la escena, como subrayó con temprana nostalgia Aristófanes (en su comedia *Las ranas,* del 404). La crisis de la sabiduría trágica, que apunta en algunas obras de Eurípides, era ya definitiva. Nunca más la tragedia de trasfondo mítico y destino popular renacería.

Y resulta tremendamente significativo que el viejo maestro volviera, antes del adiós definitivo, a traer a escena a su gran héroe, como para arreglar cuentas con él, para dejar muy claro que, al final, los dioses mismos habían reconocido la grandeza de Edipo. Desde un comienzo queda establecido que Edipo viene para disponer su muerte y morir. En eso se parece a la tragedia de *Ayante,* que también es, en lo esencial, un camino del héroe hacia la muerte; solo que *Edipo* no concluye en triste suicidio, sino en un extraño reconocimiento de su talante heroico. Y es muy importante aquí el escenario: un bosquecillo sagrado de Colono, esa aldea del Ática donde había nacido Sófocles. Se trata de un lugar consagrado a las Euménides (esas diosas vengadoras, que son, en el fondo, las Erinias, las diosas que la *Odisea* menciona como perseguidoras de Edipo).

A ese lugar en las cercanías de Atenas llega como suplicante el apátrida Edipo. Busca acogida, para descansar, para reposar, como se ve pronto, para siempre. Es, pues, un drama de acogida, como otros, por ejemplo, *Los Heraclidas* y *Suplicantes* de Eurípides. Y allí encuentra el desterrado tebano un rey hospitalario y ejemplar, el ateniense Teseo. Con admirable maestría logra Sófocles combinar la saga tebana, una leyenda local, y el tema de la ejemplar hospitalidad del héroe más representativo de Atenas. Para quedarse, Edipo debe vencer la resistencia de los ancianos del coro, temerosos de que el peregrino maldito mancille la santidad del lugar, luego el empeño violento de Creonte por llevárselo de allí y hacerle volver a Tebas, y después las súplicas de su hijo Polinices por atraerlo a su lado y lograr su ayuda para recobrar el trono. Pero Teseo acude firme en su socorro y la decisión de Edipo es inflexible. Sabe que su destino es morir allí. Se niega a abandonar el lugar que ya reconoce como «la señal de mi destino» (v. 46). Y donde quedará su tumba santa, para protección de la ciudad de su último asilo: Atenas.

No hay mucha acción dramática en *Edipo en Colono*. La *peripéteia* es mínima. Y, si hay un cambio de fortuna, no es, desde luego, una inversión a peor. Edipo llega como un hombre abrumado de sufrimientos, desamparado, cansado de la vida: acaba encontrando un refugio en la tierra ática, y, más allá, en una muerte digna de un héroe. Tampoco hay ninguna *anagnórisis* típica, a no ser el reconocimiento que exige Edipo de su inocencia en sus aparentes crímenes. Tan solo dos episodios alcanzan una fuerte tensión como *agones* de cierta violencia: la disputa con el agresivo Creonte, y, tras el encuentro afectuoso de Ismene, el enfrentamiento con su lastimoso hijo Polinices. La obra tiene pasajes de intenso lirismo y expresa una tonalidad religiosa peculiar.

> Edipo, proscrito y desarraigado, llega a Colono procedente de un mundo de intrigas, cegueras, crímenes e injusticias, para ganarse una morada porque ha de volver a enraizarse [...]. La proximidad de lo sacro, el lugar con sus árboles, pájaros, cántaros y altares se presenta al principio para introducir la situación y abrir el final, el paso al otro mundo; pero entre el inicio y la conclusión la adversidad lo golpea con fuerza y le hace retroceder [...][15].

El esquema del drama se parece mucho, ya lo hemos apuntado, al de otras obras, como *Suplicantes* y *Los Heraclidas* de Eurípides, pero la importancia que aquí tiene el paisaje y la fuerza trágica del protagonista impregnan esta búsqueda de refugio final con un tono emotivo y religioso muy

15. K. Reinhardt, *op. cit.*, p. 261.

superior a las tragedias mencionadas[16]. Como señala Reinhardt:

> Por el género y por la relación con Eurípides debemos concebir correctamente el segundo Edipo como una obra de vejez: solo a través de Sófocles este género teatral algo anticuado recibe la solemnidad religiosa, la ampliación de su tema, la extensión de sus espacios, el ahondamiento y la interiorización de las relaciones, solo a partir de ahora se transforma la tendencia patriótica en un enraizamiento y una fusión con la tierra natal, de forma que el tema del asilo se convierte en un paisaje vivo, del «elogio» de Atenas se hace un culto al lugar del nacimiento y del hombre que busca amparo una figura inolvidable[17].

Y el propio Reinhardt puntualiza: «La alabanza de la hospitalidad y de la piedad de Atenas caracterizan desde siempre el tipo de drama al que esta obra pertenece»[18].

Frente a Edipo dialogan aquí Antígona, Ismene, Creonte, Polinices y Teseo. Hay que destacar, como novedad en relación con la anterior trama mítica, la figura del rey ateniense, tan ensalzado en la escena como prototipo del héroe acogedor y amigo de los héroes caídos en desdicha (como Heracles en el drama homónimo de Eurípides). Simboliza Teseo la grandeza espiritual y la generosa y noble ac-

16. Sobre la importancia del lugar, así como sobre la innovación de la leyenda de la muerte de Edipo por parte de Sófocles, que lo lleva a morir en su aldea natal de Colono, en el Ática, como un héroe cuya tumba será una bendición para la ciudad de Atenas, cf. L. Edmunds, *Theatrical Space and Historical Place in Sophocles' Oedipus at Colonus,* Rowman & Littlefield Publishers, Lanham, Estados Unidos, 1996.
17. K. Reinhardt, *op. cit.,* pp. 265-266.
18. K. Reinhardt, *op. cit.,* p. 270

titud de Atenas hacia los perseguidos y los viajeros. Propaganda patriótica, en efecto, pero con trasfondo humanista y un recuerdo de la mejor Atenas[19]. «Esa Atenas que merece la futura victoria sobre una Tebas que está representada por la violencia y las mentiras de Creonte, la hipocresía y el odio fratricida de Polinices»[20].

Creonte, en cambio, es el tipo del político sin escrúpulos que solo se empeña en conseguir su ganancia y botín como sea, ya con halagos, ya por medio de la violencia. Se muestra semejante al taimado Odiseo que en *Filoctetes,* otra obra de vejez de nuestro Sófocles, trata de arrancar el arco al malherido protagonista, a sabiendas de que sin su arma el héroe discapacitado quedaría sin su único recurso de supervivencia. (En esa obra el joven Neoptólemo se opone a Odiseo, como aquí Teseo a Creonte). Conviene recordar que el ataque verbal de Creonte desencadena la dura respuesta de Edipo, y que este defiende de modo tajante su inocencia en todas sus desdichas. Con anterioridad, delan-

19. «Quizás a alguien le parezca que la figura de Teseo ha sido trazada con menor fuerza que la de Edipo, pero nadie pondrá en duda que Teseo es para Sófocles la encarnación de lo humano en la forma más elevada que jamás se atrevió a crear: *su* Teseo, el Teseo de *su* Atenas, es la gran seguridad, el sosiego y la calidez humana por encima de cualquier vacilación o contrariedad hacia aquel que ha sido marcado por los embates del destino» (K. Reinhardt, *op. cit.,* p. 278). Sobre esa grandeza moral de Teseo vuelve a insistir, en *op. cit.,* p. 284, precisando que «El Teseo de Sófocles no es un ídolo patriótico tópico como el Teseo de Eurípides. No alardea con máximas políticas y tampoco tiene necesidad de dar una lección al enemigo de su país [...]». (Y no hay que olvidar que Sófocles había conocido a Pericles de cerca...). También B. M. W. Knox subraya que gracias a la acogida magnánima de este Teseo, que aquí es un símbolo de su magnánima ciudad, Edipo adquiere no solo asilo, sino una nueva ciudadanía: la de Atenas.

20. B. M. W. Knox, *op. cit.,* sobre Teseo y su Atenas, pp. 152-157.

te del coro (vs. 259-90), Edipo había protestado su inocencia, al solicitar asilo en Colono.

Ahora, en un vehemente alegato contra las acusaciones de su cuñado, replica justificando con ardor todos sus actos (vs. 960-999):

–¡Ah desvergonzada arrogancia! ¿A cuál de los dos crees ofender con eso, a mí viejo o a ti? ¿Tú que por tu boca has evocado asesinatos, bodas y desdichas que yo, infeliz, sufrí contra mi voluntad? Eso les fue grato a los dioses, acaso porque estaban irritados contra mi familia desde antaño. Ya que en eso por sí mismo ningún reproche de delito[21] podrías descubrir en mí, nada por lo que yo en persona haya delinquido así contra mí mismo y contra los míos.

Porque ven a enseñármelo: si a través de oráculos le llegó a mi padre una profecía de que moriría a manos de sus hijos, ¿cómo podrás imputarme a mí tal cosa justamente, cuando aún no había sido engendrado ni concebido por mi padre y mi madre, y todavía no había nacido?

Y si más tarde, mostrándome desdichado, como me mostré, me enfrenté en combate con mi padre y lo maté, sin ser consciente de nada de lo que hacía, y a quién se lo hacía, ¿cómo me podrías reprochar con justicia un acto involuntario?

Respecto a las bodas con mi madre, que es tu hermana, ¿no te avergüenzas de forzarme a hablar? Al momento te diré cómo fueron. Porque no voy a callarme cuando tú has llegado a este

21. Traduzco así la expresión griega que dice: *óneidos hamartías,* que ofrece el término *hamartía* que Aristóteles apunta como 'el error' o 'falta' (o 'pecado' en interpretación cristianizada) que caracteriza la conducta del héroe trágico. Sobre el tema, en su conjunto, véase el libro de S. Saïd, *op. cit.*

punto con tu impío lenguaje. Me dio a luz, sí, me dio a luz, ¡ay de mis desdichas!, sin que yo supiera nada ni ella tampoco, y, después de haberme dado a luz a mí, engendró conmigo hijos que son oprobio de sí misma.

Pero desde luego una sola cosa sé: que tú de buen grado la calumnias, a ella y a mí. Por lo que me toca, yo me casé con ella sin que fuera mi voluntad y contra mi voluntad estoy hablando ahora de estas cosas. Pero ni debo ser considerado culpable por esas bodas ni por el asesinato de mi padre que tú me echas en cara injuriándome una y otra vez amargamente.

Contéstame solo a una pregunta de las que te haré: si alguien se acercara a ti, el hombre justo, e intentara matarte aquí mismo, ¿es que te informarías de si el tal asesino es tu padre o lo castigarías a toda prisa? Me parece que, si aprecias la vida, castigarías al culpable y no te pararías a considerar lo justo. Con estas desdichas me encontré yo, bajo el impulso de los dioses, de tal modo que ni siquiera el alma de mi padre, de estar vivo, hubiera podido reprochármelo.

Podemos advertir que este Edipo es distinto del arrogante tirano de *Edipo rey,* no tanto por su carácter, como por su serena aceptación de su terrible pasado, que ahora percibe como un destino dispuesto por los dioses. Ahora sabe que todo ocurrió 'bajo el impulso de los dioses', *theón agónton,* y él mantiene su inocencia. Ciertamente no ha cambiado su fuerte carácter; sigue siendo firme en sus decisiones, impulsivo y muy poco tolerante, como se muestra en sus relaciones con Polinices y Creonte. El contraste entre su amor hacia sus hijas, Antígona e Ismene, y el odio hacia sus hijos, por los que se considera abandonado, es evidente. Y lo deja claro en su rechazo a Polinices en un encuentro verbal muy duro. Sigue manteniendo un temperamento inflexible, no se ha dulcificado con la edad y los sufrimientos, sino todo lo contrario. Ahora, cuando ya sabe de verdad quién es y avanza, sin esperanza ni miedo hacia su muerte, va resuelto a afrontar su final, plenamente confiado en los dioses, que están obligados a reconocer su inocencia y su heroísmo. También el coro reconoce esa firmeza de Edipo en su valiente agonía. Edipo es duro y altivo como el peñasco que bate el oleaje incesante:

> Como un acantilado rocoso cara al norte al que baten las olas que en invierno lo azotan por todos lados, también contra él las terribles desgracias, como si fueran olas[22], y en él se estrellan sin cesar[23].

La imagen del hombre que, frente a los vaivenes del azar y el dolor, se mantiene incólume, como el peñasco bajo la tempestad, se halla ya en la *Ilíada* (XV 618-622, referida al bravo guerrero)[24] y se encuentra de nuevo en los apuntes de Marco Aurelio (que la dice del verdadero estoico).

Al final del drama, tras la despedida de Edipo y un canto del coro que invoca la piedad de los dioses por los muertos,

22. Si en el encuentro con Creonte y sus amenazas se resiste Edipo al terror *(phóbos),* en este se niega a la compasión *(éleos)* que reclama su hijo con sus súplicas.
23. *Edipo en Colono,* vs. 1240 y ss. «El exiliado, ciego y destituido, que no puede avanzar unos pasos sin apoyarse en su hija, inclinado por la edad y por una miseria quizás inigualable, pero que es como una roca en su confianza y en sus propias fuerzas espirituales, sirve al anciano poeta como paradigma de lo que más admira» (W. Kaufmann, *op. cit.,* p. 362).
24. Cf. C. M. Bowra, *Sophoclean Tragedy,* Oxford, Oxford University Press, 1965, p. 314.

Edipo abandona la escena y es luego un mensajero quien en un largo relato -de esos tan habituales en el teatro griego para informar de los hechos prodigiosos que han acaecido fuera de la escena- cuenta la muerte del gran héroe. Primero, un momento muy emotivo, la despedida de Edipo de sus hijas, y luego la de Teseo, que permanece a su lado como único testigo de su desaparición final. Pero vale la pena recordar un fragmento de la narración de una escena que es única en el teatro antiguo:

> Manteniéndose abrazados unos a otros, todos se lamentaban entre sollozos. Y cuando habían cesado sus gemidos y ningún sollozo se oía, vino un silencio. De repente una voz desconocida le llama a gritos de tal modo que a todos se nos erizan al pronto los cabellos por el espanto. Un dios le llama repetidas veces con diversos tonos:
>
> «¡Eh, eh, tú, tú, Edipo! ¿A qué esperamos para marchar?
> Desde hace rato te estás retrasando».
>
> Y cuando él se da cuenta de que la divinidad lo llama [...][25].

Reinhardt comenta admirablemente toda esta escena, sin duda tan singular. Cito algunas líneas que destacan como algo único esa llamada de los dioses a Edipo:

> No hay nada comparable a este plural de complicidad, de una familiaridad al mismo tiempo aterradora y llena de ternura, donde se mezclan la inmanencia y la trascendencia, que no tiene precedentes en el concierto de voces divinas que han habla-

25. Vs. 1620 y ss.

> do desde el cielo a los mortales condenados a la muerte a lo largo de todas las épocas y todas las religiones. En ella no hay ni rastro de la grandiosidad de las visiones del Antiguo Testamento ni del drama cósmico de la ascensión a los cielos, ni una visión transfigurada; el dios se acerca a su lado, le habla de «nosotros», le invita, le espera, aunque pronto se impacienta [...][26].

La desaparición de Edipo acontece de manera milagrosa, evidenciando así su condición de héroe admitido como tal por la gracia de los dioses.

> Pero de qué muerte pereció él no podría decirlo ninguno de los mortales excepto Teseo. No le mató el rayo portador de fuego enviado por un dios, ni un torbellino venido del mar que se alzara en aquel instante. Fue más bien que algún mensajero enviado por los dioses o el negro suelo de la tierra de los muertos le abrió paso benévolo. El hombre partió no acompañado de gemidos y de las quejas de quienes padecen dolores, sino de un modo maravilloso, como ningún otro de los mortales.

Tras el impresionante y ordenado relato del mensajero (del que hemos extraído dos pasajes esenciales), la obra concluye con una escena de diálogo lírico entre Teseo, Antígona, Ismene y el corifeo, dejando así una cierta atmósfera de sereno planto por la grandeza del muerto y una referencia al futuro de las dos hermanas, que volverán a Tebas, protegidas por Teseo. No es un final trágico de hondo patetismo, sino una despedida del mundo y por parte de un

26. K. Reinhardt, *op. cit.*, p. 231. Cf. en el mismo tono las últimas líneas de B. M. W. Knox, *op. cit.*, pp. 161-162.

héroe incomparable. Edipo ha obtenido, tras una larga pasión, el reconocimiento de su grandeza y la gracia de los dioses. Exactamente lo que los griegos llamaban *cháris,* aquí en un sentido parecido a la gracia de los cristianos. Una *cháris* que no se obtiene de manera mecánica, sino que los dioses conceden como premio, no solo a los virtuosos, sino incluso a los manchados y culpados[27]. Hay, en efecto, una rara *cháris* que llega de los dioses, asegura un texto de Esquilo. Y ese halo de una gracia divina rodea, al fin de un largo camino de desdichas, al inquebrantable y heroico Edipo. Su resistencia en la adversidad le ha asegurado al fin la condición de héroe. Esa fuerza superior ha sido reconocida y recompensada por los dioses que lo acogen en la tumba, la cual será un lugar santo y él un héroe reverenciado como protector de Atenas. Acaso el dramaturgo ofrece así un mensaje piadoso de «sublime reconciliación».

> La justicia de los dioses queda afirmada en este tratamiento de Edipo y del Ática. Al final de su larga vida Sófocles confortaba a su pueblo cansado de la guerra con esta visión de un ser heroico que protege el Ática con su presencia, y mostraba lo que hombres y mujeres pueden obtener en la lealtad a los poderes sobrehumanos que viven en torno a ellos y velan por sus vidas y su país.
>
> Más allá de las ansias y pasiones de la pieza late una firme confianza en los dioses. La paz que Edipo halla bajo tierra está equilibrada con la paz de espíritu que la audiencia debería encontrar en las pruebas de la justicia divina. Para avalar esto Sófocles avanza a través de la ansiedad y de escenas tormentosas,

27. Cf. W. Schdewaldt, *op. cit.,* p. 317.

presenta en escena los más bajos y los más nobles sentimientos del alma humana, con los embates de oscuridad y luz. Paz y confianza son su solución a las penas de la humanidad. Esa es, desde luego, su propia conclusión, y en este sentido esta obra es su testamento[28].

W. Schadewaldt ha destacado la resonancia simbólica de esta despedida del héroe, poniendo el final de *Edipo en Colono* en relación no solo con la larga vida de Sófocles, el dramaturgo más querido de los atenienses y el último de los tres grandes maestros trágicos en abandonar la escena, a los noventa años, sino también con el destino de aquella Atenas clásica que, tras su esplendor de casi un siglo, parecía también, en esos momentos cercanos a la triste derrota en la guerra, estar agonizando. Escribe:

> Cuando este hombre, que ha sufrido sin medida, supera ahora los obstáculos en su camino y se introduce en la hondura de la tierra y en otra esfera, es como si al mismo tiempo se hundiera un mundo entero, que sin embargo era tan grande y significativo. De nuevo me parece como si Sófocles con un certero sentido histórico nos mostrara en esa recogida de Edipo en su tumba como héroe, cómo Atenas con toda la poesía y cultura de esa época entrara en la tumba, pero no enterrada y acabada, sino como alguien que en su condición heroica puede desde allí luego ofrecer sus fuerzas de salvación[29].

28. C. M. Bowra, *op. cit.,* pp. 353 y 349.
29. W. Schadewaldt, *op. cit.,* pp. 318-319. Recordemos que si «el ser expulsado era para el hombre griego, cuyo entero espacio vital es la comunidad que colabora con todos, una especie de muerte, una especie de infierno, peor que la muerte», esa acogida de la nueva patria, la Atenas

El destino y la libertad del héroe

> *Ningún entramado de riqueza simbólica -consciente, subconsciente o inconsciente- creará emoción dramática en una pieza que no posea los requisitos esenciales de libre decisión humana y responsabilidad. La tragedia debe ser autosuficiente: es decir, la catástrofe debe ser el resultado de la libre decisión y acción (o inacción) del protagonista trágico [...]. La voluntad de Edipo es libre. Nada de lo que hace es forzado por el hado, en cualquiera de los varios sentidos de esa palabra tan ambigua».*
>
> B. M. W. Knox, *Oedipus at Thebes*

> *Los modernos, como los mitógrafos antiguos, han leído el mito en la tragedia. Está en ella; pero él no constituye la tragedia.*
>
> Jean Bollack, *La naissance d'Oedipe*

Enfrentemos ahora el texto trágico, dejando a un lado el mito en que se funda. Y, a riesgo de repetir algo ya señala-

de Teseo, es todo un homenaje a la grandeza del tan sufrido y castigado Edipo, exiliado de Tebas. Sobre el contraste entre Atenas y Tebas se ha escrito mucho, pero merece destacarse la caracterización de Tebas como una ciudad esencialmente trágica, adonde llegan como extranjeros tanto Edipo como Dioniso (en las *Bacantes* de Eurípides), siendo ambos nativos de la misma. Sobre el mundo conflictivo de Tebas en las tragedias ha insistido muy claramente Froma Zeitlin en su admirable ensayo «Thebes: Theater of Self and Society in Athenian Drama», en P. Euben (ed.), *Greek Tragedy and Political Theory,* Berkeley, University of California Press, 1986, pp. 101-141; véase también P. Vidal-Naquet, «Edipo entre dos ciudades. Ensayo sobre *Edipo en Colono»,* en J. P. Vernant y P. Vidal-Naquet, *op. cit.,* II, pp. 185-220.

do, pero esencial para su lectura, recordaremos unas líneas de Max Pohlenz, un gran filólogo que en la actualidad, y de manera injusta, está siendo un tanto relegado[30]:

> La horrenda historia de un hombre que, sin saberlo ni quererlo, viola las más elementales leyes morales y naturales matando a su padre y desposando a su madre, debe de haber nacido hacia el siglo VIII a. C., y quien la narró al comienzo se sintió ciertamente colmado del horror que nace al ver cómo el hombre, incluso no siendo subjetivamente culpable, pueda verse arrastrado por las circunstancias hasta cumplir actos que requieren una terrible reparación para ser expiados. Pero Sófocles, al escribir su tragedia, relegó al pasado la actuación externa: no por cierto para demostrar su arte de dramaturgo consumado en un «análisis trágico», sino porque para él la tragedia de Edipo no residía en los sucesos en el curso de los cuales el héroe había sido del todo pasivo, sino que comenzaba en el momento en que él tomaba su propia actitud, en cuanto hombre que actúa libremente frente a su destino. La tragedia de Edipo consiste en que, a quien fue el más sabio de todos los hombres, la inteligencia no le sirve más que para precipitarse en su propia desventura. Es verdad que, cuando hace de todo para descubrir al asesino de Layo, obedece a Apolo, pero no hay momento en que no advirtamos que él actúa en cuanto hombre libre y soberano benefactor de su país; y cuando ya ha concebido la tremenda sospecha de que es él el responsable, no tiene paz hasta que no ha logrado luz plena [...]. Y apenas ha visto clara la rea-

30. En su *Der hellenische Mensch,* Gotinga, Vandenhoeck & Ruprecht, 1947 (traduzco de la versión italiana, *L'uomo greco,* Florencia, La Nuova Italia, 1962, pp. 47-48).

lidad, Edipo cumple la expiación exclusivamente exigida por una decisión suya.

Ningún dios, ningún hombre lo atosiga. Dioses y hombres habrían solo exigido que dejase el país para no contaminar el suelo de su patria con su delito. Su propia sensibilidad, el horror que experimenta de sí mismo por haber violado las leyes más sagradas de la naturaleza, el deseo de no ver ni oír ya nada son, como dice él mismo, los motivos que le llevan a destruir el órgano que lo liga al mundo externo, a cegarse. Y si el espectáculo de aquel rostro inundado de sangre puede parecer tan repugnante como las culpas mismas de Edipo, nos emociona sin embargo su íntima grandeza, el libre acto con el que él asume la expiación y reconoce la inviolabilidad y la santidad de las leyes eternas, pero con el que, al mismo tiempo, decide su vida y se muestra superior al destino.

En efecto, ese es el punto de partida para entender bien lo que es, no tanto el Edipo del mito, sino el del drama de Sófocles, basado en la libre determinación del protagonista, este tenaz buscador de la verdad, el tirano que avanza hacia la reconquista y el descubrimiento de su propia historia, azarosa y patética. Más o menos así lo destaca también J. Bollack[31]:

El héroe es menos el que sufre su suerte que el que la soporta, la recorre hasta el final y aprende a conocerla. Reencuentra su tragedia; en primer plano se destaca la manera en que se efectúa ese reencuentro. Lo trágico en *Edipo rey* consiste en obligar al héroe a practicar un juego siniestro, a descubrir en sí mismo

31. En *op. cit.,* p. 10.

el Edipo que representa. La pieza tiene un contenido particular: que el héroe, comprendiendo que es otro del que creía ser, es arrastrado al mundo del conocimiento y la lucidez pura. Fundada sobre la conquista de una conciencia, la tragedia al fin no concierne sino a Edipo.

Edipo, rey y tirano

En el título de la tragedia *Oidípous týrannos* puede sorprender que Edipo sea calificado de «tirano» y no de «rey» *(basileús).* Creo que la distinción es interesante, si bien resulta correcto traducir ahora el título como *Edipo rey,* puesto que la palabra «tirano» tiene en nuestra lengua un sentido peyorativo que aún no tenía en época de Sófocles[32]. Pero, admitiendo que la traducción de *týrannos* por 'tirano' sería un tanto desacertada, ya que esa palabra cobró luego, desde la crítica democrática y atendiendo al perfil de los tiranos más despóticos, una connotación aún más negativa, cierto valor ambiguo de la palabra ya existía en la Atenas de mediados del siglo V. (Digamos de paso que es probable

32. Lo comenta muy bien J. Bollack, en *op. cit.:* «La historia de la lengua enseña que el sustantivo "tirano" *(týrannos)* significa 'rey' en época de Sófocles y no 'tirano'. La diferencia lingüística entre dos nombres de "rey", de los cuales uno marca más fuerte el aspecto de la soberanía y la libertad de acción (para algunos, dos cosas contrarias), no permite ir ni contra el estado de la lengua ni contra el uso del poeta, que no consideran en la palabra "tirano" la usurpación y el poder absoluto, añadidos después de él». C. Segal, sin embargo, opta por conservar el título de *týrannos,* dando sus razones (cf. p. 6), en su *Oedipus Tyrannus. Tragic Heroism and the Limits of Knowledge,* 2.ª ed., Nueva York, Oxford University Press, 2001.

que el título original de la tragedia fuera solo el de *Edipo,* tal como lo cita en sus menciones Aristóteles, y *týrannos* un añadido posaristotélico, para distinguir la obra de otros *Edipos).* Pero el texto de Sófocles utiliza frecuentemente el término al referirse a Edipo; y tanto *týrannos* como *tyrannís* ('tiranía') son palabras importantes en la obra, unas veces en boca de los personajes y otras en boca del coro (hay 14 menciones de los términos *týrannos* y *tyrannís).* Esto debió de sugerir el título de *Oidípous týrannos*[33].

Lo que diferencia al «tirano» del «rey» o del «arconte» es que el *týrannos* es una persona que se ha hecho con el máximo poder al margen de la sucesión habitual en el trono y, por sí mismo, gobierna la ciudad con un poder excepcional y casi absoluto, más allá de las normas tradicionales. Es, casi siempre, un extranjero, un *xénos,* como lo es el Edipo vencedor de la Esfinge, al menos en apariencia. (Hasta que se revele, al final, paradójicamente, como hijo de Layo, es decir, del rey anterior, *basileús* de la estirpe de los Labdácidas).

La palabra *tyrannís,* un término que aparece en griego por primera vez en el poeta Arquíloco (siglo VII a. C.) referida al poder del rey de Lidia Giges, en la Atenas democrática del siglo V, mucho después del tirano Pisístrato y sus hijos, había cobrado un tono marcadamente despectivo, aunque no alcanzara aún la fuerte denotación negativa pos-

33. Tomo los datos de B. M. W. Knox, que destaca y analiza muy bien ese lado tiránico de Edipo, en *Oedipus at Thebes,* New Haven, Oxford University Press, 1957, pp. 53 y 55. Conviene destacar que también el estudio de Rocío Orsi, *op. cit.,* presenta un claro y sensible comentario a fondo de los aspectos característicos de la tiranía y de la realeza de Edipo (pp. 203-210).

terior. En la tragedia de Esquilo *Prometeo encadenado* Zeus es llamado «tirano» y su gobierno cósmico «tiranía» por el rebelde Prometeo (que, a su vez, es calificado por el dios Hermes de «sofista»). Por otra parte, incluso una democracia como la de Atenas, en su vertiente de potencia imperialista, podía ser vista como una *tyrannís,* como señala el mismo Pericles (en Tucídides, II, 37)[34]. Cuando el propio Edipo se califica a sí mismo de *týrannos* y a su gobierno como *tyrannís* (v. 380), no es de por sí un reproche, evidentemente. Pero sí parece haberlo en la frase del coro, ya muy avanzada la trama, *hýbris phyteúei týrannon,* 'la violencia engendra al tirano' (v. 873), que relaciona directamente el poder tiránico y la *hýbris,* término que implica «desmesura, violencia, trasgresión de la justicia»[35] y que es el pecado o error por excelencia del héroe trágico. (Es cierto, por otro lado, que se trata de un pasaje de muy difícil interpretación en su contexto. ¿A quién se refiere el coro con la advertencia de esa amenazadora *hýbris?).*

Tiene Edipo algunos de los rasgos del tirano antiguo: se considera salvador de su pueblo y sabio, orgulloso de su

34. Es muy interesante el comentario de B. M. W. Knox en la obra citada, que traza un vivaz paralelo entre Edipo y Atenas; no entre Edipo y Pericles (relación ya destacada en un libro conocido de V. Ehrenberg, *Sophocles and Pericles,* Oxford, Blackwell, 1954), sino entre Edipo y la Atenas de Pericles, «tiránica» y espléndida, con su espectacular gloria y su crepúsculo trágico (pp. 61 y ss.).

35. La relación de la *hýbris* con el «exceso» es un tópico del pensamiento griego tradicional y está ya en los versos de Solón y Teognis. Existe una conjetura para corregir en el texto griego esa frase; según ella diría: 'La tiranía/realeza produce soberbia' *(hýbrin phyteúei tyrannís);* interesante y defendida por Winnington-Ingram, un buen conocedor del teatro trágico. La menciono solo para indicar que ese pasaje es discutido y se presta a diversas interpretaciones.

prestigio, aclamado por todos como el «ilustre Edipo» (*kleinós Oidípous;* de nuevo, al final, cuando ya ha caído en su desgracia, el coro lo llama *kleinós,* en v. 1207). Uno de los rasgos del tirano es su desconfianza hacia cuantos lo rodean, pues teme complots contra su persona para arrebatarle el poder. De ahí su tendencia a mostrarse receloso e intransigente. Y así se perfila Edipo, frente a Tiresias y Creonte. Se enfurece y lanza duras amenazas, aunque luego no las cumpla del todo. (Creonte se refiere a él, ya en su segundo encuentro, como *týrannos,* v. 514). Porque es un gobernante preocupado por salvar, de nuevo, a su ciudad, y dispuesto a soportar cuantos males la aflijan, con tal de salvarla. Por eso Edipo no es, en un comienzo, uno de esos «héroes solitarios» de otras obras de Sófocles (como son *Ayante, Antígona* y *Filoctetes*). El pueblo de Tebas, angustiado por la mortífera peste, acude a él como a su legítima esperanza. (Igual ocurre en la escena inicial de *Los siete contra Tebas,* cuando el coro de mujeres despavoridas acude a Eteocles para que las defienda en el asedio de los feroces guerreros enemigos). Y Edipo se muestra benevolente y seguro, y, como el padre de todos, asume con la mejor voluntad su papel de semidiós protector de la ciudad. En un principio el coro de ancianos y sacerdotes está totalmente a su lado, y lo respalda fiel, confiado a fondo en la sabiduría y la valentía de Edipo, su rey heroico y magnánimo.

Pero a medida que avance la trama y se vaya descubriendo la verdadera historia del «tirano», el coro pasará de la veneración inicial a una compasión y un temor crecientes, hasta admitir que su rey es el criminal buscado y lamentar que haya sido abandonado por los dioses. Aunque, aun así, el coro reconoce, en su tan azaroso y versátil destino, en esa sorprendente y ejemplar peripecia trágica, la conmovedora nobleza del hombre[36].

Ese unánime aprecio del coro es algo que no tienen otros héroes trágicos. En *Antígona,* por ejemplo, el coro expresa sus críticas claras frente a la postura intransigente y «autónoma» de la joven, por más que admire y reconozca su audacia heroica. Pero aquí Edipo no se enfrenta a las leyes de la ciudad, sino que se sacrifica para dejarla a salvo. Más que en ninguna otra tragedia de Sófocles, el protagonista trágico actúa en defensa de la ciudad, y por ella está dispuesto a llegar hasta el fondo de su búsqueda y a sufrir sus consecuencias. Cierto es que, al final de la tragedia, cuando ya se ha convertido en el criminal buscado, condenado por sí mismo al destierro, Edipo piensa más en sus hijas que en la ciudad, y Sófocles no dice expresamente que con él se vaya la peste (aunque podemos imaginarlo). En la inversión de su fortuna, que aquí resulta tan ejemplar como absoluta, Edipo, pasando de ser un rey a un maldito, absurdo chivo expiatorio, cazador cazado, juez y criminal, investigador y delincuente, se empeña en su intenso afán de verdad. De ahí su grandeza, de ahí que, en su catástrofe, quede patente su magnánimo heroísmo.

Por otro lado, ocurre que, de modo paradójico, Edipo es un héroe mítico que, como otros, asume el deber de actuar como vengador de la muerte de su padre. La venganza, obligación tradicional, puede ser una ardua empresa si hay

36. Según B. M. W. Knox, esa es la perspectiva y lección trágica final que quiere darnos Sófocles: «La piadosa visión trágica de Sófocles ve en la fragilidad e inevitable derrota de la humana grandeza la posibilidad de un heroísmo puramente humano que los dioses no pueden nunca alcanzar» *(op. cit.,* p. 196).

que ejecutarla castigando a alguien de la familia. Así, en el caso de Orestes y en el de Alcmeón, el hijo debe matar a su madre, autora o colaboradora en la muerte del padre; en el caso de Neoptólemo, el hijo de Aquiles, este acusa al dios Apolo y acude a Delfos para reclamar una venganza imposible, y allí muere; en el caso de Edipo, el matador de su padre es él mismo y de sí mismo debe reclamar esa venganza, al tomar conciencia de su crimen. (Cierto es que, en su caso, su padre había querido eliminarle a él apenas nacido, por lo que esa obligación de la venganza, en su caso, no debía contar como un deber filial).

Los cantos del coro

Aristóteles elogia la oportuna disposición y el interés dramático de los cantos corales de las tragedias de Sófocles. El coro, como es bien sabido, nunca interviene en la acción, pero con sus cantos líricos la comenta y ofrece así una especie de trasfondo a la actuación de los personajes.

En *Edipo rey* tenemos cinco cantos corales: el de la *párodos* (canto de entrada), vs. 151-215; y cuatro *estásimos:* vs. 463-511; 863-910; 1086-1109; 1186-1222.

En el himno de la *párodos,* el coro dirige una súplica a los dioses: a Apolo, a Atenea, a Ártemis y, al final, a Dioniso, nacido en Tebas. Expresa la angustia ante la extensión de la peste y suplica a Apolo que dirija contra ella sus flechas de salvación.

En el *primer estásimo,* que llega después del duro enfrentamiento habido entre Edipo y Tiresias, intrigado por el giro de la situación, ansioso de saber más del asesino de

Layo, de nuevo invoca a Apolo y manifiesta luego su confianza en Edipo.

En el *segundo estásimo,* que sigue al violento diálogo entre Edipo y Creonte y a la ambigua intervención de Yocasta, el coro expresa sus críticas contra los excesos de la tiranía y su preocupación por la desatención y el incumplimiento de las leyes divinas.

En el *tercer estásimo,* tras las primeras revelaciones sobre el origen de Edipo, en dos estrofas breves, el coro canta al Citerón y se interroga sobre qué divinidad allí engendró a Edipo: ¿acaso Pan o Hermes o Dioniso, y fue su madre alguna ninfa?

El *cuarto estásimo,* cuando ya, tras la aparición en escena de diversos testigos se sabe quién fue y es Edipo, el coro entona un himno de amarga reflexión sobre la condición humana, que comienza con la sentencia sobre la nulidad de las generaciones humanas y acaba recordando su deuda con el ahora cruelmente condenado Edipo, un ejemplo *(parádeigma)* de la fragilidad de lo humano.

Más tarde, tras el relato del heraldo sobre el suicidio de Yocasta y el cegamiento de Edipo, cuando este reaparece en escena el coro (en parte con cantos y en parte por medio del corifeo) expresa, en un patético diálogo, su horror y su compasión.

Ese diálogo precede a la escena final, determinada por la entrada de Creonte. El diálogo del nuevo gobernante de Tebas (a quien nunca se le llama *týrannos*) con Edipo ofrece una escena de enorme sentido trágico. Frente a la petición de pronto destierro del premioso Edipo, Creonte decide consultar a Apolo antes y le obliga a volver a palacio.

Concluye el drama con los memorables versos del coro:

«Ciudadanos de Tebas, mirad: este es Edipo...» que advierten que nadie puede ser llamado feliz hasta que acabe su vida. Es una antigua sentencia, muy propia del pesimismo griego, que tal vez fuera un añadido; pero, en todo caso, una advertencia que encaja aquí admirablemente.

> En Sófocles, y particularmente dentro de la perfecta arquitectura del *Edipo rey,* el coro domina la escena solo entre paso y paso de la acción, tan netamente que es verosímil ver en los cinco estásimos y los cinco episodios del *Edipo rey* el modelo vivo que inspiró a la teoría aristotélica (para la que el *Edipo* era la obra maestra del teatro griego), el precepto de los cinco actos del drama que Horacio heredó y legó.

La precisa observación de M.ª Rosa Lida[37] subraya de nuevo lo que hemos notado: los cantos del coro sirven para marcar una distancia entre los cinco sucesivos episodios, al tiempo que sugieren una reflexión y una tonalidad emocional de fondo, respondiendo a lo sucedido en la escena anterior. (Habla de cinco estásimos, porque cuenta como uno más el canto de entrada, la *párodos).* Luego analiza y comenta el tono y contenido de cada uno y su inserción en cada momento de la trama muy acertadamente[38].

No es este el lugar para definir la función del coro en las tragedias. Señalemos, tan solo, que muchas veces representa la voz del poeta o una reflexión sobre la situación o una crítica a la actitud de los actores desde una perspectiva general, aludiendo a veces a otros mitos u a otros héroes.

37. M.ª R. Lida, *op. cit.,* p. 164.
38. M.ª R. Lida, *op. cit.,* pp. 164-197.

Pero fundamentalmente, como escribe C. Segal, en referencia a los de Sófocles y al de nuestro *Edipo:*

> Puede también el coro introducir una perspectiva que mira más allá de las situaciones particulares o conflictos de los protagonistas en el momento, incluso yendo más allá de lo que el coro, como participante y carácter humano, puede conocer completamente. Esta función de los cantos del coro pertenece a lo que en conjunto podemos llamar la dimensión teológica o religiosa de la tragedia griega, su afán por explorar el sentido de la existencia humana en una perspectiva cósmica[39].

Sobre la estructura dramática

Edipo rey ofrece una composición dramática de admirable equilibrio: hay seis escenas o seis encuentros, separados en tres y tres por la aparición y actuación de Yocasta, que ocupa más o menos el centro de la obra. En la primera parte, tras el prólogo, Edipo dialoga con Creonte, con Tiresias y de nuevo con Creonte. La aparición de Yocasta impone un nuevo rumbo a la trama. En la segunda parte aparecen el mensajero de Corinto, el viejo servidor de Layo y el heraldo (que cuenta lo sucedido en el interior del palacio). Luego viene la escena final, el largo éxodo entre Creonte y Edipo.

Cada una de esas escenas tiene su perfil bien definido. Tanto Tiresias como Creonte se enfrentan con Edipo. La discusión con el adivino, progresivamente violenta, que

39. C. Segal, *op. cit.,* p. 182.

concluye –desde el verso 350 y ss.– con la revelación directa del origen y destino de Edipo (pero que él, furioso, no oye o no atiende), tiene su punto álgido cuando Tiresias le enrostra: «¿Acaso sabes de quién eres hijo?» (v. 415), y más adelante: «Este día de hoy te hará nacer y te destruirá» (v. 438), a lo que Edipo responde acusando al adivino de hablar con «demasiados enigmas». (Irónicamente lo dice quien debe el trono a su saber para descifrarlos). La discusión con Creonte es también muy dura. Edipo muestra su lado tiránico y Creonte, en contraste, una extraordinaria sensatez. Ambos se reencuentran al final del drama en una posición muy distinta: Creonte será entonces el guardián del orden en la ciudad (pero no se le llama nunca «tirano») y Edipo el suplicante, condenado al exilio, un criminal avergonzado de sus anteriores amenazas.

La intervención de Yocasta calma algo la furia de Edipo y permite escapar a Creonte sin ser condenado. Con su deseo de aliviar la situación de Edipo Yocasta va a complicarla cuando recuerda la muerte de Layo, asesinado «en una encrucijada» (v. 727). Esa palabra suscita al momento un recuerdo amargo y las sospechas de Edipo. Luego vienen las escenas en las que se revela cómo el hijo de Layo y Yocasta fue a parar a Corinto y de allí de nuevo a Tebas, tras el encuentro con Layo y la victoria sobre la Esfinge. En cierto momento Yocasta, que ya lo sabe todo, se retira a su dormitorio; más tarde Edipo la sigue, la encuentra ahorcada y se arranca los ojos. Los terribles sucesos son revelados al coro y al público por el heraldo que sale, precediendo la aparición de Edipo, ya ciego y con el rostro ensangrentado.

Toda la acción se desarrolla en un mismo espacio y en breve tiempo. El pasado retorna, en las evocaciones y los interrogatorios, con un ritmo febril, impulsado por el inquieto e implacable Edipo. Todo va encajando. La investigación avanza con incesante ritmo, revelando la terrible coherencia de los hechos ocultos. El final resulta, con todo, sorprendente: el ciego Edipo insiste en ser desterrado, pero Creonte se resiste y piensa consultar antes al oráculo de Delfos. Edipo se yergue, con aires de «profeta», como otro Tiresias, y, en su gesto altivo, en medio de su catástrofe, preludia al héroe de Colono.

Apolo y la *moira* de Edipo

Volvamos a una sentencia de Tiresias, casi al final de su discusión violenta con Edipo, donde parece que hace depender de Apolo la conclusión del destino del rey, de modo que el dios fuera quien determina o hubiera ya decidido, fatalmente, la *moira* de Edipo y su ineludible cumplimiento. Según la mayoría de traductores, Tiresias dice: «No es tu destino caer por obra mía, ya que a esto se basta Apolo, quien se cuida de darle cumplimiento» (vs. 376-377)[40].

Ahora bien, en caso de que no aceptemos la corrección que Brunk propuso en su edición de 1786 (corrección que, es cierto, admiten casi todos los editores), sino que por el contrario mantengamos el texto que pervive en algunos manuscritos, entonces el fragmento no dice eso, sino que nos ofrece una lectura muy distinta. Frente a las amenazas

40. Según la traducción de L. Gil: «No es tu destino caer víctima de mí; Apolo es suficiente, a cuyo cargo está llevar esto adelante», según la de F. R. Adrados: «Porque no es tu destino que caigas a mis manos; Apolo es suficiente, que se encargará de ello», según la de M. Fernández-Galiano.

de Edipo, Tiresias responde: «No es mi destino caer bajo tus manos, sino que Apolo es suficiente, y a él le incumbe llevarlo a cabo»[41].

Según esta lectura, Apolo se ocupa del destino de Tiresias, como sacerdote suyo; no del destino de Edipo, que por sí mismo se empecina en su inquisición catastrófica. De ahí que Edipo desvíe el acoso a Tiresias y piense en acusar directamente a Creonte.

El diálogo con Tiresias va subiendo de tono hasta que este, el adivino ciego que sabe del pasado y el futuro, ya deja revelada a Edipo la verdad que solo más tarde quedará al descubierto, pero que por ahora, Edipo, rey y sabio, se niega a admitir, oponiendo con plena confianza en sí mismo su sabiduría ya probada y al servicio de la ciudad, frente al incierto arte profético del ciego y escurridizo sacerdote.

Según comenta M.ª Rosa Lida[42]:

> Imaginando que Tiresias le amenaza para desposeerle y favorecer al príncipe nativo Creonte, Edipo, orgulloso de su anterior salvación de Tebas, increpa duramente al profeta, enrostrándole su incapacidad de entonces y acumulando dicterios no nuevos sobre el fraude y el lucro de los agoreros. Bien es verdad que el suceso lo desmiente: lo que importa es que están proferidos a voces en la escena y que, a su vez, Edipo tenga razón

41. La restitución del texto es una brillante propuesta de B. M. W. Knox, *op. cit.*, pp. 7-8 y notas 5-10. Esa lectura está atestiguada además en un papiro del siglo V d. C., que presenta: *ou gár me moíra pros ge soü peséin...* frente al texto de Brunk: *oh gár se moíra pros g'emoü peséin...* La versión de J. Bollack sigue esta lectura muy bien. Dice, pues, Tiresias: *«Ce n'est pas mon destin de tomber sous tes coups, Apollon est asez puissant, c'est lui qui s'occupe de terminer cette histoire»* (*op. cit.*, p. 32).
42. M.ª R. Lida, *op. cit.*, p. 172.

cuando pregunta por qué él, y no el agorero profesional, salvó a Tebas de la Esfinge. La decantada adhesión del teatro de Sófocles a la profecía y al oráculo es un modo de asentar lo oscuro e irracional de la vida, y de ningún modo fe ingenua, como la de Píndaro, en la comunicación sobrenatural con la divinidad.

Edipo ignora del todo la maldición que cayó sobre Layo y su estirpe, tanto la lanzada por Pélope (y no mentada por Sófocles), como la advertencia del oráculo de Delfos (que luego contará Yocasta). También ignora que él es un Labdácida y que debe pagar, según la antigua creencia en la solidaridad de la familia, la culpa heredada[43]. Vale la pena destacar también que, en Sófocles, ni en *Edipo rey* ni en la continuación que representa *Edipo en Colono,* el incestuoso y parricida Edipo es perseguido nunca por las Erinias. (Sófocles ignora o cambia también en eso la versión épica atestiguada en la *Odisea*).

¿Por qué la reiterada evocación de Delfos y de Apolo? Por un doble motivo: Apolo, desde su sede pítica, es el dios de la profecía y, en segundo lugar, es el dios purificador, ya sea de un crimen sangriento o de un sacrilegio, que puede afectar a un individuo o, como en el caso de la muerte sin castigo de Layo, a toda una ciudad. Un caso al que se refiere claramente Hesíodo, en su *Trabajos y días* (vs. 240 y ss.):

> Muchas veces hasta toda una ciudad carga con la culpa de un malvado cada vez que comete delitos o proyecta terribles crí-

43. Sobre este tema, ya apuntado antes, puede verse R. Parker, *Miasma. Pollution and Purification in Early Greek Religion,* Oxford, Clarendon Press, 1990. En pp. 199-204 trata de Edipo, con referencias muy completas a la tradición y desarrollo del tema.

menes. Sobre sus gentes desde el cielo hace caer el Crónida una terrible calamidad, hambre y peste juntas, y ellos se van consumiendo. (Las mujeres no dan a luz y las familias menguan por decisión de Zeus Olímpico).

Los comentaristas antiguos señalan dos ejemplos de ese castigo a una multitud: la epidemia de peste que Apolo, con sus flechas, lanza sobre los aqueos, para castigar la ofensa de Agamenón a Crises, en el canto I de la *Ilíada;* y la peste de Tebas. Tomando como ejemplo a la primera, muchos deducen que también esta está enviada por Apolo, pero eso no se dice en el texto de Sófocles, donde el coro suplica al divino arquero que dispare sus flechas contra la peste. (Muy bien podría haber sido enviada por el propio Zeus, como sugiere el texto de Hesíodo). Apolo es, por excelencia, el dios sanador y purificador que puede apartar la impureza mortífera, cuando se considere aplacado, una vez desterrado de la ciudad el causante de la infección *(ágos, míasma, kátharma).* Es el dios que se ocupa de la justicia y la venganza en los delitos de homicidio[44]. Y a la vez es, además, el dios del saber verídico, el iluminador, el garante de oráculos y profecías, el que juega sabiamente con los enigmas e invita al conocimiento de uno mismo.

En todo caso, lo que sí hizo el dios de Delfos es impulsar, a distancia ciertamente de los hechos decisivos, la investigación de Edipo, al declarar el oráculo que el motivo de la peste era el antiguo crimen no vengado. Y lo que también había hecho es dejar que Edipo avanzara a oscuras en su

44. Cf. W. K. C. Guthrie, *The Greeks and their Gods,* Londres, Methuen, 1962, pp. 189-193.

marcha hacia los crímenes, con plena ignorancia del destino. Recordemos que, cuando el joven Edipo acudió a Delfos, la respuesta de la pitonisa no resolvió sus dudas, sino que lo lanzó a un camino que lo llevaba fatalmente a encontrarse con Layo y luego, derrotada la Esfinge, al incesto y al trono de Tebas. Así lo cuenta Edipo: «Delfos me despidió sin responder a lo que había ido a saber y, en cambio, me profetizó otras desdichas» (en vs. 788-779). Y a la pregunta del coro: «¿Qué dios te impulsó?», Edipo responde: «Apolo, Apolo fue quien ha llevado a cabo estos males, estos terribles sufrimientos míos» (vs. 1328-1329). En el trasfondo del drama está el dios, ese Apolo de Delfos, Apolo el Oblicuo, *Loxias,* misterioso e implacable[45].

> En toda la pieza, y sobre todo al final, Edipo es el centro de la acción; lo que cuenta ahora no es si el crimen fue voluntario o no, sino el mero hecho del crimen. Su historia no es en primer término un relato de crimen y castigo, se cuenta para ilustrar la fragilidad de la humanidad. Incluso el más fuerte y sabio de los humanos puede en un momento ser derribado. Después del clímax de la exposición de Edipo, el coro no canta: «Los dioses han castigado a la familia culpable»; cantan: «¡Ah, las generaciones de los mortales, cómo estimo vuestra vida igual a nada!». El tema esencial del estásimo es la debilidad de los humanos, y

45. Aunque, sin embargo, detrás de Apolo, el dios de Delfos, está Zeus, dios de la justicia y el orden cósmico, cf. C. Segal, «The Gods and the Choras: Zeus in the *Oedipus Tyrannus*», *op. cit.,* pp. 180-198. «El principal agente supernatural en el *Tirano* es obviamente Apolo. La trama de modo consistente lo asocia con los oráculos, su ambiguo lenguaje y su paradójica realización. En el trasfondo, sin embargo, y de modo prominente en muchos pasajes está Zeus» (*op. cit.,* p. 185).

solo al final el coro menciona que el Tiempo que todo lo ve ha desde mucho antes dictado su sentencia sobre el mal matrimonio. Justo el mismo sentimiento que en el *Agamenón* de Esquilo expresa el coro antes de la muerte de Agamenón, que Edipo no causa por sí mismo, sino que ha heredado una maldición familiar. En la conclusión del Edipo se repite [...][46].

«¡El Tiempo que todo lo ve te ha descubierto, a tu pesar!»[47], canta el Coro en ese estásimo que sigue a la revelación de todo el pasado de Edipo. Unos versos antes le dice que lo tiene, en su ascenso y caída, como ejemplo, *parádeigma,* de la condición humana. Pero en esa mención del tiempo late uno de los puntos en los que la versión trágica se distancia de la leyenda épica, atestiguada por la *Odisea*. Recordemos que en esta el incesto y el asesinato de Layo se descubrían pronto; Yocasta se ahorcaba y Edipo seguía, aunque acaso atormentado por las Erinias, reinando en Tebas hasta su muerte, donde se celebraban sus funerales con una competición memorable. En cambio, en la versión trágica, es decir, ya en la trilogía de Esquilo, y en Sófocles como en Eurípides, todo se desvela a una distancia de mu-

46. Cf. H. Lloyd-Jones, *op. cit.,* p. 123

47. Es el verso 1213: *epheûre s'ákonth'ho panth'horôn chrónos.* El verbo empleado significa 'encontrar' y 'descubrir'. El epíteto «omnividente», «el que todo lo ve», referido al Tiempo es tradicional. Es muy interesante el comentario de J. Bollack sobre estos versos (*op. cit.,* pp. 185-188). Y también, que insista sobre el sentido en este pasaje de *ákonth',* 'sin tú quererlo'. Edipo, dice, no solo ignoraba que Layo era su padre y Yocasta su madre, sino que «no sabía, sobre todo, que el Tiempo, al servicio de *Díke,* se servía -o, sugiero, se serviría- de él para realizar el "retorno" de las cosas». El acento está sobre ese atributo de «sin quererlo» o «a tu pesar» (p. 188).

chos años, cuando de las bodas con Yocasta han nacido cuatro hijos. La venganza de la muerte de Layo, en efecto, está muy alejada, cuando quien lo mató ya ha olvidado el violento duelo y la boda incestuosa es algo muy añejo[48]. Ahí está, sin duda, uno de los rasgos originales de la tragedia. Todo vuelve en un admirable *flashback*.

Ese regreso en el tiempo está asombrosamente logrado en la escena dramática. En el breve espacio de la representación vuelve todo el pasado y el encuentro con el origen pone término al círculo en el que queda encerrado el destino incestuoso de Edipo.

> Cada avance que Edipo hace hacia el descubrimiento de la identidad del asesino de Layo, cada nuevo personaje que entra en escena en el desarrollo de la obra conduce solo hacia atrás en una dirección retrógrada, hasta que, con la última y crítica entrada del viejo pastor, él retorna al mismo momento de su nacimiento como el niño con los pies taladrados que fue entregado a ese mismo pastor para ser abandonado en el monte Citerón. Con esta revelación de sus orígenes, Edipo simultáneamente realiza otra regresión, expresamente ha retornado a la simiente en el vientre de su madre en el que fue engendrado. ¿No es el incesto, después de todo, un acto que supone la quintaesencia del retorno? ¿No es el incesto el acto paradigmático que destroza el tiempo al colapsar las distinciones temporales entre las generaciones?[49].

48. Esa tardanza del castigo divino ya era discutida en la Antigüedad. Plutarco, moralista piadoso y tardío, dedicó un curioso tratado al asunto: *Sobre el tardo castigo de los dioses* (en el que, por otro lado, no se alude en ningún momento a Edipo).
49. F. Zeitlin, *op. cit.,* p. 128.

Podríamos recordar aquí, aun sin compartir su tesis fatalista, unas líneas de Jean Cocteau, en el proemio de *La machine infernale:* «Para que los dioses se diviertan a fondo, importa que su víctima caiga de lo alto». Tras los largos años de prosperidad y felicidad llega la ejecución de la terrible deuda. Para la caza del matador de Layo comienza la batida y es, en efecto, el oráculo de Apolo el que da la señal de comienzo. La actuación de la divinidad en los dramas de Sófocles no resulta fácil de entender. Pero esa dificultad no pone en duda la existencia de los dioses, sino solo la capacidad humana para entender sus designios. En el terrible final de *Las Traquinias,* donde el gran héroe Heracles ha encontrado, de regreso de sus magníficas hazañas, una cruenta y absurda agonía, el coro exclama: «¡Nada de esto hay que no venga de Zeus!». Aquí también todo ha sido decidido por Apolo, el sabio dios de Delfos. Aunque la catástrofe de Edipo es, paradójicamente, como ya hemos comentado, un cierto canto a la grandeza heroica del personaje, al que el Tiempo había dado un largo plazo para ser un tirano feliz, antes de pasarle definitivas cuentas por su pasado. (Volviendo a tratar de su *moira* final, en *Edipo en Colono* Sófocles le concederá otro espacio dramático, prolongando el mito antiguo, para reivindicar su honesta grandeza humana y para ofrecerle como premio tras su exilio una nueva patria en su querida Atenas).

Una vida humana se despliega en un largo curso de tiempo: como recordaba el enigma, el ser dotado de voz camina con cuatro pies, con dos y con tres. Es el mismo y es otro, mientras camina a lo largo de los años. La trama trágica evoca las peripecias de una existencia, la de Edipo, sacando a la luz los sucesos que desde un pretérito lejano han determinado, sin él saberlo, su vida. Ahora en unas horas de un mismo día sabrá quién es, por fin. Todo el pasado de Edipo está convocado en ese día, en el que Edipo se reencuentra con su yo olvidado, un día decisivo para saberlo todo y para conocerse a sí mismo, para enfrentar su anagnórisis, como bien le había profetizado Tiresias[50]. Esa concentración revela de nuevo la incomparable maestría dramática de Sófocles.

50. Falta texto de la nota.

IV. Después de Sófocles

Cuadrúpedo en la aurora, alto en el día
y con tres pies errando por el vano
ambito de la tarde, así veía
la eterna Esfinge a su inconstante hermano,

El hombre, y con la tarde un hombre vino
que descifró aterrado en el espejo
de la monstruosa imagen, el reflejo
de su declinación y su destino.

Somos Edipo y de un eterno modo
la larga y triple bestia somos, todo
lo que seremos y lo que hemos sido.

Nos aniquilaría ver la ingente
forma de nuestro ser; piadosamente
Dios nos depara sucesión y olvido.

Jorge Luis Borges, *Edipo y el enigma*

La tragedia de Sófocles se ha vuelto para toda una civilización la tragedia por excelencia, y ha servido de tela de fondo a una reflexión incesantemente renovada de Aristóteles a Heidegger.

André Green

La historia de las relaciones del mito de Edipo y de la literatura es probablemente singular. En efecto, más que ningún otro el mito de Edipo se ha confundido con una obra a tal punto que para las generaciones de Occidente Edipo ha podido ser identificado con Edipo rey *(430 a. C.) y con* Edipo en Colono *(406 a. C.), y el mito mismo con la tragedia.*

Los Edipos de Corneille, de Voltaire, de Gide, de Cocteau, o de Eliot no se conciben sin la sombra de Sófocles, y no se dirigen a otros públicos más que a los que lo conocen.

Colette Astier

Edipo una y otra vez

La larga serie literaria de dramas sobre Edipo es, desde luego, impresionante. Pero todos dependen mucho menos del mito que de la tragedia de Sófocles. *Edipo rey* es el texto que subyace a esas recreaciones (lo que Genette denomina el «hypotexto»). Cierto es, por otra parte, que la estructura compacta de la tragedia y el carácter bien definido de su protagonista no facilitan una recreación que supere el modelo, como se ha señalado una y otra vez. Aunque la lista de *Edipos* en el teatro moderno sea en efecto numerosa, ninguno de esos dramas ni relatos breves rivaliza en serio con el entramado de Sófocles y, por lo demás, casi ninguno merece ser calificado de auténtica tragedia.

En su *Lunga storia di Edipo re* Guido Paduano analiza 38 obras literarias escritas después de Sófocles que tratan del mito y reinterpretan la trágica peripecia de Edipo. De ellas casi la mitad son del siglo XX, es decir, posteriores a la lectura psicoanalítica de Sigmund Freud, con todo lo que ello significa. La mayoría pertenecen al género dramático, pero algunas de las modernas son relatos novelescos y alguna, una versión cinematográfica. No vamos a tratar aquí sino de unas pocas de esa generosa y admirable selección, pero adjunto una lista de los títulos por orden cronológico.

Séneca: *Oedipus* (hacia 60 d. C.)
Giovanni Andrea dell'Anguillara: *Edipo* (1560)
Pierre Corneille: *Oedipe* (1659)
Emanuele Tesauro: *Edipo* (1661)
John Dryden y Nathaniel Lee: *Oedipus* (1678)
Voltaire: *Oedipe* (1718)
Pier Jacopo Martello: *L'Edipo tiranno* (1720)
Melchior de Folard: *Oedipe* (1722)
Antoine Houdar de La Motte: *Oedipe* (1726)
La Tournelle: *Oedipe ou Les trois fils de Jocaste* (1730), *Oedipe et Polibe, Oedipe et Vombre de Laius* y *Oedipe et toute sa famille* (1731)
Louis-Léon Félicité, comte de Lauraguais: *Jocaste* (1781)
Bernard d'Héry: *Oedipe Roi* (1786)
Dupat de la Touloure: *Oedipe á Thébes* (1791)
Nicolas-Germain Léonard: *Oedipe Roi ou la fatalité* (1793)
Cario Alberghetti Forciroli: *Edipo* (1797)
Francesco Benedetti: *Telegono* (1803)
Francisco Martínez de la Rosa: *Edipo* (1828)
August von Platen: *Der romantische Oedipus* (1829)
Silvestro Centofanti: *Edipo Re* (1829)
B. P. Sanguinetti: *Edipo in Tebe* (1864)
Joséphin Péladan: *Oedipe et le Sphinx* (1897)

Después de Sigmund Freud, siglo XX

Hugo von Hofmannsthal: *Ödipus und die Sphinx* (1906)
Saint-Georges de Bouhélier: *Oedipe roi de Thébes* (1919)
Edmond Fleg: libreto para *Oedipe,* de G. Enescu (1921-1931)
André Gide: *Oedipe* (1931)
Jean Cocteau: *La machine infernale* (1932)
Henri Ghéon: *Oedipe ou le crépuscule des dieux* (1938)
Roberto Zerboni: *Edipo* (1946)
Tawfiq al-Hakim: *Al-Malik Udih* (1949)
Alain Robbe-Grillet: *Les gommes* (1953)
Pier Paolo Pasolini: *Edipo re* (1967)
Alberto Moravia: *II dio Kurt* (1968)
Friedrich Dürrenmatt: D*as Sterben der Pythia* (1976)
Giovanni Testori: *Edipus* (1977)
Jean Anouilh: *Oedipe ou le roi boîteux* (1978)
Héléne Cixous: *Le Nom d'Oedipe. Chant du corps ínterdit* (1978)
Steven Berkoff: *Greek* (1980)
Renzo Rosso: *Edipo. Ambigui presagi disadorni e senza profumo* (1990)

Como Paduano cautamente advierte, esta lista no pretende ser exhaustiva y no tiene pretensiones enciclopédicas, sino que es una selección de las recreaciones más significativas en la tradición literaria del mito. Pero, evidentemente, resulta un elenco generoso y comentado luego con excelente criterio. Es verdad que podrían añadirse ciertos títulos menores[1], a saber, algunas óperas y acaso alguna

1. Véase, por ejemplo, la lista de C. Astier, *op. cit.,* pp. 236 y ss., y la de Jane Davidson Reid, *The Oxford Guide to Classical Mythology in the Arts,*

traducción de prestigio, como las de gran fuerza poética de Hölderlin y de Yeats, por ejemplo, tal como el mismo Paduano advierte, las cuales, sin embargo, ha dejado al margen con claras razones. También quedan al margen aquellas obras que tratan de la tragedia de *Antígona* (comentadas muy brillantemente en el conocido libro de G. Steiner, *Antígonas,* de 1984)[2] o de la etapa final de Edipo (por ejemplo, la interesante novela de Henry Bauchau, *Oedipe sur la route,* de 1990). Pero la lista es, por sí misma, muy significativa de la resonancia del mito y de la tragedia de Sófocles, a través de los siglos. Y los análisis que encontramos en *Lunga storia di Edipo re* son, a mi parecer, admirables y precisos.

No pretendo aquí emular ese excelente muestrario ni resumir sus conclusiones en estas páginas. Tan solo voy a añadir algunas notas más a esa generosa selección de los textos más interesantes de la tradición posterior del mito. Como ya dijimos, resulta ciertamente muy poco lo que nos ha quedado de la trilogía de Esquilo, del 467 a. C. La única pieza conservada, *Los siete contra Tebas,* trata el mismo seg-

1300-1900s, Nueva York, Oxford University Press, 1993, pp. 754-772. Son también numerosas las óperas sobre Edipo, de las que recordaré algunas, dando solo el nombre del compositor y la fecha: Purcell (1692), G. Gebel (1751), Sacchini (1787, *Edipo en Colono),* N. Méhul (1804), R. Leoncavallo (h. 1890), H. Rüter (1899), J. K. Paine (1908), F. Weingartner (1914), M. Acquet (1919), I. Strawinsky (1928), G. Enescu (1936), C. Orff (1959), H. Eder (1960).

2. G. Steiner, *op. cit.* El estudio de Steiner no solo trata de las sucesivas versiones literarias, y las puestas en escena de la tragedia de Sófocles, sino también de las reinterpretaciones del mito por filósofos como Hegel o poetas como Hölderlin. Gran parte de sus amplias reflexiones y sugerencias sobre la tradición del mito y la tragedia de Antígona valen sin duda para el caso de Edipo.

mento del mito que las *Fenicias* de Eurípides, ya del 407, es decir, más de medio siglo posterior: el asedio de Tebas y la lucha fratricida de los hijos de Edipo. Como *Antígona* de Sófocles, que por su tema viene a ser una continuación de las mismas, evocan las últimas desdichas y muertes de la familia de los Labdácidas. Es muy poco lo que tenemos de otras tragedias de Eurípides; muy escasos son los fragmentos de su *Crisipo* y su *Edipo,* fragmentos que, de todos modos, nos advierten de notables divergencias respecto de la trama que encontramos en *Edipo rey*. Sabemos que también otros dramaturgos griegos trataron de nuevo el mito. Lo hicieron Carcino, Filocles, Aqueo, Jenocles, Nicómaco el Viejo, Teodectes, Meleto y Licofrón, de cuyas obras nos han quedado tan solo los títulos. (Lo hizo también, sin duda en tono de farsa paródica, Diógenes el Cínico). En el teatro cómico, Platón el Cómico escribió un *Layo,* y Eubulo, un *Edipo*.

De todos modos, conviene subrayar algo: la impronta decisiva de la tragedia de Sófocles marcó definitivamente esa tradición. De *Edipo rey,* mucho más que del mito, parten todas, o casi todas, esas recreaciones literarias y es con ella con la que discuten. Como escribe C. Astier, hay que partir para cualquier contraste siempre de ese drama paradigmático: «El mito, para las generaciones de los dramaturgos y pensadores, no debía tener otra existencia que la que le había prestado Sófocles». Así *Edipo rey* devino «la tragedia por excelencia que se había sobrepuesto a uno de los más fascinantes mitos. Y he aquí que el lazo que los unía uno a otra parecía una necesidad»[3].

3. C. Astier, *op. cit.,* p. 85.

Añadamos que el *Edipo* de Eurípides, que tal vez intentaba competir con el de Sófocles -y ya hemos señalado alguna de sus variantes de detalle- no representaba, a lo que suponemos, ningún progreso en la recreación del mito[4]. Es probable que todavía Séneca llegara a conocer el drama euripídeo y que tomara de Eurípides algunos trazos, pero este ya no fue conocido por ningún otro dramaturgo posterior que conozcamos. Y el *Edipo rey* de Sófocles tardará muchos siglos, hasta fines del XVI, en volver a representarse, en época renacentista, ya no en griego, sino en las lenguas modernas.

El *Edipo* de Séneca

La única tragedia antigua sobre Edipo que se nos ha conservado, ahora en lengua latina, es el *Edipo* de Séneca. Nos habría gustado saber más del *Edipo* que según Suetonio

4. Me parece muy acertado lo que conjetura al respecto G. Guidorizzi, en *op. cit.,* p. 72: «El de Eurípides era un *Edipo* al que le faltaban, por lo tanto, el oscuro tormento y el ansia de búsqueda que hacen grande al héroe de Sófocles. Una tragedia del azar ciego, la de Eurípides, cuyo valor debía de consistir sobre todo en la capacidad de construir una trama complicada y rica en golpes de escena». Y luego apunta, basándose en una comparación con la otra obra conservada de Eurípides sobre el mito: «Barajando las cartas, como hace a menudo, en las *Fenicias,* el último de los tres trágicos juega con la trama, con la violencia absurda de las pasiones, con el mecanismo de odio y rivalidad entre los miembros del clan, empujados por sus pasiones, no por la voluntad inescrutable de Apolo. Pero el de Eurípides, ya se sabe, es un mundo sin cielo, donde todo se juega entre humanos. Por lo demás, lo podemos comprender perfectamente: ¿No es él -al menos según la opinión de Nietzsche- el asesino de la tragedia?».

(Vida de César, 56) había escrito el joven Julio César y se perdió pronto. El *Edipo* de Séneca, escrito hacia mediados del siglo I, es una tragedia que acentúa el tono psicológico y desde un comienzo nos introduce en una atmósfera truculenta, con un protagonista atormentado y tiránico, un carácter en gran medida «antisofocleo», según coinciden en adjetivarlo Karl Büchner y Guido Paduano con buen criterio. Ya desde el comienzo el contraste entre el tratamiento del personaje en el trágico ateniense y en el pensador latino es impresionante y característico[5].

En efecto, al solemne y paternal Edipo, rey afectuoso, que comienza presentándose a los ciudadanos suplicantes como salvador de la agonizante Tebas, se opone un Edipo atormentado por sus sentimientos de culpa, que se reconcome inquieto por las profecías y por los crímenes que el poder regio lleva consigo. El coro, con un papel reducido frente al griego, glosa las desdichas de Tebas, la ciudad del dios Baco, sanguinolenta y acosada por la Muerte. Luego aparecen Creonte (que viene de Delfos sin noticias claras) y Tiresias, que, ayudado por su hija Manto, consulta por medio de ritos diversos a los dioses esquivos, pero de las entrañas de las víctimas sacrificadas solo se obtienen lúgubres augurios.

Más adelante Creonte cuenta una nueva invocación a los poderes del mundo infernal por parte de Tiresias. Esta vez, en una nueva evocación oficiada en un paraje boscoso y siniestro, el adivino ciego logra atraer a su conjuro el fantas-

5. La tragedia de Séneca puede leerse en la excelente traducción, con buen prólogo, de J. Luque, en *Séneca. Tragedias,* vol. II, Madrid, Gredos, 1980, pp. 87-140.

ma de Layo, que acusa de su muerte a Edipo y lo maldice con furiosa violencia. (El fantasma del padre rencoroso tendrá importantes ecos en otros dramas, como en el *Hamlet* de Shakespeare). Al relato de Creonte replica Edipo acusándole de falsear la acusación para así lograr su caída y expulsión y conquistar el poder y el trono; por todo ello lo manda a prisión. En las escenas siguientes –en lo que viene a ser el cuarto acto de la pieza latina– aparecen el mensajero corintio y el pastor del Citerón que, como en *Edipo rey,* confirman que Edipo fue adoptado por los reyes de Corinto, que Layo fue asesinado por un viajero desconocido y que el niño abandonado en el Citerón y llevado a Corinto era hijo de Yocasta y Layo. Luego, en el acto quinto, el mensajero cuenta que Edipo, con apasionado lamento y condena de sí mismo, se arranca los ojos en medio de terribles gestos y borbotones de sangre. En el acto final es Yocasta quien tras un breve diálogo con Edipo y un monólogo de despedida se suicida clavándose la espada de Edipo, la misma que matara a Layo.

El declive de la estructura dramática y de la tensión trágica, con respecto al clásico de Sófocles, es aquí evidente. El contraste entre el glorioso, sabio y feliz Edipo, preocupado por salvar a su pueblo, y el angustiado protagonista de la pieza de Séneca es abismal. También en Séneca hay *peripéteia* y el rey es al final desterrado como un *pharmakós,* ciego y maldito, tal como lo requiere el mito y la tragedia, pero el carácter del héroe es muy distinto. Sospecho que esta versión de Séneca, con su énfasis psicológico, no le habrá gustado a Aristóteles; y sus tonos truculentos, con infernales conjuros y sangre abundante en escena, son tan propios del dramaturgo latino como ajenos al gusto del teatro ateniense.

La escena de la aparición de Layo, un fantasma ávido de venganza que reclama un feroz castigo contra su hijo, impresiona por su tremendismo barroco. Desde el más allá acude a gritar su implacable rencor vengativo. También ofrece un aguafuerte muy senequiano el suicidio de Yocasta (cometido aquí con espada y después de que Edipo se arrancara los ojos). Y hay que subrayar también que los medios de adivinación de Tiresias son muy distintos en el drama griego y en el romano, donde abundan los sacrificios sangrientos y la necromancia y las voces y fantasmas infernales. Muchos comentaristas han resaltado la truculencia del autor latino, así como su insistencia en que el *fatum,* el Destino, domina funestamente la existencia de Edipo, poniendo en relación -no con una clara coherencia- este tono determinista con las ideas estoicas del famoso preceptor de Nerón[6].

De Séneca conservamos también parte de unas *Fenicias,* inspiradas en la bien conocida tragedia de Eurípides[7]. Solo

6. Véase, por ejemplo, el brillante comentario de Villy Sorensen en *Seneca. The humanist at the court of Nero,* en el capítulo que titula significativamente «The absurd drama of Oedipus», Chicago, University of Chicago Press, 1984, pp. 252-258. También es excelente aquí el tratamiento de Guido Paduano, *op. cit.,* 248-266, con muy buenas notas bibliográficas. Como juicio de conjunto, citaré unas líneas de C. Segal: «Esta combinación de psicología, horror y mundo subterráneo, aunque efectiva en sus propios términos, disuelve las sutiles relaciones de Sófocles entre carácter, azar y destino. En cambio, hace de Edipo una víctima de un Hado remoto, tan incomprensible como malevolente, y, por otro lado, un rey héroe estoico que soporta sus sufrimientos para salvar a la ciudad. [...] La dirección psicológica de Séneca resultó influyente y encajó con los gustos de los siglos XVI y XVII de largas descripciones retóricas, hipérboles, melodrama, violencia y efectos sobrenaturales» (C. Segal, *Oedipus Tyrannos, op. cit.,* p. 147).

7. Bien traducidas por J. Luque, en *Séneca. Tragedias,* vol. I, Madrid, Gredos, 1979, pp. 243-276.

tenemos un par de escenas sueltas de enfático y cruel patetismo, con diálogos entre Antígona y Edipo, y Yocasta y sus hijos. Y, a la vez, parlamentos teatrales de gran virtuosismo retórico en situaciones tópicas[8].

El mito de Edipo en el proemio del *Roman de Thèbes*

Este poema medieval, que en francés se llama *Roman* (palabra que luego significa 'novela', pero que en la época significa tan solo 'narración en lengua vulgar', 'escrito en romance'), es la primera «novela» de tema antiguo escrita en francés a mediados del siglo XII. Su argumento viene de un poema épico latino, la *Tebaida,* que compuso Estacio (45-96 d. C.) y que narraba, en doce libros, la lucha entre los dos hijos de Edipo, Eteocles y Polinices, y la conquista de Tebas. (En el teatro antiguo griego, de esa contienda fra-

8. La agudeza de Séneca le lleva a raros juegos retóricos curiosos, como cuando en *Fenicias* se imagina Edipo un nuevo enigma para una renovada Esfinge. Es él mismo quien, refiriéndose a su peculiar destino familiar, comenta: «La cruel peste de Tebas [la Esfinge] [...], ¿qué enigma propuso tan inextricable como el mío? Yerno de su abuelo y rival de su propio padre; hermano de sus hijos y padre de sus hermanos. En un solo parto una abuela parió hijos para su esposo y nietos para sí. Monstruosidades tan grandes, ¿quién puede explicarlas? Incluso yo, que obtuve los despojos de la Esfinge tras derrotarla, vacilaría torpemente al intentar interpretar mi propio hado» (vs. 134-39).

Comenta V. Sorensen: «*Esto* es Edipo, el gran héroe trágico de la más grande de las tragedias griegas; lo que era trágico en Sófocles se ha vuelto absurdo en Séneca; con ese sentido de lo grotesco sobre sí mismo y su irritable insistencia en su propia miseria su *Edipo* es algo parecido a un héroe de Beckett» *(op. cit.,* p. 255). De modo parecido, a G. Paduano ciertos pasajes de este *Edipo* le llevan a pensar no en el teatro absurdo de Beckett, sino en Kafka (p. 264).

tricida trataban *Los siete contra Tebas* y las *Fenicias* de Eurípides; y antes poemas épicos arcaicos y perdidos como la *Edipodia* y la *Tebaida*). Estacio, uno de los *auctores* latinos más estimados en la Edad Media[9], recogió y amplió esa materia épica griega, que mil años después un anónimo clérigo francés retoma con nuevo brío. Probablemente el autor del *Roman* no leyó el texto latino, sino un resumen o epítome del mismo. Y a partir del argumento resumido él reconstruye el mito, traduce al francés su belicosa y trágica temática, lo amplía y lo «medievaliza» en sus versos, sin preocuparse por los anacronismos, componiendo así un relato que oscila entre la canción de gesta y una narración cortés y caballeresca, con muchas batallas y algunos amoríos. Más o menos como otros relatos que en el siglo XII se componen para el nuevo público de la época; es decir, como los otros *romans* de tema antiguo (lo que algún escritor de la época llama la materia de Roma: el de *Alexandre,* el de *Eneas* y el de *Troya,* como un preludio a las novelas corteses que luego tomarán mitos de otro origen, la llamada materia de Bretaña).

Es importante destacar, sin embargo, que el comienzo de este *Libro de Tebas*[10], donde se cuenta la historia de Edipo, no procede de la *Tebaida,* que no la cuenta, sino de un añadido muy posterior, escrito por un tal Lactancio Plácido,

9. La *Tebaida* de Estacio era uno de los textos del canon medieval, los «leídos en las escuelas», como señala E. R. Curtius, *Literatura latina y Edad Media europea,* México, FCE, 1955, pp. 80 y *ss.*
10. Es el título que le da su traductora al castellano, Paloma Gracia, que nos ofrece además una buena introducción y notas al texto: *El libro de Tebas,* Madrid, Gredos, 1997.

hacia el 400 d. C.[11] En ese texto latino dicho traductor al francés y por ello precursor del *roman courtois* encontró los motivos básicos del mito de Edipo, tal vez reelaborados a partir de una lectura del drama de Séneca. El mito de Edipo no era en sí mismo una historia épica, sino más bien un raro cuento de colorido trágico, pero podía servir muy bien como una atractiva introducción al relato novelesco del asalto a Tebas y las contiendas entre los belicosos hijos de Edipo. Conviene destacar que la trama novelesca, en conjunto, está bien conservada y tiene buen ritmo narrativo.

El escritor medieval no solo desconoce la tragedia de Sófocles, sino la geografía y la mitología antigua. Para él Apolo es un demonio que vive en una cueva, donde lo consulta Edipo, y Delfos es un templo «en la isla del mar Galileo»; Layo muere en una pelea confusa en una fiesta a manos de Edipo, que luego le corta la cabeza. También le corta la cabeza a la Esfinge, después de resolver el enigma. Al encontrarse con Yocasta, Edipo le cuenta a la reina que ha sido el matador del rey, su esposo, pero luego se casa con ella. Las fiestas de coronación y bodas se celebran con pompa palaciega («Las bodas se celebraron con gran alborozo, allí habríais escuchado a muchos juglares, muchas canciones viejas y nuevas, muchas gigas, muchas violas, arpas, salterios y rotas, melodías con estribillo, sones y notas»). Algún tiempo después la reina descubrirá que Edipo tiene los pies llagados por una antigua herida y viene a saberse que es su propio hijo («Así estuvieron largo tiempo sin reconocerse, ignorantes del pecado que les mancillaba, hasta que un día

11. Tomo el dato de L. Edmunds, *op. cit.,* p. 65, que añade otros ecos medievales del mismo texto.

la reina, mientras servía a Edipo en el baño, vio sus pies, llagados desde que fuera colgado en el bosque siendo niño»). La catástrofe se precipita.

Citaré unas líneas para dar una idea del estilo de la narración:

> Ahora, a través de los tres sirvientes, Yocasta sabe que el rey es realmente su hijo. Llora y le dice:
>
> –¡En mala hora nacimos, puesto que ambos seremos condenados! ¡Tu padre es aquel a quien mataste, soy tu madre y me has poseído en pecado!
>
> Al saber lo que ha hecho, el rey se siente abocado a la desgracia. Dice que mutilará su cuerpo por la monstruosidad cometida. Él mismo se ciega; se arroja a una fosa, de donde jura que nunca saldrá, para llorar su pecado.
>
> Los hijos, que ya son mayores, son tan felones que se burlan de él; encuentran los dos ojos de Edipo y los pisotean bajo sus pies. Por el pecado y la fechoría cometidos, el padre implora con vehemencia a los dioses y les ruega humildemente que lo venguen:
>
> –¡Poderoso rey de los dioses, Júpiter; Tisífone, señora del infierno, destruid a los orgullosos que han arrojado mis ojos bajo sus pies! Que entre ellos surja tal discordia que les resulte aciaga y mortal, que jamás puedan gobernar en paz el reino que van a poseer.

Es un detalle sorprendente el que sus hijos se burlen de Edipo nada menos que pisoteando sus ojos. La maldición que Edipo lanza sobre ellos parece así más que justificada. Recordemos que Edipo había maldecido a sus dos hijos por algún motivo menor en la tradición épica antigua y que en

Edipo en Colono el viejo Edipo maldice a Polinices; pero ni este ni su hermano habían llegado a tal colmo de perversidad. Como en el caso de Edipo, en el que ha recaído la maldición de Pélope sobre Layo, la desdicha y la muerte amenazan ya fatalmente a los dos hermanos. Notemos, de paso, que en la desdicha de Edipo parece mucho más grave el incesto –su boda con Yocasta–, que la muerte de Layo (ocurrida en una trifulca en unos juegos, como torneos de la época)[12].

A continuación comienza el relato inspirado en la *Tebaida* y se cuenta cómo Polinices cabalga «solo, apesadumbrado y pesaroso» por parajes boscosos y poblados de fieras, como un caballero errante, exiliado de Tebas, que va al azar en pos de su dudoso destino.

Dos dramas con nuevos episodios

Son muchos los dramas sobre Edipo en la literatura francesa en los últimos siglos[13], pero aquí voy a evocar tan solo, y brevemente, los tres que me parecen más significativos y conocidos, sin que esto suponga ningún juicio de valor: los de Corneille y Voltaire y, luego, el de J. Cocteau.

Son justamente esos dramas los que el crítico literario Gérard Genette presenta en su conocido libro *Palimpsestos*

12. Es curioso notar que, en contraste, en otros textos posteriores (Corneille, Voltaire, etc.) el incesto parece menos grave y lo que importa es que Edipo diera muerte al rey, su padre.

13. Para un tratamiento más completo y un comentario más amplio de estos textos y otros de la literatura francesa remito al documentado estudio de M. Morales Paco, *Edipo en la literatura francesa,* Cuenca, Universidad de Castilla-La Mancha, 2002.

como ejemplos de «extensión» de un «hipotexto»[14]. Dice así refiriéndose a los dos primeros:

> La principal muestra de la extensión se encuentra en el teatro, y particularmente en el teatro clásico francés, cuando autores del XVII y XVIII quisieron adaptar a la escena «moderna» tragedias griegas cuyo asunto les parecía ciertamente admirable, pero insuficientemente «cargado de materia» para ocupar la escena durante los cinco actos de rigor. El caso más típico es el de *Edipo rey,* que (entre otras transformaciones y reinterpretaciones) ha recibido extensiones de todas clases con el fin de rellenarlo (la palabra, desgraciadamente, se impone) en aquella época y hasta nuestros días.

En el primer caso, el *Edipo* de P. Corneille (de 1659), este explica ya en su «Advertencia al lector» que para el relleno de la trama ha introducido una intriga amorosa y dos personajes nuevos (Dirce y Teseo) de su propia invención, a fin de que el público no echara en falta el tema erótico, tan inevitable en el teatro de la época. «El amor no forma parte del tema ni de los papeles femeninos [...]; he tratado de poner remedio a estos fallos en la medida que he podido». Algo parecido pensaba el joven Voltaire, en 1718, cuando retomó el tema con notable afán renovador. (Da explicaciones sobre su enfoque y ampliación en siete *Cartas* justificativas en 1719). Según Voltaire: «Los temas antiguos, en general, son los más ingratos y más impracticables; son temas para una o dos escenas como máximo y no para una tragedia. Es preci-

14. G. Genette, *Palimpsestos. La literatura en segundo grado.* Trad. de Celia Fernández Prieto, Madrid, Taurus, 1989 [1962], pp. 329 y ss.

so añadir a esos acontecimientos las pasiones que los preparan». Por esa razón introdujo una curiosa historia de amor correspondido, pero imposible, entre Yocasta y Filoctetes[15].

La estructura dramática de la tragedia sofoclea, tan bien ajustada y austera, se ve en ambos casos notablemente trastocada con esos nuevos episodios. Y, aunque el final está de acuerdo con el original, el tono es muy distinto en Corneille y en Voltaire. Es muy interesante esa divergencia. En Corneille, tras la revelación de la identidad de Edipo, la historia de los amores de Dirce y Teseo, con su matrimonio ya despejado, permite un curioso *happy end*. En el drama de Voltaire, vista la malignidad de los dioses y del sumo sacerdote, el final es tan triste como y aún más fatalista que en su modelo antiguo.

Doy un breve resumen de la trama de uno y otro y un corto comentario para destacar cómo se distancian del modelo sofocleo.

Edipo de Corneille (1659)

La epidemia de peste asuela la ciudad de Tebas. En ella Dirce, la hija de la reina Yocasta y del viejo rey Layo, ama a Teseo, príncipe de Atenas, pero ha sido prometida por el rey

15. Unos años después del de Voltaire, Houdar de la Motte publicó su propio *Edipo rey* (1726) con otro episodio de relleno; en este caso la víctima exigida por los dioses debía ser «de la sangre de Yocasta», lo que apuntaba a sus hijos: Eteocles o Polinices. (Que solo se salvarán al conocerse la identidad de Edipo como hijo, y esposo, de la reina). «De ahí un nuevo suspense en *quid pro quo,* pero que tiene el mérito de no salir de la familia, y de ser tan insoportable para Edipo y Yocasta como la misma verdad», dice G. Genette, *op. cit.,* p. 332.

actual, Edipo, a Hemón, hijo de Creonte y sobrino, por lo tanto, de Yocasta. Edipo se opone a la boda con el héroe ateniense por motivos políticos. Ante el silencio de los dioses, se impone la consulta al adivino Tiresias. Este hace aparecer al fantasma del rey Layo, quien revela que su asesinato no castigado es la causa de las desdichas de la ciudad. Y que solo la sangre de una víctima de «su estirpe» podrá salvar a la urbe. Dirce, la hija del muerto, parece presentarse como la víctima designada. Ella consiente y se prepara para el sacrificio. Pero Edipo está perplejo ante los misteriosos avisos de Forbante, el servidor que acompañaba a Layo cuando fue asesinado, y en sus dudas prefiere diferir el sacrificio. Con la esperanza de salvar así a Dirce, Teseo acude ante la reina Yocasta y, dispuesto al sacrificio, se confiesa hijo de ella misma y de Layo. Aun así niega ser el asesino del rey Layo.

Interrogado por Yocasta y luego por Edipo, Forbante revela que fue el propio Edipo quien mató a Layo. Un mensajero de Corinto llega entonces anunciando la muerte de Pólibo, y, como en Sófocles, a la vez informa a Edipo de su verdadero origen. La confrontación entre este mensajero y Forbante, que había sido el encargado de abandonar el niño a las fieras, acaba por revelar la verdad. Una dama de honor de la reina sale luego a escena para anunciar el suicidio de Yocasta. A continuación un criado de Edipo cuenta que se ha cegado cumpliendo así su castigo.

Edipo de Voltaire (1718)

Filoctetes, príncipe de Eubea, llega a Tebas donde la peste está arrasando la ciudad. Al saber que el rey Layo fue asesinado hace cuatro años no siente ningún pesar, porque está enamorado desde hace años de la reina Yocasta. Ella, sin embargo, ha tenido que casarse de nuevo con Edipo, que ocupa el trono tras haber salvado la ciudad al vencer a la Esfinge. Ante el coro quejumbroso y ante el rey que ha salido de su palacio, el gran sacerdote revela el mensaje de los dioses: el espectro de Layo ha hablado y reclama el castigo de quien lo mató como condición para librar a la ciudad de la mortífera peste. Edipo se compromete a encontrar y castigar al culpable. Al pronto el pueblo acusa a Filoctetes del crimen, motivado por su odio a Layo. Solo Yocasta lo defiende y confiesa a su confidente que ella no ha amado nunca a nadie más que a él. Llevado ante la reina y luego ante Edipo, Filoctetes niega ser el asesino.

El gran sacerdote acude entonces para revelar el nombre del culpable: Edipo. Este, furioso, expulsa a su acusador, que se retira maldiciendo, profiriendo amenazas y expresando sus dudas acerca del origen del rey. Yocasta, a quien confía Edipo su inquietud, le revela la antigua profecía que amenazaba a Layo y el abandono y orden de muerte de su hijo recién nacido. A su vez, Edipo cuenta su propia consulta al oráculo y su fatal pelea con unos viajeros. El testimonio de Forbante confirma lo que la reina y el rey han empezado a sospechar: es Edipo el matador de Layo.

Cuando ya el rey anuncia que se exilia y confía el trono a Filoctetes, llega un mensajero corintio trayendo la noticia de la muerte de Pólibo, y revela que Edipo no era realmente su hijo: él mismo lo recogió antaño de las manos de un tebano que había recibido la orden de darle muerte. Ese tebano era Forbante, quien confirma el relato, y confiesa que el niño era el hijo de Layo. El gran sacerdote acude para anunciar a Yocasta que Edipo se ha hundido la espada en los ojos. Ante ello Yocasta se suicida a la vez que maldice por su destino fatal a los dioses.

Hay una notable distancia entre el *Edipo* del viejo Corneille y el homónimo del joven Voltaire, aunque uno y otro, como algunos más, coinciden en introducir un motivo nuevo en la intriga dramática: un episodio de pasión amorosa que presta al mito antiguo una cierta novedad y un nuevo tono sentimental a los encuentros de la obra. En el drama de Corneille se destaca la pasión entre Teseo y Dirce, y en Voltaire el amor apasionado entre Filoctetes y Yocasta. El descubrimiento de la anterior historia del rey Edipo es muy parecido en uno y otro caso, un mero reflejo del argumento de Sófocles. Solo que aquí Edipo no tiene la grandeza de carácter ni le mueve el impulso justiciero de la tragedia griega. Es, en ambos casos, una víctima de la fatalidad, un condenado que aun sabiéndose inocente en sus intenciones asume dignamente su castigo. En las dos hay un cierto influjo del texto de Séneca y se evoca, por parte del gran sacerdote (un equivalente del antiguo Tiresias), al fantasma de Layo como acusador principal. Hay, sin embargo, un fuerte contraste entre la visión más heroica de Corneille, que resalta la entereza moral del protagonista, y la sombría pesadumbre del drama de Voltaire, que aprovecha el tema trágico para expresar su desprecio a los dioses y sus astutos representantes.

Me parece que Paduano analiza muy bien esa divergencia tan significativa entre uno y otro drama, y que cita muy acertadamente las últimas líneas de ambos que ahora voy a traducir. En Corneille es la princesa Dirce quien reconoce que en su final Edipo es «el más grande de nuestros reyes», y que «se ha hecho dueño de todo su destino». Y el propio Edipo afirma que asume su destino con una estoica magnanimidad, porque, si de los dioses le vinieron las desgracias, su propia virtud, en la muerte, revela su nobleza[16]:

Pero si los dioses me dieron una vida abominable,
me dejan por piedad la salida honorable,
ya que, al fin, su favor, mezclado a su rencor,
me condena a morir para la salvación de todos,
y al mismo tiempo que debería mi vida
por los crímenes pasados sufrir la infamia,
el brillo de mis virtudes que no me viene de ellos
alcanza en recompensa una muerte gloriosa.

En cambio, el Edipo volteriano se despide con un lúgubre grito dirigido al espectro de su padre, ese terrible Layo infernal y vengativo, heredado del sombrío drama de Séneca:

¿Dónde estoy? ¿Qué noche cubre
con un velo horrible la claridad que nos alumbra?
Estos muros están tintos en sangre. Veo a las Euménides
agitar sus antorchas vengadoras de los parricidios.
El infierno se abre... ¡Oh Layo, padre mío! ¿Eres tú?
Te veo ya, ya reconozco la herida mortal
que te hizo en el flanco mi mano criminal.
Castígame, véngate de un monstruo detestado,

16. «Así Corneille celebra con una catástrofe positiva una crisis accidental del poder, mientras que Séneca concluía en la angustia y la ruina el ciclo de su inmutable negatividad» (G. Paduano, *op. cit.*, p. 285).

de un monstruo que mancilló el seno materno.
Acércate, arrástrame a las moradas sombrías,
iré con mis suplicios a espantar a las sombras.
¡Ven, yo te sigo!

Y la desgraciada Yocasta se suicida después de saber que Edipo ya se ha desgarrado los ojos, y se despide, clamando su amargura contra el destino y los dioses, clavándose la espada:

YOCASTA: Por un poder horrible condenada al incesto. La muerte es el único bien, el único dios que me queda. ¡Layo, recibe mi sangre, te sigo al país de los muertos: He vivido virtuosa, y muero sin remordimientos!

CORO: *¡Oh, desdichada reina! ¡Oh, destino que aborrezco!*

YOCASTA: Llorad por mi hijo solo, pues que él aún respira. Sacerdotes y vosotros, tebanos, que fuisteis mis súbditos, honrad mi sepulcro, y pensad para siempre que en medio de los horrores del destino que me hunde he avergonzado a los dioses, que me forzaron al crimen.

Edipo y la Esfinge de Hugo von Hofmannsthal

Hugo von Hofmannsthal publicó en 1906 su drama *Edipo y la Esfinge,* programado como la primera pieza de una trilogía sobre Edipo. Las otras dos serían las versiones de las tragedias de Sófocles: *Edipo rey* (que él mismo tradujo y puso en escena en 1910) y *Edipo en Colono*[17]. Entre las va-

17. Cf. E. Hederer, *Hugo von Hofmannsthal,* Fráncfort, S. Fisher, 1960 y W. Jens, *Hofmannsthal und die Griechen,* Tubinga, Max Niemeyer, 1955.

rias obras que el poeta y dramaturgo vienés dedicó al mundo de los mitos griegos, *Edipo y la Esfinge* merece destacarse como la más arriesgada y original, aunque es cierto que debe parte de esa originalidad a una obra pocos años anterior: *Oedipe et le Sphinx,* de Joséphin Péladan (1897).

Por la fecha de composición (1905, publicada en 1906) *Edipo y la Esfinge* es algo posterior a la *Traumdeutung* de Freud (1900) y resulta muy interesante detectar en ella una honda y latente influencia de la interpretación del gran psicólogo vienés y su descubrimiento del «complejo de Edipo»[18]. El drama de Hofmannsthal tiene una nueva y extraordinaria fuerza dramática gracias a su ahondamiento psicológico en los caracteres de los personajes singulares, que van mucho más allá de sus rasgos escuetos en los dramas griegos. Tanto Yocasta como Creonte y el mismo Edipo son personajes portadores de oscuras pasiones, angustiados por las profecías y los remordimientos. Podría decirse que son figuras griegas que se mueven en una atmósfera cargada de presagios oscuros; son figuras un tanto características del mundo crepuscular y melancólico de la Viena de finales del XIX (y de comienzos del XX). Con una intensa atmósfera trágica y un final que refulge de aires de triunfo, pero impregnado de una amarga ironía trágica, este drama representa la marcha ascendente del joven Edipo desde Delfos al trono de Tebas; es decir, esa primera parte de la historia de Edipo que luego, en *Edipo rey,* se

18. Esa influencia ha sido muy discutida, ya que no está atestiguada la coincidencia de ambos, Hofmannsthal y Freud, en la Viena de esos años. Freud no frecuentaba los cafés a los que iba el joven Hofmannsthal y este no citó nunca *La interpretación de los sueños;* pero en su biblioteca había textos de Freud (cf. Paduano, *op. cit.,* p. 128, nota 4).

descubrirá como una cadena de errores trágicos por los que años después el protagonista tendrá que sufrir castigo. Lo que en Sófocles aparece como recuento de hechos pasados hace tiempo, evocado por Edipo o narrado por los mensajeros y siervos, aquí se presenta en su propio momento, con mayor detalle y fuerte dramatismo.

Resumamos, brevemente, la trama, desarrollada en tres actos y tres escenarios.

En el primer acto, en un escenario agreste, a la salida de Delfos junto a una encrucijada, avanza Edipo, angustiado por la profecía que ha escuchado de la pitonisa; se despide de su viejo ayo, Fénix, y le ordena volver a Corinto y contar a sus padres, Pólibo y Mérope, que no regresará allá nunca (por temor al cumplimento del oráculo). Luego, cuando avanza solitario, armado con su bastón de viajero, se topa con el heraldo que le conmina a despejar el camino para dar paso a un rey. Agredido por ese heraldo, Edipo lo mata de un golpe de bastón. En seguida aparece Layo con su coche y sus tres siervos. Furioso por la muerte de su criado, Layo amenaza a Edipo con darle una muerte terrible en medio de tormentos. Edipo, a su pesar, debe resistirse y mata al viejo rey. Los criados de este huyen. Por un momento, Edipo siente una rápida sospecha de que el muerto fuera su padre; pero lo mira a la luz de la luna y desecha ese temor. Y sigue su marcha, apesadumbrado.

El segundo acto sucede en Tebas. Aparece Creonte, que va a consultar a un adivino sobre su destino. Es un personaje inquieto, un tanto siniestro, que espera hacerse con el trono vacante por la muerte de Layo, pero que no se atreve a tomar ese poder que tan oscuramente ansía. Luego aparecen Yocasta y su suegra, Antíope, la madre de Layo, que llena de amargura le echa en cara a la joven reina su falta de hijos. Ella responde que no es una mujer estéril, sino que tuvo un niño, un hermoso niño, hijo de Layo, que este, por temor a una profecía, mandó arrojar al bosque y matar apenas nacido. (La profecía no vino de Delfos, sino de unos adivinos, y fue Creonte quien se la comunicó al rey, por lo que Yocasta odia desde entonces a su hermano). El pueblo aclama desde afuera a Creonte, deseando tener un rey que los proteja de la Esfinge; pero la vieja Antíope lo rechaza, porque presiente que Yocasta debe tomar otro esposo, un joven héroe que ha de llegar pronto. Tiresias, el viejo adivino, respalda esa visión de Antíope y saluda a Yocasta como la salvadora de la ciudad en cuanto futura esposa del héroe. Entonces aparece Edipo, ignorante de todo el conflicto, y el pueblo lo vitorea como su salvador, como un nuevo Perseo. Edipo se admira al ver a Yocasta, como ella al verlo a él (que le recuerda, en un primer vistazo, a su antiguo esposo, Layo). Ante las súplicas del pueblo, Edipo se compromete temerariamente a enfrentarse a la Esfinge.

El tercer acto, mucho más breve que el anterior, tiene como escenario, nocturno primero y luego con luz del alba, el enfrentamiento con el monstruo famoso. Creonte acompaña a Edipo con la intención de traicionarlo y contemplar su muerte. Pero Edipo se interna solo en la cueva donde se alberga la Esfinge. Creonte, al pie del monte, oye un grito escalofriante y advierte que es más que humano. Luego sale Edipo, que cuenta cómo ha acabado con la Esfinge. El monstruo no le ha planteado ningún enigma ni ha luchado con él, sino que se ha arrojado por sí misma al abismo al reconocer a Edipo. Creonte, que antes pensaba matarlo, siente temor ante Edipo, en quien presiente acaso un dios. Se oye el clamor del pueblo que acude al monte donde el nuevo héroe aguarda. Y es Yocasta quien avanza, sola, y quien, después de despedir a Creonte, porque el encuentro es el de un rey y una reina, saluda y se enfrenta emocionada y apasionada a Edipo. He aquí la gran escena final, un dúo con ecos wagnerianos, con un coloquio de intensa pasión erótica que precede al abrazo de los amantes, un instante entusiasta y triunfal. El pueblo, al fondo, prorrumpe en gritos de «¡Edipo rey!».

Ese clamor con que se cierra el drama es un reclamo a la continuación de la historia de Edipo, a la segunda pieza de la trilogía de Hofmannsthal, es decir, a la tragedia de Sófocles, como muy bien destaca G. Paduano. El triunfo de Edipo, que se corona mediante la unión con Yocasta en el trono de Tebas, es una terrible ironía del destino, como saben los espectadores, que conocen el mito. El incesto aparece aquí envuelto en el impulso erótico apasionado que arrastra al hijo a los brazos de su madre y viceversa. Esa escena es, sin duda, uno de los momentos más logrados del drama, con sus reflejos wagnerianos, como se ha subrayado más de una vez. Vale la pena, creo, citar uno de los apasionados parlamentos de Yocasta, restallante de amor hacia el joven héroe:

> YOCASTA: Tú... yo... No, no ciegos. ¿Qué dices? ¡No, no ciegos!
> ¡Somos videntes ambos! Tú no eres un dios y yo, muchacho,
> no soy una diosa. Muchacho, muchacho, frente a nosotros
> son pobres los dioses, ¡los dioses que no pueden morir, pobres!
> Sin embargo, tú y yo... Tu presencia en este monte sagrado,

tu sangre, que te ha arrastrado, tu dolor, que te ha impulsado...
Mis noches y mis días, mi sangre, que no podía ni vivir ni morir,
¡y hoy, este hoy, tú y yo! Los días, los que ahora vienen, días, días,
lo sin nombre que aún ha de venir y, sin embargo,
ya está aquí, día y noches, noche y días;
lo oscuro, que sabemos y de lo que reímos.
Y tú que me bendices y yo bendiciéndote,
¡tu rostro junto a mí, y mi rostro junto a ti!
¿Dónde están los dioses, dónde está ahora la muerte
con la que siempre desgarran nuestro corazón?
Estaba antes siempre en torno a mí, estaba ante mis ojos,
en mi pelo, me envolvía como una humareda,
¿adónde se ha ido? Se ha sumergido en mi cuerpo,
como un placer sin nombre, como una colosal promesa.
¡Oh, rey mío, oh tú, nosotros somos más que dioses,
sacerdotes y víctimas somos nosotros, nuestras manos
lo santifican todo, somos nosotros solos el mundo entero![19].

El júbilo amoroso de Edipo y Yocasta en ese final viene aumentado para ambos por un hondo sentimiento de la liberación de los temores y angustias que uno y otra han ex-

19. En una nota muy oportuna, Paduano señala que estos versos fueron eliminados por el propio Hofmannsthal en la quinta y sexta ediciones del drama, acaso porque parecían sugerir un final demasiado feliz del mismo (y oscurecer su continuación en *Edipo rey*). Y, en efecto, algún crítico consideró este «himno a la felicidad» como la última palabra de la obra «llegando a ver en el incesto el cumplimiento perfecto del instante dionisíaco que tanto fascinara a Hofmannsthal»; con ello, sin duda, iban mucho más allá de la intención de su autor (G. Paduano, *op. cit.*, pp. 140-141).

perimentado en su vida anterior. Desde el comienzo, como señalamos, Edipo aparece como un ser angustiado, atormentado no solo por la profecía del oráculo, sino también por sus propios sueños, que de algún modo críptico confirmaban la terrible profecía. («¡Ah, era solo un único sueño, el sueño de Delfos, ay, el sueño del padre y de la madre y del niño!», dice Edipo). Por su parte, también Yocasta, que ha vivido como joven reina viuda amargada por la pérdida de su único hijo y los reproches de una existencia estéril, encuentra en el joven héroe una promesa de resurrección y una compensación doble al hijo ansiado y perdido. Edipo, que estaba resignado a una vida solitaria e incluso próximo al suicidio, con tal de evitar la terrible profecía, se ve aclamado como héroe y con el amor soñado, unido a una reina de porte noble y cierto aire maternal, el ideal de esposa que, desde su niñez en Corinto, anhelaba. En un sueño se había visto matar a un hombre oscuro, que desató en él el «placer de la cólera» y poseyendo a una mujer envuelta en velos, en cuyos brazos se sentía como un dios. Edipo, que hasta entonces había desdeñado a las jóvenes de Corinto, anhelando encontrar para madre de sus hijos a una mujer de porte regio, como Mérope, su supuesta madre, halla al fin en Yocasta la figura soñada. El sueño de su vida, ese *lebenstraum,* se cumple en el inconsciente incesto que culmina el drama.

La importancia del sueño, enigmático y profético, así como las ambiguas frases de Yocasta, amante como esposa y madre, parecen referencias a la teoría freudiana[20]. Las alu-

20. Ya en su prólogo a la edición y traducción de la obra de Hofmannsthal, G. Paduano comenta esas numerosas alusiones al famoso texto de Freud. Traduzco algunas líneas:

siones se repiten en numerosas frases de una hiriente ironía. También Creonte está angustiado por sus sueños, que le revelan su impotencia y la llegada de un heredero del trono, «un Layo más joven». Y la Esfinge saluda a Edipo poco antes de suicidarse: «Ya estás ahí, tú, al que yo aguardaba, ¡salve a ti, Edipo! A ti, que sueñas sueños profundos». La Esfinge, como ya advertimos, no propone al hijo de Layo ningún enigma, sino que al reconocerlo se lanza al abismo, con un terrible aullido, después de contemplar a Edipo y despedirse de él con una mirada «embebida de una triste ternura».

Sorprendentemente, la victoria sobre la Esfinge no disipa la honda tristeza de Edipo. El victorioso Edipo, que se confiesa dominado por el horror e incluso anhela morir, sale de la cueva donde ya el monstruo ha desaparecido al arrojarse al abismo sin lucha alguna. Al encontrarse con Creonte, que aguardaba el resultado del combate, llega a ofrecerle su espada para que le dé muerte. Creonte no se atreve a ello. Y Edipo eleva su queja contra los dioses:

«La *Traumdeutung,* que confería a Edipo un lugar de insospechado relieve, se había publicado algunos años antes; pero era un texto científico de medicina [...] y no hay testimonios sobre ninguna relación de Freud y Hofmannsthal en la escrupulosísima biografía freudiana de Jones. El lector juzgará hasta dónde la fuerza de las referencias freudianas de *Edipo y la Esfinge* pueda comprometer la cautela de los argumentos *ex silentio;* a mí no me parece esto el problema fundamental, porque aun si la equivalencia entre transgresión y pulsión no viene asumida como una referencia inmediata a la *Traumdeutung,* esta puede ser recuperada bastante más útilmente a través de la estructura dramática». Cf. *Hugo von Hofmannsthal, Edipo e la Sfinge.* Intr., trad. y notas de G. Paduano, Milán, Rizzoli, 1990. Las dudas sobre si el joven dramaturgo vienés conoció las teorías de Freud parecen ya resueltas en sentido positivo por los datos de la biblioteca de Hofmannsthal, como apunta Paduano en su otro libro ya citado, de fecha algo posterior a esta traducción y este excelente prólogo.

> ¡Vosotros, dioses, dioses! ¡Os sentáis en un trono dorado allá arriba y os alegráis de que ahora haya caído aquel al que habéis dado caza con perros día y noche! El mundo entero es vuestra red, la vida es vuestra red, y nuestras acciones nos dejan desnudos ante vuestros ojos insomnes, que nos miran a través de la red. Aquí estoy y quería realizar mis hazañas y no he hecho más que traicionarme hasta la muerte. ¡Ahora poned un fin! ¿No tenéis ningún rayo? [...]. Me causáis espanto, vosotros dioses, no quiero miraros más tiempo a los ojos, arrojad la oscuridad sobre mí, arrojadme la muerte como un manto, dioses. ¡No deseo nada más que la muerte!

Después de su extraña victoria sobre la Esfinge, esa Esfinge que lo esperaba para lanzarse por sí misma a la muerte, Edipo aún se siente amenazado por tanto misterio, azuzado aún por el intimidante peligro de un destino oscuro, como apresado en una red invisible, sin escapatoria. Al alzar su queja contra los dioses se parece más a uno de los héroes desesperados de Eurípides que a un héroe de Sófocles, firme en su catástrofe. Pero en ese momento llega Yocasta, radiante de amor y esperanza, y todo el mundo cobra otro aspecto. Cierto que todavía le queda algún recelo oscuro. Pero la presencia de Yocasta, como la de una madre protectora, que le llama «mi niño, mi joven muchacho», disuelve esos temores. Y la escena del apasionado coloquio hace olvidar los antiguos temores. «Me pasa –dice Edipo– como si supiera cosas cuyos nombres pueden helar la sangre. Sin embargo, Yocasta, he aprendido ahora a olvidarlas en tus brazos».

En la luz feliz del amoroso encuentro, el joven héroe y la reina, que revive el amor y un cariño maternal, olvidan sus angustias pasadas. Imaginamos un cielo rojo como fondo de la apasionada escena, en la cima del monte, ante la cueva que albergara a la Esfinge. El pueblo aclama a su rey, triunfante y dichoso, y a la reina entusiasta que se abraza a él como a su salvador. (Los dioses guardan silencio).

Me parece interesante advertir cómo Hofmannsthal ha reconstruido, de modo muy original, el encuentro con la Esfinge. Ha eliminado el enigma pero, sin embargo, no lo ha revestido con ningún erotismo, como sí lo tenía el drama poético de Péladan en el que se inspira y como tienen algunas representaciones pictóricas de la época. El encuentro, que está aquí narrado por el propio Edipo, resulta sorprendente, tanto que a él mismo le deja un sabor a misterio no resuelto. El monstruo reconoce a Edipo, lo saluda con extrañas palabras («eres tú, soñador de sueños profundos») y se suicida sin más arrojándose al abismo. Como si fuera un personaje cuyo papel estuviera reducido a esto: aguardar la llegada del héroe predestinado y luego, cumplido ese trance, desaparecer para dejarle el triunfo en sus manos, sin desafío verbal ni combate guerrero ni truco erótico. Puesto que el título es *Edipo y la Esfinge,* habríamos esperado que ese cara a cara entre el viajero y el monstruo –aquí en la oscuridad de la cueva– diera más juego. Pero el dramaturgo vienés, muy hábil en sus planteamientos escénicos, ha preferido rebajar el relieve dramático del mismo para acentuar más la escena entre Edipo y Creonte, por un lado, y el espléndido encuentro final entre Edipo y Yocasta. (Y ha eliminado el enigma porque no le interesaba subrayar el saber o la astucia de Edipo, un joven valiente y angustiado en exceso, que va hacia la Esfinge con ánimo casi suicida).

La Esfinge es un monstruo femenino en la tradición griega –como ya hemos comentado– cuyo atractivo sexual puede resultar más o menos resaltado en las representaciones plásticas[21]. Para algunos psicoanalistas es un símbolo de la madre dominante y para otros, como Freud, incluso del padre asesinado[22]. Hofmannsthal sabía, supongo, que el enigma no pertenece al fondo más antiguo del mito, y ha prescindido de él, distanciándose así de la tradición habitual. Y ha dado a la Esfinge un aspecto misterioso, trasformando el esperado triunfo de Edipo sobre el monstruo en un lance enigmático y fatídico, que deja al héroe victorioso sumergido en la zozobra.

La máquina infernal, de Jean Cocteau (1934)

Jean Cocteau se sintió muchas veces atraído por los mitos griegos y escribió en más de una ocasión sobre Edipo y Antígona y, con intenso fervor, sobre Orfeo (para el teatro en 1925 y para el cine en 1951 y 1959). Es muy interesante su versión de la tragedia de Sófocles, abreviada como libreto y traducida al latín (por J. Daniélou) para el oratorio de Ígor Stravinski, *Oedipus rex.* En *La machine infernale* (escrita en 1932 y llevada a escena en 1934) nos ofrece una de las versiones del mito más irónicas de la época posfreudiana. Hay en esa revisión dramática del mito de Edipo múltiples ecos de Sófocles, Séneca, y también de Gide y de Hofmannsthal. La originalidad del entramado, el lenguaje coloquial y el enfoque irónico de las escenas y personajes no deja de encubrir

21. En los cuadros de fines del siglo XIX suele representarse a la Esfinge como un ser femenino de intenso atractivo sexual, una devoradora de hombres, seductora, perversa y fatal. Cf. imágenes y comentarios en B. Dijstra, *Ídolos de perversidad,* Madrid, Debate, 1994, pp. 325-332.
22. Cf. J. Bollack, *op. cit.,* pp. 311-312.

una interpretación distante del sentido trágico de la obra de Sófocles, con una tesis determinista y simple que se percibe ya en el título mismo de la pieza: *La máquina infernal.* Una voz en *off* resume la trama al comienzo de la representación:

> Para que los dioses se diviertan mucho, importa que su víctima caiga desde lo alto. Los años pasan prósperos. Dos hijas, dos hijos complican la boda monstruosa. El pueblo ama a su rey. Pero la peste estalla. Los dioses acusan a un criminal anónimo de infectar el país y exigen que sea expulsado. De busca en busca y como ebrio de desdicha, Edipo llega al pie del muro. La trampa se cierra. Se hace la luz. Con su echarpe rojo Yocasta se ahorca. Con la fíbula de oro de su mujer ahorcada, Edipo se taladra los ojos.

Así, toda la peripecia existencial de Edipo es vista como una trampa secreta de los dioses, una trampa «armada para la aniquilación matemática de un mortal».

Lo advierte muy bien Paduano, que hace un agudo y profundo análisis de la trama y sus marionetas[23]. Hay, para sugerir la ironía del drama y rebajar la tensión patética, un descenso de nivel en el lenguaje, que no es solemne y trágico, sino claro y coloquial. «De hecho, la renuncia a la dignidad del lenguaje trágico no es en Cocteau más que la formalización de la renuncia a la concepción heroica de la experiencia humana que en el *Edipo rey* había quizás adquirido su más alto, aunque paradójico, resultado»[24]. La figura heroica del

23. Ya antes W. Schadewaldt y otros habían criticado esa interpretación fatalista del drama (que se acerca en tono algo burlesco a la de los románticos) como una lectura superficial del mito.
24. G. Paduano, *op. cit.,* p. 163. Y añade: «A partir de un título ejemplarmente fiel al mensaje de conjunto de la obra, *La machine infernale* indica

protagonista, activo y magnánimo en Sófocles, resulta aquí muy desvalorizada, al mismo nivel que los demás personajes del drama. Solo gana presencia dramática la figura de Yocasta, que ocupa un primer plano, tanto como en la obra de Hofmannsthal, aunque el personaje es tratado con menguada tonalidad trágica. Y, desde luego, es interesante como figura burguesa retratada por un lector de Freud, con deseos y sueños incestuosos. También se ha degradado la figura de Tiresias, aquí «casi ciego», y no un venerable profeta, sino un consejero de la reina, que le da el nombre cómico de «Zizí». Y la Esfinge no es ya el terrible monstruo, sino una extraña figura que se entretiene hablando con el dios egipcio Anubis, cansada de representar su papel mítico, mientras aguarda la llegada del ingenuo Edipo, al que ella, de antemano, revela la solución del enigma. El encuentro es una de las escenas más originales y pintorescas de la trama, debido a su tremenda ironía. La victoria de Edipo, que repite la respuesta apuntada por la Esfinge, no se debe ya a su sabiduría, sino al engaño de los dioses, pero él lo percibe como su triunfo[25].

la naturaleza despiadada y mecánica de los sucesos respecto a un ser humano que se mueve como una marioneta para la diversión de los dioses, y de esa pasividad no se rescata para la afirmación de valor alguno, ni de una diversidad individual de la humanidad común, que el tono irónico reviste de mediocridad más que de malignidad».

25. Vuelvo a citar a G. Paduano (*op. cit.*, p. 168): «En Edipo el carácter pasivo o incluso parasitario de su empresa se une al estólido autoengaño que le confiere los colores de una gran satisfacción y cuando lo vemos salir de escena (tras el encuentro con la Esfinge) se repite la letanía: «He matado a la bestia inmunda», «He salvado a la ciudad», «Me casaré con la reina Yocasta», «Seré rey»; en ese momento no se puede sino asentir al comentario con el que la Esfinge, desilusionada, acogía su entrada en escena: «¡Imbécil! No ha entendido nada». La Esfinge, en un diálogo chispeante, le advierte también a Edipo, cuando este le dice que se casará

Al abandono del estilo elevado de la tragedia le acompaña, pues, esa degradación con notas algo cómicas del carácter de Edipo, víctima del destino, que cae en la trampa sin audacia y sin nobleza, y resulta casi una caricatura del antiguo héroe. La intriga ha perdido su tensión trágica, es una farsa ingeniosa y brillante, una rara tragicomedia con unas cuantas escenas de notable ingenio y claro sentido plástico.

La construcción del drama tiene su propio interés y demuestra la habilidad de Cocteau para los juegos escénicos. La obra tiene cuatro actos: «El fantasma», «El encuentro con la Esfinge», «La noche de bodas» y «Edipo rey». El cuarto acto resume toda la trama del *Edipo rey* de Sófocles. El primero es una novedad curiosa: sobre los muros de Tebas se pasea el fantasma de Layo para advertir a Yocasta, aunque finalmente no logra que esta lo vea. (Sin duda la escena evoca el comienzo de *Hamlet,* al que ya Freud había puesto en relación con Edipo). El encuentro con la Esfinge es, como ya dijimos, muy original: la Esfinge, transformada en joven muchacha, sale al paso de Edipo y le cuenta la solución al enigma; luego aparece como monstruo y finge suicidarse cuando Edipo da la respuesta apropiada. El tercero ofrece una discusión entre Tiresias, que quiere advertir al joven del acto incestuoso, y el orgulloso Edipo, que luego se acuesta con Yocasta y ambos sueñan pesadillas (él cree despertar junto a su madre). El último acto –ya diecisiete años después de la boda– es una réplica del drama de Sófocles. Cuando todo queda revelado, Yocasta se ahorca y Edipo se desgarra los ojos. Pero cuando Edipo abandona Te-

con Yocasta, de la diferencia de edad: «¡Una mujer que podría ser vuestra madre!». Y Edipo responde: «¡Lo fundamental es que no lo sea!».

bas, ya ciego y maldito, lo acompañan su hija Antígona y el fantasma de Yocasta, ya no su esposa, sino su madre.

Como se deja ver en este breve resumen, Cocteau ha contado por entero el mito y la tragedia. A Sófocles le bastó con lo que aquí es solo el cuarto acto, el acto final. Y a lo largo de ese recorrido, en el que no faltan las alusiones a otros relatos famosos -como la mencionada al inicio de *Hamlet* de Shakespeare, una tragedia de venganza- ni tampoco las alusiones al complejo freudiano o la inclusión de alguna figura pintoresca, como ese dios egipcio Anubis que charla con la Esfinge, desfilan en escena los viejos personajes del mito con una cierta soltura y un aire desenfadado. Yocasta es una dama un tanto frívola, Tiresias no guarda su aspecto de venerable augur y Edipo es un joven ambicioso y poco sabio. Podríamos decir tal vez que hay una cierta desmitificación, o más bien una cierta mirada irónica que deconstruye el mito trágico y lo desacraliza. Es evidente que, como apuntamos antes, el autor escribe para un público que ya conoce la tragedia de Sófocles y sabe apreciar el contraste dramático. La propuesta de un Edipo juguete de una maquinación diabólica de los dioses ya se apunta en el título y en el prólogo, que una voz en *off* recita mientras se abre la representación. En conjunto, esta lectura de *Edipo* ofrece una interpretación rebajada del mito antiguo, que algo recuerda a la tesis de fondo de Voltaire, pero en un tono menos trágico y mucho más divertido. La intriga está presentada con agilidad y con una ironía renovada, pero el profundo sentido trágico, que está ligado a la personalidad heroica de Edipo, se ha perdido[26].

26. G. Genette (*op. cit.*, pp. 332-333) anota: «El acto III se consagra a la noche de bodas de Yocasta y Edipo: primera manifestación dramática

Tal vez vale la pena recordar que, más o menos por los mismos años en que se representó este *Edipo,* se ponían en escena en Francia otras piezas de tema griego, como si estuviera de moda la tendencia a remozar y reconstruir sus antiguos mitos: *Edipo* (1931) de A. Gide; *Eurídice* (1942) y *Antígona* (1944) de J. Anouilh; *Las moscas* (1943) de J. P. Sartre; *Anfitrión* (1929), *No habrá guerra en Troya* (1935) y *Electra* (1937) de J. Giraudoux. En muchas de ellas se daba un cruce parecido entre el fondo mítico y trágico y un nuevo tono dramático, a veces irónico, casi siempre con un lenguaje coloquial. En ese contexto hay que entender la obra de Cocteau, quien, como ya se ha dicho, mantuvo siempre su fascinación por la lectura y la reinterpretación de mitos griegos.

Edipo, el hijo de la Esfinge. Un subversivo relato de Dürrenmatt

-¿Quién es el rey de Tebas? -preguntó la Pitia.
-Edipo -respondió el sumo sacerdote.
-Tampoco me suena -replicó Paniquis, quien de veras ya no recordaba a Edipo.

De entre los relatos modernos sobre Edipo no recuerdo ninguno tan ingenioso, tan irreverente y tan original como

–o mejor, segunda, después de *Oedipus und die Sphynx* de Hofmannsthal, que data de 1905 y precede a la interpretación freudiana– del interés moderno por la relación incestuosa. Edipo ama a Yocasta con un amor casi filial; Yocasta encuentra en Edipo un inquietante parecido con su hijo «muerto»; Edipo, adormilado (esa noche permanece casto), toma a Yocasta por su madre; Yocasta ve las cicatrices reveladoras en los pies de Edipo y lanza un grito terrible; Edipo le da una falsa explicación (sin conocer la verdadera)».

La muerte de la Pitia de Friedrich Dürrenmatt[27]. En ese relato corto, ficción irónica que juega con los misterios del destino con una fantasía digna de un prestidigitador, Dürrenmatt no solo cambia los caracteres de los personajes, sino que descubre una intriga insospechada que da al traste con toda la trama trágica del mito antiguo. Es en el santuario délfico donde la vieja, desengañada y moribunda Pitia, sentada sobre el trípode profético, recibe la revelación de las intrigas y destinos de la familia de los Labdácidas, mediante las confesiones de los diversos actores del drama: Edipo, Layo, Yocasta, Tiresias y la Esfinge.

El cambio no estriba tan solo en el hecho de que ni Edipo ni Yocasta, culpables de parricidio e incesto, se presenten angustiados por sus crímenes, de los que están pronto conscientes y se muestran orgullosos, sino que en definitiva el destino de ambos se irá revelando mucho más complicado y diverso de lo que uno y otra creyeron. Voy a recordar las líneas en que Edipo confiesa el asesinato de Layo, ante la pitonisa atenta:

> Me había revelado los nombres de mis padres. Así que saqué mi lanza de la herida y volví a clavársela. Expiró. Advertí que Layo me estaba mirando. Aún vivía. En silencio lo atravesé. Yo quería ser rey de Tebas y los dioses también lo querían, y en el frenesí del triunfo me acosté con mi madre una y otra vez y le planté con toda mala fe cuatro hijos en el vientre, porque los dioses lo querían, esos dioses a los que aborrezco aún más que a mis padres, y cada vez que hacía el amor con mi madre, la

27. F. Dürrenmatt, *La muerte de la Pitia.* Trad. Juan José del Solar. Barcelona, Tusquets, 1990, pp. 129-162.

> odiaba más que antes. Los dioses habían decidido esa monstruosidad y la monstruosidad tenía que cumplirse; y cuando Creonte regresó de Delfos con el oráculo de Apolo, según el cual la peste solo remitiría cuando se encontrara al asesino de Layo, supe al fin por qué los dioses habían maquinado un destino tan cruel y a quién querían devorar: a mí, que había acatado su voluntad[28].

También Yocasta es consciente y, aún más, está satisfecha de su incesto:

> Al entregarme a Edipo para que se cumpliera la decisión de los dioses me vengué también de Layo, que fue capaz de arrojar a mi hijo a las bestias salvajes y durante años me hizo derramar amargas lágrimas por él, y así, cada vez que Edipo me abrazaba yo cumplía la voluntad de los dioses, que deseaban la entrega de mi cuerpo a aquel hijo vigoroso y me exigían tal sacrificio. Por Zeus, Paniquis, innumerables son los hombres que me han poseído, pero yo he amado solo a Edipo, a quien los dioses me asignaron como esposo a fin de que, caso único entre las mujeres mortales, no estuviera sometida a un extraño, sino a un hombre nacido de mi vientre. Mi triunfo fue conseguir que él me amara sin saber que yo era su madre; trocar lo más antinatural del mundo por lo más natural fue la dicha que me concedieron los dioses[29].

Pero en esta tragicomedia de los errores de Dürrenmatt todo se descubre distinto. Porque, aunque se cumple muy

28. F. Dürrenmatt, *op. cit.*, pp. 143-144.
29. F. Dürrenmatt, *op. cit.*, p. 145.

paradójicamente la profecía de la despistada pitonisa, ni Edipo era hijo de Layo, ni Yocasta era su madre, ni esta podía jactarse de hacer el amor con su hijo, como creía apasionadamente. El asunto de las muertes y nacimientos en la familia resulta aquí mucho más enigmático o laberíntico. Edipo era, según las secretas revelaciones recibidas en su antro venerable y apolíneo por la moribunda Pitia, nada menos que el hijo de la Esfinge, la hija de Layo a la que devoraron sus propias leonas.

A falta de tiempo para una exposición más detallada, que sería más justa con la brillantez de la narración de Dürrenmatt, hagamos un breve resumen de los datos:

Layo, de visita en el palacio de Pélope, se acostó con su esposa Hipodamía y la dejó embarazada. (En la antigua trama mítica es a su hijo Crisipo al que Layo raptó y violó, ocasionando el suicidio del joven príncipe y la posterior maldición de su padre). En venganza, el rey Pélope hizo castrar a Layo. Pero Hipodamía dio a luz a una niña, la Esfinge, que fue confiada al cuidado de una sacerdotisa de Hermes. A la muerte de esta, la Esfinge se retiró al monte Citerón, donde criaba una manada de leonas, acaso para protegerse de su violento padre. No obstante, Layo llegó a su santuario acompañado de su cochero Polifontes, al que ordenó violar a su hija. Ella, como fruto de esa violación, dio a luz a Edipo. Por el mismo tiempo Yocasta daba a luz a otro niño, también llamado con el mismo nombre, Edipo. Layo dio órdenes de que uno y otro fueran expuestos (por temor al oráculo de que un hijo suyo le daría muerte). Un pastor se llevó al hijo de Yocasta hasta el santuario de la Esfinge, y, una vez emborrachado, le reveló a esta que Yocasta –contra las órdenes de Layo– le había encargado entregar al niño a otro pastor para que lo diera a los reyes de Corinto. Mientras el pastor dormía, la Esfinge arrojó al hijo de Yocasta (y de uno de sus amantes palaciegos, el cochero Polifontes) a sus leonas, taladró con un punzón los pies de su propio hijo (como habían hecho con el otro Edipo), y por la mañana se lo entregó al pastor.

Edipo creció en el palacio de Corinto sabiendo que sus padres, Pólibo y Mérope, eran solo padres adoptivos. Fue a Delfos para conocer los nombres de los auténticos y recibió allí la profecía sobre su destino (como en la versión de Sófocles). Comprendió que cualquier hombre al que matara podría ser su padre, y cuando al partir de Delfos, en la fatídica encrucijada, mató sin piedad a Layo, asumió que este era su padre. También mató allí a Polifontes, el auriga regio, que sí era su progenitor verdadero. Luego se encontró con la Esfinge, resolvió el enigma y se convirtió en su amante. Ninguno conoció la relación mutua de madre e hijo que los envolvía. La Esfinge conocería más tarde esta revelación, después de ser devorada por sus propias leonas. Edipo continuó su viaje hasta Tebas, donde entró como triunfador y se casó con Yocasta, a la que creía su madre. Estuvo satisfecho de haber matado a su padre y haberse casado y tenido hijos con ella porque odiaba a sus padres y a los dioses, como ya hemos dicho. (Notemos que en la famosa encrucijada, según esta versión, Edipo no solo mató a su padre real, sin saberlo, sino de paso, a su abuelo, Layo, que confundió con su desconocido padre. Desde luego, un crimen familiar doble y difícil de superar).

A propósito, Lowel Edmunds escribe lo siguiente:

> Con la Esfinge como madre de Edipo se alcanza una culminación de la tendencia moderna, que empieza con Hegel y con

Ingres, a hacer de la Esfinge el episodio central en el mito de Edipo. Esa tendencia aparece muy claramente en el arte, pero encuentra expresión en todo tipo de obras sobre el mito y muy compulsivamente en Lévi-Strauss[30].

Madre y amante, seducción al incesto, la «ahogadora» (que tal podría ser la vieja etimología del nombre, de *sphingo:* 'ahogar en un abrazo'), la Esfinge, aquí joven bellísima y ya no arcaico monstruo híbrido de leona con alas y cola serpentina, recobra desde luego, en el arte moderno, una espectacular y ambigua prestancia erótica[31], subrayada en muy diversas obras e imágenes.

Pero no quisiera tratar ahora de la enigmática dama que Edipo encontró y venció en el sendero hacia Tebas, sino del relato recién resumido del irónico narrador suizo y de su estrepitoso contraste con el drama clásico de Sófocles.

Como se sabe, la trama de *Edipo rey* es, ante todo, un drama del catastrófico descubrimiento de la verdad, así lo han visto y comentado grandes estudiosos como Fraenkel, Schadewaldt, Knox y Heidegger, por citar solo unos cuantos nombres ilustres. Esta novela corta parece serlo también: solo que aquí la verdad de la historia de Edipo se revela muy distinta y de modo muy distinto. Como en la estructura de intriga detectivesca del drama de Sófocles, la investigación

30. L. Edmunds, *Oedipus,* Nueva York, Routledge, 2006.

31. No es ese, creo, el caso de Lévi-Strauss –en su conocido análisis estructural del mito de Edipo–, ni tampoco el del soneto de Borges «Edipo y el enigma», que ponen el acento no en la figura del bello monstruo, sino en el desafío del enigma ingenioso que plantea. Sobre la figura de la Esfinge, sus imágenes y reflejos en las teorías psicoanalíticas, remito al ameno libro de J. M. Marinas, *La ciudad y la esfinge. Contexto ético del psicoanálisis,* Madrid, Síntesis, 2004.

recurre a evocar el pasado y lo trae a escena sacando a la luz sucesos olvidados o encubiertos que ahora resurgen terribles y escandalosos. Todo ha sucedido ya cuando los fantasmas acuden a visitar a la pitonisa, moribunda ella también, sentada sobre el trípode, en el sótano brumoso del templo de Apolo en Delfos. Es, como sería en una escena final de una novela de detectives, el momento de las revelaciones sobre el crimen y los asesinos. La tragedia sofoclea, que también tiene mucho de obra policíaca, como se ha dicho tantas veces, no llega a tanto, desde luego. En ella el descubrimiento del pasado procede de modo paulatino.

Pero es más: la ironía de Dürrenmatt es implacable y, al final, nos quedará la duda de si las revelaciones sorprendentes expuestas por los fantasmas serán, a fin de cuentas, toda la verdad:

> –Hay una cosa que no entiendo –dijo la Pitia–. Que mi oráculo diera en el clavo, aunque no como Edipo se lo imaginaba, es un azar increíble; pero si Edipo creyó desde un principio en el oráculo, y el primer hombre al que mató fue al auriga Polifonte y la primera mujer a la que amó fue la Esfinge, ¿por qué no le entró la sospecha de que su padre había sido el auriga, y su madre, la Esfinge?
>
> –Porque prefirió ser hijo de un rey que de un auriga. Él mismo eligió su destino –respondió Tiresias.
>
> –Pues vaya oráculo el nuestro –se quejó Paniquis en tono amargo–; solo gracias a la Esfinge sabemos ahora la verdad.
>
> –No lo sé –observó Tiresias pensativo–; la Esfinge es sacerdotisa de Hermes, el dios de los ladrones y embusteros[32].

32. F. Dürrenmatt, *op. cit.,* p. 159.

Hay muchas recreaciones modernas del mito edípico, en el teatro, en la novela o en el cine, de notable originalidad. Bastaría evocar nombres como los de J. Cocteau *(La machine infernale,* 1934), A. Robbe-Grillet *(Les gommes,* 1953) o Pasolini *(Edipo re,* 1967), por citar tres que son anteriores a esta narración de Dürrenmatt (1976). Sin embargo, no creo que ninguna sea comparable a su descomposición y recomposición de la antigua trama. Tampoco en esas piezas se perciben, ni en el fondo siquiera, las sombras de los dioses griegos, que son un elemento esencial para entender la tragedia antigua (Apolo y Zeus en este caso). Tal ausencia de lo divino es una característica de todas las ficciones actuales, e irónicas casi siempre, sobre los grandes mitos. Y por eso la tragedia es para nosotros un género extraño y extinto, como subrayó hace mucho y a fondo G. Steiner en su libro *La muerte de la tragedia*. Por lo tanto, no es eso lo más chocante aquí.

Lo que aquí resalta es la absoluta falta de sentido moral de los personajes. Es decir, la pérdida de referencias éticas (ya no religiosas) que daban relieve trágico al destino de Edipo. También aquí el protagonista es, como en el mito, un parricida y un incestuoso, pero no tiene sentido de sus crímenes, nada siente de esa falta trágica que los griegos llamaban *míasma* o *ágos,* o *hamartía,* y de la que una traducción cristiana fácil (aunque no muy exacta) podría ser, para entendernos, 'pecado'. Parricidio e incesto son, para la sociedad antigua, los delitos más graves contra la sociedad patriarcal. Con total y desvergonzada conciencia (aunque equivocadamente) este Edipo de Dürrenmatt se alegra de ser asesino de su padre y compañero de cama de su madre. No puede ser en esto más contrario al otro Edipo, el justo, inocente y justiciero rey de Tebas, cuya peripecia trágica había presentado Sófocles en el teatro ateniense.

Incluso luego, cuando ha de enfrentarse a sus crímenes, este Edipo no siente ni angustias ni remordimientos, sino una satisfacción singular, como un superhombre que ha sobrepasado las fronteras de la ética tradicional[33]:

> Con júbilo triunfalista inicié un proceso contra mí mismo, con júbilo triunfalista encontré a Yocasta ahorcada en sus aposentos y con júbilo me arranqué también los ojos: después de todo, los dioses me habían regalado el mayor derecho imaginable, la libertad más sublime de todas: odiar a quienes nos trajeron al mundo, nuestros padres, y a nuestros antepasados, y más allá de ellos también a los dioses, que dieron origen a nuestros padres y antepasados; y si ahora deambulo por Grecia como un mendigo ciego no es para glorificar el poder de los dioses, sino para escarnecerlos[34].

El odio a los padres parece más contundente que el odio a los dioses, que, al fin y al cabo, no parecen intervenir en esta historia. Como ya apuntamos, más bien están ausentes de un mundo donde los personajes son, todos o casi todos, tipos de cuidado. La añeja Pitia era una pitonisa de tres al cuarto y se adecuaba bien a lo que el gran sacerdote opinaba («cuanto más vieja y mentalmente débil era una pitoni-

33. Acaso haya en esta exaltación de la libertad personal, de un yo que va más allá de las normas, un eco del relato y la interpretación de A. Gide, *Oedipe,* de 1931, que Dürrenmatt pudo conocer.
34. *Op. cit.,* p. 144. Notemos otro detalle contra el mito antiguo: Yocasta en este relato no se ahorca a sí misma, abrumada por la vergüenza, sino que es ahorcada por un servidor de su palacio.

sa, tanto mejor, y todavía más si estaba moribunda»); Tiresias era «el mayor intrigante y politiquero de toda Grecia, y, ¡por Apolo!, un tipo corrompido hasta los huesos»; Meneceo, el padre de Yocasta, un ambicioso maquiavélico y corruptor sin escrúpulos; Layo, un tipo siniestro, un depravado sexual, un padre despiadado y un tirano cruel; Yocasta, una reina desvergonzada y cínica, víctima de sus amantes. Y en fin, y por otra parte, la apestada Tebas, como dice la Pitia, «era una ratonera inmunda en todos los sentidos», y no parece que lo fuera por culpa de Edipo, desde luego. No podemos hacerle muchos reproches a la Esfinge, que en su tremenda condición de criatura abandonada, tuvo que defenderse de unos y otros con una inevitable ferocidad. (Y si cometió incesto con su hijo, Edipo, fue sin conocimiento ni intención previa)[35].

El autor de *La visita de la vieja dama,* escritor de otros relatos de misterio y de intrigas policíacas, fue, sin duda, un maestro contemporáneo del humor grotesco y un retratista

35. La insistencia en el incesto como objetivo del héroe, incluso como una etapa posterior al parricidio, puede recordarnos los estudios sobre el tema de Otto Rank, el discípulo de Freud que tanto escribió desde su perspectiva psicoanalítica sobre el tema del «trauma del nacimiento» y «el mito del origen del héroe».

Con respecto a ese trato sexual con la Esfinge me parece curioso recordar, como anécdota y notable contraste, que en una versión teatral y poética del mito, cierto que ya un tanto lejana, la del simbolista Joséphin Péladan *(Oedipe et le Sphinx,* 1897), Edipo rechaza la fresca propuesta erótica de la Esfinge a pesar de la atractiva oferta del bello monstruo, que le dice:

> En mi abrazo, creerás poseer el misterio;
> un goce inefable calentará tus venas
> y te sentirás dios, bajo el poder del placer.

de tipos humanos de increíble crueldad. Su ácida visión de la sociedad suele tener tintes de sátira despiadada, unida con astucia a una brillantez imaginativa singular.

La muerte de la Pitia, relato breve, es uno de los claros ejemplos de la rebuscada ironía de Dürrenmatt, que más de una vez encontró buen material en temas antiguos, como en sus grotescas obras teatrales *Rómulo el Grande* y *Hércules y el establo de Augias,* piezas de chispeante comicidad y mordaces reflejos satíricos. En su arbitraria deconstrucción y reconstrucción, Dürrenmatt no parte de la antigua tragedia de Sófocles, sino del mito de Edipo. Quisiera concluir recordando y subrayando la distancia emotiva entre esta novela corta y la tragedia clásica. Aquí Edipo es un mero juguete del azar y la profecía de Apolo se cumple por caminos azarosos en extremo. Edipo no llega a saber quién fue su padre ni su madre y, aunque se considera sin remordimientos parricida e incestuoso (como es en realidad), vive siempre en el error. Por el contrario, *Edipo rey* trata de la conquista de la verdad –el conocimiento de uno mismo– a costa del propio sufrimiento y en eso estriba la peripecia trágica de su protagonista, inocente y criminal.

La visión de Dürrenmatt es, en efecto, mucho más pesimista que la de Sófocles: en un mundo sin dioses y en el que todos los actores –o casi todos– son malos, confusos o perversos, la acción se despliega en una dinámica de engaños y trampas sin sentido. En la tragedia, en cambio, el protagonista es un mártir de su propia nobleza y su afán de saber, que al final asume toda su desgracia, actúa de *pharmakós* liberador de la ciudad y sale a escena como un sanguinolento «eccehomo», erguido en su cruel catástrofe, ciego, tras haber visto la verdad sobre sí mismo. Al espectador ateniense la tragedia le suscitaba compasión y terror, como dice Aristóteles: se depuraba de esos sentimientos *(éleos* y *phóbos),* al contemplar las desdichas del rey Edipo, hijo maldito de Layo. Ni temor ni compasión siente el lector de *La muerte de la Pitia,* divertido y asombrado ante la farsa de los equívocos que trenzan la peripecia un tanto absurda de este nuevo Edipo, un Edipo que no ha reprimido el famoso complejo ni se apesadumbra por su culpa y que resulta, en su orgullo, bastante nietzscheano. La tragedia antigua se mueve en la luz del mundo griego; estos relatos a la Pitia, en un oscuro subsuelo del templo de Delfos.

El contraste es, en todos los sentidos, magnífico, esperpéntico y antitrágico.

V. Interpretaciones del mito

En La interpretación de los sueños *(Freud) había transferido, por primera vez, al mito su concepción del mecanismo de la génesis onírica a partir de deseos censurados. Si la tragedia es capaz de estremecer aún al espectador moderno de un modo tan profundo como a los contemporáneos del poeta, aunque hayan perdido fuerza, desde entonces, factores y condicionamientos esenciales del argumento -por ejemplo, la función de los dioses y, sobre todo, la del oráculo-, esto quiere decir que una disposición receptora tan continuada como esta tendrá que ver con la constancia del sustrato de los deseos. Ya el propio poeta habría encontrado aquel material como resultado de una selección que se tendría que agradecer al deseo incestuoso, objeto, siempre, de tabú. Pero el hecho de resaltar este elemento no quiere decir que concierna al núcleo tanto del mito como de la tragedia. El soporte de toda esta configuración no es la índole de culpa que hace cargar a Edipo, sin saberlo, con la muerte del padre y el incesto, sino la forma de descubrirla. Se trataba, ciertamente, del más difícil procedimiento que pueda pensarse, pero, en el fondo, su casuística importaba poco. Los dioses ciegan a este hombre, ignorante de la monstruosidad que está haciendo, y dejan en manos de la infalibilidad de su destino la tarea de descubrirlo y expiarlo según las reglas de su razón -de índole más bien pública que privada y, por ello, determinada por el hecho y no por la actitud moral de su autor–. Se trata del pasado de un rey, que ahora queda revelado de una forma funesta, no del oculto subsuelo pulsional de un «aparato psíquico».*

Tampoco a la tragedia le importa otra cosa que la cuestión de cómo el hombre puede preparar, sin saberlo, su propio hundimiento. Edipo descubre su culpa no en un proceso de autoanálisis y autopurificación, sino al desempeñar la obligación de su cargo: cumplir el oráculo, que había asegurado que la ciudad de Tebas quedaría libre de la peste cuando el asesino de Layo fuera desterrado del país. La búsqueda de ese asesino –que le pone en la pista de la propia impureza– es un procedimiento de índole política, no de autoconocimiento y autoliberación. Las monstruosidades que, más que ocultas en el interior del rey Edipo, van adheridas a él, tienen su peculiaridad por la apropiación de que son objeto en el esquema formal de la tragedia: aquella acción puntual que hizo de Yocasta una viuda, dejando así desembarazado el camino del poder al asesino de Layo, hace que el estado de felicidad conyugal entre madre e hijo quede asentado sobre el abismo de su ignorancia, en contraste con la pública desgracia de la ciudad, que obliga a obedecer toda indicación que prometa levantarla».

Hans Blumenberg, Trabajo sobre el mito[1].

Sigmund Freud y el «complejo de Edipo»

Después de Sófocles nadie ha hecho más por la fama de Edipo que este moderno pensador vienés, que descubrió

1. Barcelona, Paidós, 2003, pp. 100-101. Trad. de F. Madrigal.

en él un motivo universal del inconsciente humano. Sigmund Freud ha marcado, con su interpretación, una nueva lectura del mito y toda una época en la tradición del personaje al descubrir el «complejo de Edipo» y postular la universalidad de las pulsiones edípicas. No es esta una ocasión oportuna de glosar las tesis freudianas o comentar a fondo sus repercusiones en la inmensa literatura posterior. De modo que, sencilla y brevemente, me limitaré a recordar los pasajes más conocidos de su obra al respecto y precisar algunos puntos que a mi parecer merecen destacarse.

En primer lugar, está claro que Freud parte siempre de su lectura de *Edipo rey* y no del mito en sí. Nunca alude a otras variantes del relato; siempre a ese texto clásico. Él mismo lo confiesa en la primera mención de su tesis sobre Edipo, surgida como una experiencia personal de la lectura y representación del texto trágico. Está en la «Carta a Fliess» de 1897:

> Ser completamente franco consigo mismo es un buen ejercicio. Así surgió en mí un único pensamiento de valor universal. He hallado también en mí el enamoramiento de la madre y los celos frente al padre, y ahora lo considero un acontecimiento común a la primera infancia [...]. De ser esto así, se comprende muy bien el poder impresionante que ejerce el *Edipo rey*. [...] La leyenda griega hace suya una compulsión que cada cual reconoce por haber sentido su existencia en sí mismo. Cada uno de los oyentes fue alguna vez, de forma germinal y fantástica, un Edipo así, y todo el mundo retrocede espantado ante el cumplimiento real de este sueño, poniendo en juego todas sus provisiones de represión, lo que separa su estado infantil del adulto actual.

La exposición de su teoría al respecto de lo que llamamos complejo de Edipo se encuentra ya desarrollada en *La interpretación de los sueños,* publicado en 1900. Y de nuevo aquí invoca como su fuente a la tragedia.

> *Edipo rey* es una tragedia en la que el factor principal es el Destino. Su efecto trágico reposa en la oposición entre la poderosa voluntad de los dioses y la vana resistencia del hombre amenazado por la desgracia. [...] Todas las tragedias posteriores, basadas en la fatalidad, han carecido de efecto sobre el público.
>
> En cambio, el *Edipo rey* continúa conmoviendo al hombre moderno tan profunda e intensamente como a los griegos contemporáneos de Sófocles, hecho singular cuya única explicación es quizá la de que el efecto trágico de la obra griega no reside en la oposición misma entre el destino y la voluntad humana, sino en el singular carácter de la fábula en que tal oposición queda objetivizada. Hay, sin duda, una voz interior que nos impulsa a reconocer el poder coactivo del destino en Edipo, mientras que las otras tragedias construidas sobre la misma base parecen inaceptablemente arbitrarias. Y es que la leyenda del rey tebano entraña algo que hiere en todo hombre una íntima esencia natural. Si el destino de Edipo nos conmueve es porque habría podido ser el nuestro y porque el oráculo ha suspendido igual maldición sobre nuestras cabezas antes de que naciéramos. Quizá nos estaba reservado a todos dirigir hacia nuestra madre nuestro primer impulso sexual y hacia nuestro padre el primer sentimiento de odio y el primer deseo destructor. Nuestros sueños testimonian de ello. El rey Edipo, que ha matado a su padre y ha tomado a su madre en matrimonio, no es sino la realización de nuestros deseos infantiles. Pero, más dichosos que él, nos ha sido posible, en épocas posteriores a la infancia, y en tanto en cuanto no hemos

contraído una psiconeurosis, desviar de nuestra madre nuestros impulsos sexuales y olvidar los celos que nuestro padre nos inspiró. Ante aquellas personas que han llegado a una realización de tales deseos infantiles, retrocedemos horrorizados con toda la energía del elevado montante de represión que sobre los mismos se ha acumulado en nosotros desde nuestra infancia. Como Edipo, vivimos en la ignorancia de aquellos deseos inmorales que la Naturaleza nos impuso y al descubrirlos quisiéramos apartar la vista de las escenas de nuestra infancia[2].

Para señalar, contra algún psicoanalista Edipo ultrafreudiano, que el héroe de Sófocles no albergaba «el complejo» que lleva su nombre, J. P. Vernant escribió hace tiempo un conocido artículo: «Oedipe sans complexe»[3]. «¿Cómo podría Edipo tener complejo de Edipo siendo él precisamente Edipo?». Se puede citar al respecto la clara observación de J. Starobinski:

Edipo no tiene inconsciente puesto que él es nuestro inconsciente, quiero decir: uno de los papeles capitales que nuestro

2. S. Freud, *La interpretación de los sueños* (cito por la antigua traducción española de Luis López Ballesteros de 1922: Barcelona, Planeta-Agostini, pp. 296-297). Freud volverá en múltiples ocasiones y pasajes a tratar de Edipo en varias obras a lo largo de más de treinta años (hasta 18 citas interesantes señalan Starobinski y Paduano). Sobre este famosísimo pasaje y sobre otros posteriores de Freud en relación con el mito y la tragedia de Sófocles con interesantes notas críticas véanse, entre otros muchos, los comentarios de C. Segal, *Oedipus Tyrannus, op. cit.*, pp. 39-48, y J. Bollack, *La naissance d'Oedipe, op. cit.*, pp. 238-338.
3. Traducido en el ya citado libro de J. P. Vernant y P. Vidal-Naquet, *Mito y tragedia en la Grecia antigua,* vol. I, pp. 79-100. Sobre esa aguda crítica hay que admitir luego las observaciones de G. Paduano, valorando la perspectiva de Freud, en su prólogo a *Lunga storia di Edipo re.*

> deseo ha revestido. No necesita tener su propia profundidad puesto que él es nuestra profundidad. Por muy misteriosa que sea su aventura, tiene pleno sentido y no incluye lagunas. No hay nada oculto: no ha lugar a sondear los móviles y las intenciones de Edipo. Atribuirle una psicología sería irrisorio: él es en sí una instancia psíquica. Lejos de ser un posible objeto de estudio psicológico, se convierte en uno de los elementos funcionales gracias a los que una ciencia psicológica comienza a constituirse[4].

No hace falta, desde luego, haber leído el citado artículo de Vernant para advertir que, si Edipo mata a su padre y se casa con su madre, lo hace sin haber tenido relación con ninguno de ellos, cuando pensaba que su madre y su padre verdaderos eran los reyes de Corinto, Pólibo y Mérope, respecto de los cuales no muestra, en ningún momento, atracción erótica ni odio o envidia. No ha huido de Corinto por recelos hacia los que cree su padre y su madre, sino por indagar en su origen; ni hubo en la boda con Yocasta ningún sentimiento filial ni ningún afecto personal; fue una boda impuesta por el azar y la política. El Edipo trágico comete incesto y parricidio, lo sabemos; pero lo hace sin haber presentido ni reprimido sentimiento alguno. Él se sabe y se proclama inocente y como tal lo acabarán reconociendo incluso los dioses en *Edipo en Colono.* Ahora bien, ¿acaso Freud atribuye, en algún momento, a este Edipo el complejo de su nombre, como han hecho algunos psiquiatras freudianos?

4. Tomo la cita del referido libro de J. P. Vernant y P. Vidal-Naquet, *Mito y tragedia,* II, pp. 227-228.

Paduano ha planteado muy bien el tema y advierte: «El punto de partida de Freud es el éxito de *Edipo rey* en "el hombre moderno, no menos que en sus contemporáneos griegos", y por tanto es del espectador de quien examina el horizonte psíquico, las experiencias infantiles y sus reviviscencias fantasmáticas»[5]. Es el lector de Sófocles quien advierte en sí mismo esa extraña e íntima compasión o simpatía con el destino azaroso de Edipo.

> Se puede añadir -escribe Paduano poco después- que Freud no atribuye nunca a Edipo la neurosis, que es la única posible explicación para la supervivencia de las pulsiones edípicas más allá de la infancia: la fragilidad que esta prueba tiene en común con todas las que derivan del argumento *ex silentio* está mitigada por el hecho de que Freud no vacila en cambio en definir a Hamlet como histérico y generalmente neurótico[6].

Puede discutirse si Edipo ha cometido algún acto de *hýbris* por el que merezca su castigo. Si no, ¿por qué Edipo se condena y castiga, juez y verdugo de su conducta? No es porque tenga en su terrible castigo (que incluye destierro y ceguera) ningún reconocimiento de culpa. Sin embargo, es él mismo quien se aplica la pena como cierto criminal, pero

5. G. Paduano, *op. cit.,* pp. 17-18. También lo señala bien Edmunds: «Lo que Freud tiene en mente es el impacto de la tragedia de Sófocles en su audiencia y eso es de hecho el drama que para Freud constituye el mito de Edipo. En segundo lugar, el curso de ese descubrimiento en Sófocles corresponde al autodescubrimiento del paciente en el psicoanálisis», *op. cit.,* p. 113.
6. G. Paduano, *op. cit.,* p. 18. Recordemos que, después de tratar de Edipo, Freud analiza en el texto citado el caso de Hamlet, y que algunos discípulos (como E. Jones) los relacionaron de nuevo.

lo hace porque sabe que debe expiar sus hechos pasados, que han producido una mancha, *ágos* o *míasma,* crimen que infecta a toda la ciudad según la creencia arcaica. Subjetivamente es inocente, pero sus hechos lo han manchado de esa impureza que debe lavarse con el castigo del culpable[7]. Por eso sufre y es expulsado como un *pharmakós,* del que debe librarse como víctima maldita, para salvarse, la apestada ciudad de Tebas.

Edipo como *pharmakós*. La tesis de René Girard

> Pero precisamente, Edipo no es un *pharmakós,* ese personaje que se expulsaba ritualmente de la ciudad de Atenas en la fiesta de las Targelias. El *pharmakós* es uno de los términos límites que permiten comprender al personaje trágico, pero no se identifica con él. Como víctima, Edipo no se inscribe en una prehistoria de la salvación. Si la tragedia fuera la expresión directa de la «crisis sacrificial», ¿cómo explicar su historicidad, tan estrechamente definida, no ya por la ciudad griega, sino por la Atenas del siglo V?

Así rechaza J. P. Vernant la interpretación que ofrece R. Girard de Edipo como «chivo expiatorio», es decir, como el individuo que asume todas las culpas o pecados de

7. No se trata «del castigo del super-yo» como apunta Freud en su *Compendio de psicoanálisis,* sino una exigencia del contexto histórico, basado en una creencia religiosa griega muy antigua. Como concluye Paduano, que analiza muy bien el tema: «Freud aquí ofrece todos los elementos necesarios para concluir que la tragedia de Edipo *no representa el complejo de Edipo, sino más bien una imagen suya plasmada en un espejo», op. cit.,* p. 34.

la comunidad y es expulsado como para dejarla limpia de manchas. El ritual del *pharmakós* es conocido en muchas culturas y, según Girard, forma parte de lo que él llama «la crisis sacrificial» en la que participa como víctima individual propiciatoria. Comparto del todo la crítica de Vernant, pero aún así, puesto que la de Girard es una tesis antropológica curiosa y bastante divulgada, dedicaré unas líneas a exponerla aquí.

En sus libros *La violence et le Sacré* (1972) y *Le bouc émissaire* (1982), Girard expone su teoría sobre la violencia universal en toda sociedad humana y los ritos que permiten superar sus ataques, cuando estos amenazan la cohesión social. En esas crisis cabe el recurso simbólico de cargar la violencia y las culpas sobre alguien elegido como «chivo expiatorio» que es conducido al sacrificio o expulsado para alivio de la comunidad. El *pharmakós* asume así un papel ambiguo: es el maldito destruido, pero, a la vez, su eliminación resulta muy beneficiosa para la ciudad, es un «salvador». Lo que Girard llama «violencia mimética», producto de la envidia y el odio recíprocos de unos contra otros, encuentra en la consagración de este rito religioso su purificación. En el primer libro citado, Girard dedica el tercer capítulo al mito de Edipo bajo el título de «Edipo y la víctima expiatoria» (y más adelante, otros dos a criticar a fondo las teorías de Freud sobre Edipo). No voy a extenderme en la crítica de su teoría, ya que solo quiero dar una idea de sus principios. Así que lo haré brevemente con sus propias palabras[8]:

8. Cito por la edición de París, Hachette, 2003, p. 119. El término *pharmakós* fue utilizado ya por C. M. Bowra (1944) y luego por J. P. Vernant

> La violencia recíproca extendida por doquier, el mito la substituye por la trasgresión formidable de un individuo único. Edipo no es culpable en el sentido moderno, pero es responsable de las desdichas de la ciudad. Su papel es el de un verdadero chivo expiatorio humano.
>
> Sófocles hace pronunciar a Edipo, en la conclusión, las palabras más aptas para tranquilizar a los tebanos, para convencerles de que no ha pasado nada en su ciudad de lo que no sea responsable único la víctima propiciatoria y de lo que tan solo esta deba pagar las consecuencias: «¡Ah, creedme, no tengáis miedo: mis males no hay otro mortal que pueda sufrirlos!».
>
> Edipo es el responsable por excelencia, tan responsable en verdad que no queda responsabilidad para nadie más. La peste es lo que queda de la crisis sacrificial cuando se la ha vaciado de toda su violencia. Para librar a la ciudad entera de la responsabilidad que pesa sobre ella, para derivar la crisis a la peste, vaciándola de su violencia, hay que transferir esa violencia sobre Edipo, o, más generalmente, sobre un individuo único.

Debemos tener en cuenta que, como Girard explícita, enfoca su interpretación sobre el mito y no sobre la tragedia de Sófocles, que no le parece conservar el fondo mítico esencial[9]. (Desde luego *Edipo rey* no encaja en su teoría y la

(1972). Como señala C. Segal, *op. cit.,* p. 121, nota 11, el tema está algo pasado de moda. Véase también W. Burkert, *Oedipus, Oracles, and Meaning,* Toronto, Toronto University College, 1991, pp. 19-21.

9. «La lectura trágica se opone radicalmente al contenido del mito. Uno no sabría permanecer fiel a esta sin renunciar al mito en sí mismo. Los intérpretes de *Edipo rey* se las han arreglado siempre para concluir una especie de compromiso que disimula la contradicción» (R. Girard, *op. cit.,* p. 11-12). «Ninguna lectura ha accedido nunca a lo esencial; incluso la de Freud, la más genial y la más tramposa, no ha llegado a lo verdade-

trama la desborda en muchos puntos, y nada significa el propio Edipo, ni la libertad ni el destino del héroe). Desde su punto de vista, lo esencial es la estructura mítica general y latente. Y lo avisa:

> La crítica literaria no se interesa sino en la tragedia; el mito permanece, para ella, como un dato imprescriptible al que no es su tarea agarrarse. La ciencia de los mitos, por el contrario, deja de lado la tragedia; incluso se cree encargada de manifestar al respecto una cierta desconfianza.

Se comprende que la desconfianza de un filólogo respecto a esa autoritaria y dudosa «ciencia de los mitos» que se presta a tantas manipulaciones responderá cumplidamente a la del mitólogo trascendental. ¿Quién sabe cuál es el mito original? ¿Acaso los mitos deben ajustarse a esquemas previos? Y, por otra parte, al estudiar los mitos desconfiando de la literatura, uno no puede olvidar que, en los griegos que nosotros conocemos, todas las fuentes importantes son

ramente «reprimido» en el mito, que no es un deseo del parricidio y del incesto sino de la violencia que se disimula detrás de estos temas demasiado visibles, la amenaza de destrucción total apartada y disimulada por el mecanismo de la víctima expiatoria» (p. 128). Solo, en opinión de Girard, se da con el sentido auténtico del mito, que han ignorado todos los comentaristas que le preceden, cuando se adopta su teoría de la violencia colectiva y su depuración ritual mediante el chivo expiatorio *(«le bouc émissaire»).* «Nosotros sí creemos conocer bien los mecanismos de la violencia colectiva. No conocemos más que formas degeneradas y reflejos pálidos de los resortes colectivos que aseguran la elaboración de un mito como el de Edipo. La unanimidad violenta va a revelársenos, en las páginas siguientes, como el fenómeno fundamental de la religión primitiva» (p. 124). Dejo de momento cualquier comentario sobre esa autoritaria «revelación», que podría llevarnos lejos de nuestro tema.

literarias. (Y los mitógrafos, como Apolodoro, toman sus noticias de fuentes literarias y de las tragedias sobre todo).

Pero lo evidente es que, al hacer de Edipo un simple *pharmakós,* toda su figura heroica queda menguada: nada queda del buscador de la verdad sobre sí mismo, parecen dejarse al margen los detalles personales de su historia trágica, el parricidio y el incesto involuntarios, que no son crímenes de la colectividad, sino del hijo expósito de Layo. No es la comunidad quien descarga sus culpas colectivas sobre un *pharmakós* que las asume para evacuarlas, sino que es Edipo quien ha traído el *míasma,* que él retoma para dejar así, por su propia decisión, liberada de contaminación a la polis. Por lo demás, sí se puede decir que el tema de la búsqueda y reconocimiento del asesino de Layo es un arreglo dramático o incluso, una invención de Sófocles; recordemos que en las noticias más antiguas sobre el mito Edipo no era expulsado de Tebas y que, si se alude a la persecución por las Erinias, tras el suicidio de Yocasta, esas diosas no se ocupan de venganzas comunitarias, sino de los crímenes de sangre familiar, como bien sabemos[10].

Desde luego, la trama edípica que nos conmueve no es la de un chivo expiatorio expulsado aquí de Tebas, como lo son otros en otros ritos de diferentes ciudades. Ello supondría reducir enormemente el personaje trágico a una figura

10. Ya he apuntado que en ese mismo libro *(La violencia y lo sagrado)* se dedican dos amplios capítulos a criticar las teorías de Freud. Estos se titulan «Freud y el complejo de Edipo» y «*Tótem y Tabú* y las prohibiciones del incesto» (en total unas 80 páginas de la edición francesa citada, de la página 249 a la 326). Es interesante sobre todo el segundo, aunque la idea que Girard maneja, con su tono dogmático, sobre «el héroe trágico» me parece un supuesto muy discutible.

arquetípica muy arcaica[11]. Como ya escribió Freud citando su propia experiencia, es justamente el *Edipo rey* de Sófocles, ese inolvidable y trágico buscador de la verdad, el que acaba en su propia catástrofe, el que nos conmueve profundamente. Me atrevo a apuntar que no es solo porque haya cometido, sin saberlo, parricidio e incesto, sino porque se empeña en salvar a la ciudad y en conocerse a sí mismo. Es decir, en tomar conciencia de su pasado a todo riesgo. Y eso no estaba en el esquema del héroe que alcanza el trono a través de la eliminación del padre y rey anterior y del posterior matrimonio con la madre. El Edipo trágico es mu-

11. Entre los discípulos de Freud fue Otto Rank quien prosiguió y amplió sus tesis sobre el mito del héroe incestuoso y parricida, desde una perspectiva más amplia, en su libro sobre *El mito del nacimiento del héroe (Der Mythus von der Geburt des Helden,* 1909 y 1922) y luego en *El trauma del nacimiento (Das Trauma der Geburt,* 1924). En el esquema básico apuntado por Rank, el hijo quiere, en su angustia infantil, alcanzar la felicidad anterior al nacimiento al unirse de nuevo a la madre y para ello ha de eliminar al padre, al que siente como amenaza y obstáculo. Es decir, privilegia, contra Freud, el incesto sobre el parricidio. Tanto el asesinato del padre como el combate con la Esfinge son para Rank etapas previas para el incesto final con la madre. («Devoradora y estranguladora de hombres, la Esfinge se acerca singularmente a los animales que son una fuente de angustia infantil respecto de los cuales el niño observa, a consecuencia del traumatismo del nacimiento, una actitud ambivalente ya descrita. El héroe que la Esfinge no ha logrado devorar es capaz de superar la angustia y de dar satisfacción a su deseo inconsciente bajo la forma voluptuosa de relaciones sexuales con la madre», O. Rank, *op. cit.,* p. 148). En *Tótem y Tabú,* libro perteneciente a su etapa más avanzada, Freud desarrolló una nueva teoría en la que, evocando la supuesta rebelión de los hijos de la horda primitiva, explica el parricidio como el deseo de los hijos de liberarse de la opresión de un padre castrador y monopolizador de las mujeres de la tribu. También los dioses griegos, aducía como ejemplo, en la mitología hesiódica, habían destronado y eliminado de manera ejemplar al dios padre anterior: Cronos castró a Urano y Zeus expulsó del Olimpo a Cronos. (Girard critica a fondo, en su libro citado, las tesis de *Tótem).*

cho más que ese héroe arquetípico o que ese *pharmakós* dudoso. El mito ha cobrado aquí una nueva profundidad y eso lo percibe el lector moderno en el drama de Sófocles[12].

Paul Ricoeur sobre la interpretación de Freud

> *La creación por Sófocles del personaje de Edipo no es la simple manifestación del drama infantil que lleva su nombre, sino la invención de un símbolo nuevo del dolor de la conciencia de sí. Ese símbolo no repite nuestra infancia, sino que explora nuestra vida adulta.*
>
> Paul Ricoeur

Es fácil, con todo, advertir que Freud, partiendo del *Edipo rey* de Sófocles, quiere centrar su análisis en el núcleo míti-

12. El libro de G. Paduano, *Lunga storia di Edipo re,* lleva el subtítulo de *Freud, Sofocle e il teatro occidentale,* y en su introducción comenta con extraordinaria precisión y agudeza crítica los enfoques del psicoanálisis sobre el mito y sitúa la tragedia de Edipo en relación con ellos, destacando cómo Sófocles ofrece una construcción del personaje trágico de muy singular fuerza propia, mucho más individualizado como un carácter heroico, lejos del naturalmente poco definido del mito y mucho más complejo que el analizado por Freud, un Edipo que es, en contraste, un «anti-Edipo». Véase en ese prólogo el capítulo 2, titulado significativamente «El anti-Edipo de Sófocles» (*op. cit.,* pp. 70-125). Los análisis de Paduano, que ofrece además una extensa bibliografía sobre el tema muy bien analizada, son muestra de una crítica intelectual seria e incisiva que me resulta muy difícil resumir aquí. También son muy inteligentes las páginas que J. Bollack, en la ya citada *La naissance d'Oedipe,* dedica a la teoría de Freud y a las de algunos de sus seguidores (i.e., a lo que él llama «variantes escolásticas del mito freudiano»), cf. el capítulo titulado «Le fils de l'homme. Le mythe freudien d'Oedipe» en esa obra, pp. 282-321 y 332-338).

co de la trama. Y que así deja de lado muchos elementos del relato trágico, como el enigma de la Esfinge y, sorprendentemente, la cuestión del descubrimiento de su propia identidad a través de su empeño en conocer su pasado. Ya lo hemos apuntado antes, pero quisiera ahora recordar qué bien lo advirtió Paul Ricoeur hace tiempo en páginas memorables[13]. Aun a riesgo de repetir algunos apuntes, voy a citar el propio texto de Ricoeur, sin duda de cierta extensión, por cuanto las ideas que en él despliega me parecen definitivas:

> ¿Qué es comprender *Edipo rey?* Hay dos maneras de comprender la tragedia: una, por regresión al complejo original que es precisamente el complejo de Edipo: la que da Freud en *La interpretación de los sueños;* la otra, en una síntesis progresiva hacia otra problemática [...]. Según Freud, el impacto de la obra sobre el espectador no viene, como dice la estética clásica, del conflicto del destino y de la libertad, sino de la naturaleza de ese destino que nosotros reconocemos sin saberlo: «Su destino nos conmueve, dice Freud, porque habría podido ser el nuestro, porque el oráculo ha pronunciado contra nosotros esa misma maldición». Y más lejos: «Edipo no hace sino realizar los deseos de nuestra infancia». Nuestro espanto, el famoso *phóbos* trágico, expresa solo la violencia de nuestro propio rechazo ante las manifestaciones de nuestros impulsos.
>
> Esa lectura es posible, esclarecedora, necesaria. Pero aún hay otra lectura: que no concierne ya al drama del incesto y el

13. En «Hermeneutique et psychanalyse», artículo recogido, con otros que tratan también de interpretaciones de Freud, en *Le conflit des interprétations,* París, Seuil, 1969, p. 116.

> parricidio que «ya ha sucedido», sino a la tragedia de la verdad; no la relación de Edipo con la Esfinge, sino la relación de Edipo con el espectador. Se me objetará que esa relación segunda es la relación psicoanalítica en sí. ¿Es que no lo ha dicho el mismo Freud? «La obra no es otra cosa sino la revelación progresiva y muy diestramente medida -comparable a un psicoanálisis- del hecho de que Edipo es el asesino de Layo y además el hijo de la víctima y de Yocasta». Pero entonces hay que avanzar más: la creación de Sófocles no es una máquina para hacer revivir el complejo de Edipo por el doble medio de una realización ficticia de compromiso que satisfaga el Ego y un castigo ejemplar que satisface el Superego. A través de la representación de lo que ha sucedido, a través de la *anámnesis,* el poeta ha suscitado una segunda problemática, que es la tragedia de la conciencia de sí: un drama de segundo grado, orientado hacia *Edipo en Colono,* se articula con el primero; de un solo golpe, Edipo entra en una segunda culpabilidad, propiamente adulta, que es la culpabilidad de su propia justicia; al maldecir al comienzo de la tragedia al culpable desconocido que es la causa de la peste, se ha maldecido, excluyendo así que ese hombre pudiera ser él mismo; todo lo que sigue no es sino progreso hacia la ruina de esa conciencia presuntuosa que ha presumido su inocencia. Así, Edipo debe ser quebrado en su orgullo, por el sufrimiento [...]. Ese movimiento del crimen al castigo desarrolla un drama secundario que es la tragedia misma.

En efecto, la tragedia de Sófocles es mucho más que ese mito del héroe parricida e incestuoso que consigue hacerse con el trono del que el rechazo paterno le privara. Y lo más impactante en el tratamiento trágico es que sea Edipo, ya rey, quien se empeñe en esa búsqueda de la verdad que le traerá su catástrofe, y que esa demolición de su situación política signifique, a la postre, una bendición para la ciudad y un triunfo para sí mismo, o mejor dicho, un rescate de su anterior ceguera, a costa de un terrible dolor. Eso es lo que hace de Edipo un héroe singular, por encima del parricidio y del incesto. En ello insiste Ricoeur:

> Edipo es solamente (frente al vidente Tiresias) el rey; por eso la tragedia es la de Edipo rey y no la de Edipo parricida e incestuoso; con ese título Edipo representa la grandeza humana [...] (pero no tiene, como el vidente Tiresias, «el poder de la verdad»). A ese poder accederá Edipo por medio del sufrimiento. Tal conexión entre la cólera de Edipo y el poder de la verdad es el núcleo de la verdadera tragedia de Edipo. Ese núcleo no es el problema del sexo, sino el de la luz. Apolo es su símbolo; quizás podríamos decir que es el mismo Apolo quien llama a Edipo a conocerse a sí mismo y quien incitó a Sócrates a examinar a los otros hombres y a sí mismo y a decir que una vida no examinada no es digna de ser vivida. Si es así, el autocastigo de Edipo pertenece por sí mismo a los dos dramas entrelazados uno a otro. Edipo se arranca los ojos; es un ejemplo perfecto de autocastigo, de crueldad contra sí mismo, el punto extremo de una conducta masoquista; es verdad en un sentido; es lo que también entiende el coro y más tarde el viejo Edipo se arrepentirá de su propia violencia como de su última culpabilidad.

Estamos de acuerdo con esa perspectiva. Es en tanto que rey como Edipo se interna en esa búsqueda del matador de Layo y es por amor a la ciudad por lo que se encoleriza con Tiresias y con Creonte, cuando cree que ellos descuidan o traicionan su empeño por aclarar el crimen. No me parece tan acertado, en cambio, que Ricoeur vea en ello una *hýbris* del rey Edipo. Dice el pensador francés: «El celo por la verdad es lo que pone en movimiento la búsqueda del culpable y es un celo impuro: es la presunción del rey; su celo pertenece a la grandeza del rey; es la presunción de un hombre que piensa que él no está concernido por la verdad». Pero no es así, aunque por el momento, desde luego, Edipo no prevea que él pueda ser el asesino buscado. Es en cuanto rey solícito con las súplicas de su pueblo, en cuanto padre benévolo con los que llama «sus hijos» como toma sobre sí el encargo de buscar la verdad. En todo caso su única *hýbris* sería el afán de llegar hasta el fondo y de haber tomado la decisión de castigar al criminal olvidado. Es ese anhelo de verdad, de superar lo aparente, lo que Fraenkel y Schadewaldt han visto como el carácter trágico del personaje en la tragedia (más allá del héroe mítico primitivo). El terrible castigo que Edipo se inflige a sí mismo, como ya hemos comentado, estaba requerido por su propia situación dramática: el parricida e incestuoso debe ser castigado (aunque por otra parte proclama su inocencia y su desconocimiento).

Al final, escribe Ricoeur:

> El destino exterior se ha vuelto destino interno. El hombre maldito se ha vuelto, como Tiresias, el vidente ciego. El infierno de la verdad es la bendición de la visión. Esta significación de la tragedia no está aún desvelada en *Edipo rey;* quedará oculta hasta que Edipo haya completamente interiorizado no solo el significado de su nacimiento, sino también el de su cólera y su autocastigo[14].

14. P. Ricoeur, *op. cit.,* p. 118. Es especialmente importante a este respecto el prólogo (con sus precisas referencias y con la discusión de mu-

Es decir, lo que Edipo muestra en *Edipo en Colono* quedaría así como un complemento necesario para entender el significado definitivo de la peripecia existencial del héroe. Una figura heroica, reinterpretada genialmente por Sófocles, que se proyecta desde el esquema mítico general, para concluir en un personaje trágico singular, que se eleva sobre dicho esquema mítico y lo trasciende. Ese buscador de la verdad sobre sí mismo es, también, lo que nos conmueve profundamente en la lectura de la tragedia, como un símbolo de la fragilidad y la grandeza de la condición humana. Aunque Freud no lo reconociera de modo claro, podemos sospechar que, con su profundo sentido de lo trágico y sus renovadas lecturas sobre la tragedia griega, vería difícil negarlo.

De la tragedia al mito. Jean Bollack sobre Freud

Ya he apuntado el interés de las páginas que J. Bollack dedica a las ideas de Freud sobre Edipo, en las que pasa revista a sus libros y sus tesis de distintas épocas. Conviene recordar -aunque sea de modo muy rápido- que la teoría freudiana sobre el parricidio y el incesto se verá ampliada, en una perspectiva antropológica, en *Tótem y Tabú,* y, con referencia a sus grandes textos literarios, en *Dostoyevski y el parricidio,* donde trata del asesinato del padre en tres obras maestras de todos los tiempos, *Edipo rey, Hamlet* y *Los hermanos Karamazov.* La relación de parricidio e incesto queda

chos textos) de G. Paduano en *Lunga storia di Edipo re,* que he citado repetidamente.

aquí en segundo plano (es Otto Rank quien insistirá en ella, como es sabido).

Son, como es notorio, muchos los comentarios y críticas a esas ideas de Freud y sería muy pertinente destacar algunas. Entre ellas, por ejemplo, la advertencia de que el famoso complejo de Edipo depende de la estructura familiar propia de nuestra civilización europea, cosa que ya señaló Malinowski, e incluso, con respecto de la sexualidad reprimida que sustenta ese complejo infantil, no debemos dejar de tener presente que se refiere a las familias de una época y una sociedad como la burguesa de fines del XIX. Sin embargo, los límites de la presente obra no nos lo permiten.

Sí me gustaría dejar constancia de cómo Freud, que parte de la tragedia de Sófocles, su única fuente del mito griego, como ya apuntamos, se distancia de ese texto, para su visión del mito, como una especie de arquetipo universal. Eso es lo que Bollack destaca con su habitual agudeza, y creo que vale la pena decirlo con sus palabras:

> La progresiva marcha de Freud suprime la tragedia. Por definición la tragedia emana de una sucesión particular en el orden de la generación, en una familia constituida por sus uniones, sus alianzas, sus disidencias y sus filiaciones. Pero nunca, para Freud, Edipo es el hijo de su padre, de tal padre, a saber, de Layo, porque esos héroes no tienen rasgos individuales ni son diferenciados sino por la paternidad. Edipo no es el heredero de su nacimiento y no de un «destino», o de una lógica de su devenir, que, en virtud de una constelación particular, estructuraría su evolución en el seno de una sucesión. La leyenda de Edipo es universal y sin mediación. Edipo es hijo, y su padre, padre; padre de un hijo que lo mata porque es su padre, y no

porque es él mismo, antes de matarlo, ese Edipo nacido muerto, o muerto nacido, hijo de una madre que no debía engendrarlo y que creía haberlo arrojado al abismo. Nada de esa historia interviene en la demostración freudiana, que no conoce más que la simple y «santa familia»: padre-y-madre-e-hijo[15].

Jamás Freud pudo admitir -o no debía simplemente suponer- que la muerte del padre tanto como la unión con la madre eran hechos que recibían, para Sófocles, y, antes de él, en el mito, un sentido específico (y para Sófocles uno distinto que en el mito), en la lógica de una anulación de la generación -de la expansión procreadora de un *genos*-, sin rivalidad con el padre, a pesar del asesinato, y sin deseo de la madre, a pesar del lecho, independientemente de la significación cuyos mitologemas pueden estar sustentados en otra lugar, en sí o por su inserción en otra estructura[16].

He citado estas líneas porque me parecen una clara advertencia de cómo en la exégesis freudiana se pierden, al atender solo a un supuesto eje central psicológico, los rasgos más significativos del mito concreto, o como dice Bollack: «Las historias vienen a deshacerse, destituidas de su razón propia», de su significación profunda y precisa, tremendamente reducidas a algo esquemático que deja de lado una gran parte de la «materia mítica» (que luego reconstruye y enriquece la tradición literaria). Lo cual no significa negar el interés de la indagación psicológica o las tesis freudianas, sino advertir su alcance limitado. Y eso está aún más claro si lo referimos al drama de Sófocles, en el

15. J. Bollack, *op. cit.,* p. 316.
16. J. Bollack, *op. cit.,* p. 318.

que la versión de Freud se fija en el parricidio y el incesto y deja de lado lo que constituye la reflexión trágica y el contexto mítico propio (los dioses, la ciudad, el trono, etc.), de tal modo que cae sin remedio en la tesis de un Edipo víctima de la fatalidad, del destino, solo que este no le viene de los dioses, sino de la propia estructura psíquica, de su propia naturaleza humana que sería en sí misma «trágica». Como señala Bollack, de esta manera se insinúa que «lo trágico está en el mito del hombre, antes de que se haya escrito ninguna tragedia, y esta no se ha podido constituir sino en el cuadro de la historia sangrienta que ella reproduce»[17]. En la interpretación de cualquier texto trágico el psicoanálisis freudiano aporta una perspectiva interesante, pero de alcance muy limitado para entender por entero el mito y su versión literaria[18].

17. J. Bollack, *op. cit.,* p. 320.
18. Véase también cómo C. Segal comenta muy bien el interés de la interpretación freudiana para las posteriores lecturas del mito en «Freud, Language and the Unconscious», en *Sophocles' tragic world,* Cambridge-Mass., Harvard University Press, 1991, pp. 161-179, a pesar de las reservas con respecto a la construcción de la tragedia, en la línea marcada por G. Paduano en la excelente introducción a su *Lunga storia di Edipo re.*

Epílogo

Como el lector habrá visto, este libro está construido sobre dos líneas básicas: de un lado insiste en la distinción entre el mito y la tragedia; de otro, en la vivaz tradición literaria suscitada por el texto de Sófocles, cuya originalidad de enfoque y fuerza dramática ha marcado, con su larga sombra, las múltiples recreaciones del mito, desde el siglo de Pericles hasta nuestra época. A riesgo de repetir lo expuesto en las páginas anteriores quisiera resumir, brevemente y como repaso esquemático final, lo esencial de este largo y polifónico ensayo.

En el mito, que comenzó siendo un relato oral de arcaicas resonancias épicas, Edipo era un famosísimo rey de Tebas, que obtuvo el trono tras matar a su padre y que luego se casó con su madre, sin ser consciente de tan terribles crímenes; con ello cumplía el destino que un oráculo le había profetizado. En esa trama se revelaba la fatalidad a la que este héroe, rey de la prestigiosa ciudad micénica, quedó sometido, no por su propia maldad, no por su ambición culpable, sino por la desdicha y la fatal ignorancia inherente a todo ser humano. En la *Odisea* es donde encontramos la primera alusión a su estremecedora historia. Es nada menos que en el Hades donde Ulises, al contemplar el desfile de las almas de las grandes damas de la leyenda heroica, ve pasar a Epicasta (uno de los nombres de Yocasta) y, como hemos leído, resume brevemente su pasado mítico. Allí nos dice que fue madre de Edipo, quien mató a su esposo, que era su padre, y se casó después con ella, sin saber ni uno ni otra su delito; luego se lo hicieron saber los dioses, y ella se suicidó angustiada en su palacio y le dejó a él, a Edipo, terribles penas, como las que cuidan las Erinias, diosas de la venganza. Parece, a juzgar por una breve mención de la *Ilíada* y algún fragmento épico antiguo, que Edipo siguió reinando en Tebas y en la misma ciudad se celebraron sus regios funerales.

El mito antiguo –aunque esto no lo cuenta Homero– refería cómo, después, en torno al trono de Tebas se entablaría una disputa y una guerra entre los dos hijos de Edipo, Eteocles y Polinices, los cuales acabarían matándose, enfrentados uno a otro en un duelo fatídico con el que se cumplió la maldición que Edipo había lanzado sobre ellos. La saga mítica de los Labdácidas de Tebas abarcaba varios episodios y generaciones, pues antes evocaba las desdichas del padre de Edipo, Layo, un héroe bastante lamentable, como hemos visto. Todos esos episodios míticos quedan al margen del *Edipo rey* de Sófocles. De ellos había tratado ya Esquilo en una trilogía anterior, y también la poesía épica en famosos poemas de época muy antigua que se han perdido. Para completar la visión del mito tebano tal como nos la ofrece Sófocles hay que tener en cuenta la prolongación de la saga familiar en *Antígona* y *Edipo en Colono,* las dos tragedias que tratan del trágico final de la hija de Edipo y de la muerte del viejo rey en el exilio, las cuales presentan un notable desvío del relato anterior, es decir, del mito heredado de la tradición épica.

En *Edipo rey* no se trata de la muerte de Layo ni de la boda con Yocasta, sino de cómo Edipo, el sabio y justo soberano de Tebas, venerado por su pueblo, emprende la búsqueda del asesino de su predecesor en el trono, resuelto a salvar de nuevo a la ciudad, ahora asolada por la peste, y a vengar el antiguo crimen. Ya en un comienzo declara que vengará la muerte de ese rey, que de momento es para él un desconocido, «como si fuera su propio padre». Ya desde un principio la trama esconde la ironía. Porque, como el público sabe y solo él ignora, el asesino es el propio Edipo. Hay otros hijos vengadores en los mitos griegos, como Orestes y Alcmeón, que habrán de vengar la muerte de su padre matando a su propia madre, o Neoptólemo, el hijo de Aquiles, que tratará de pedir cuentas a Apolo en Delfos, y, sin embargo, aún más dura es la venganza que debe llevar a cabo Edipo, pues es a la par el vengador y el asesino. La investigación del asesinato lejano se convierte en la de su propia identidad y arrastra al investigador a encontrarse consigo mismo, cuando su propio pasado le salga al encuentro, de forma inesperada y en un breve lapso de tiempo, después de que se haya topado con viejos testigos del hecho.

Así, esa búsqueda denodada de la verdad le llevará a la catástrofe. Y arrastrará consigo a la desdichada Yocasta, que se suicida ahorcándose en su dormitorio, al saberse culpable del incesto insospechado. Luego Edipo, a la vez juez y verdugo, se arrancará los ojos -acaso un sustituto de la castración o de la muerte- en un gesto de feroz simbolismo. Es un castigo excesivo en opinión del coro, al que luego acompaña el del destierro, igual que se haría con un maldito criminal (como si fuera un *pharmakós),* un castigo que también se impone el mismo Edipo, antes de que lo decrete el nuevo gobernante, Creonte, quien es mucho menos severo.

Ese es el núcleo del drama sofocleo. En un tremendo *flashback* se nos revela quién fue -de verdad y más allá de las apariencias iniciales- el «famoso rey Edipo». Reconocimiento y catástrofe, *anagnórisis* y *peripéteia,* coinciden. Por ignorancia el sabio rey cometió su doble delito: parricidio e incesto. Error, *hamartía,* e ignorancia, *ágnoia,* quedan en el pasado, pero ahora, al revelarse culpable (y a la par inocente), quien las cometió debe pagar la pena de esos errores[1]. Pocas historias suscitan como esta trama el horror y la compasión (según Aristóteles, *phóbos* y *éleos)*[2]. El coro ex-

1. Sobre esa *hamartía* de Edipo, «que propicia en el espectador una indulgencia peculiar y una emoción empática muy intensa», puede verse el excelente comentario de Carmen Trueba, en *Ética y tragedia en Aristóteles,* Barcelona, Anthropos, 2004, pp. 114-116.

2. «Compasión» y «terror» no son exactamente lo que Aristóteles quería decir con *éleos* y *phóbos* (que equivalen más a nuestras palabras «lástima» y «espanto», según precisó el gran filólogo W. Schadewaldt), pero corresponden muy bien a las fuertes emociones que suscitaba en su público el espectáculo de un caso trágico. (Los griegos no definieron nunca «lo trágico» de otro modo). Martha Nussbaum ha insistido en ello en varios de sus libros, y especialmente en *La fragilidad del bien. Fortuna y ética en la tragedia y la filosofía griega,* Madrid, Visor, 1995 (Trad. de A. Ballesteros). A propósito de *Edipo rey* explica su acuerdo puntual con la teoría de Aristóteles, cuando, por ejemplo, apunta: «El héroe trágico no debe precipitarse en la desgracia por perversidad; pero que no sea perfectamente bueno es importante para que el espectador experimente miedo y com-

presa de antemano esa conmoción y ese espanto ante lo que se ha ido descubriendo y ante el catastrófico final, como si, a su modo, presentara las emociones del público. (Es decir, aquella *kátharsis* o 'purificación sentimental' que para el filósofo griego era la función del teatro trágico. La cual, al depurar el exceso de tales pasiones mediante la representación del gran dolor y desastre ajenos, servía de educación sentimental).

Hay otro elemento con el que el texto dramático enriquece decisivamente la trama mítica: los personajes del mito, al presentarse en la escena teatral, se transforman en caracteres; ciertamente un tanto esquemáticos, con rasgos mucho menos precisos que los personajes de una novela moderna, pero mostrando un modo de ser que los define claramente, en especial en los dramas de Sófocles, como ya dijimos. No hay aquí todavía una mirada interior, pues la tragedia griega no es un teatro psicológico. Cada personaje está definido por su actuación. Pero sus actos y sus palabras y gestos lo singularizan con un perfil fuerte. Así, Edipo muestra su carácter decidido, demasiado seguro de sí mismo, pronto a la cólera y a la desconfianza, con un cortante tono tiránico, tanto al enfrentarse a Creonte y a Tiresias, como, incluso en su desgracia, al tomar las decisiones finales sobre sí mismo. (Y ese carácter violento lo conserva incluso en la desgracia y en la vejez. La escena de *Edipo en Colono* en que rechaza y maldice a Polinices nos impresiona por la dureza que el viejo rey muestra ante su hijo. También Edipo se re-

pasión. Así el genio vivo de Edipo no es la causa de su caída. Sin embargo, nos permite identificarnos con él. No es una "falta trágica", pero desempeña una función instrumental en la respuesta trágica». Cf. pp. 55 y 480.

vela como un padre terrible, despiadado, inmerso en su amargo desamparo final). Otros personajes no tienen tanto espacio para actuar, pero aún así nos dejan ver su carácter: la desdichada Yocasta, deseosa de proteger a su esposo de la amenaza que reside en el hecho de investigar su oscuro pasado, y el cauto Creonte, en terco contraste con el impulsivo Edipo, perfilan a través de la representación dramática su carácter trágico.

Semejantes manifestaciones -el carácter de los personajes- no vienen del núcleo narrativo del mito, que proporciona solo la trama esquemática de los hechos. Como ya escribió Aristóteles en su *Poética* (1453-1457) los dramaturgos no deben alterar la trama básica del mito (la armazón o esquema del relato tradicional). Es decir, Edipo tiene que matar a su padre y casarse con su madre. Pero tienen libertad para reinterpretar los hechos mediante la caracterización de los personajes, la introducción u omisión de detalles y el enfoque o perspectiva de su representación. Esto es, pueden dar un sentido nuevo a la arcaica trama. Tal hacían los autores del teatro ateniense, año tras año, al traer a escena una y otra vez las mismas historias míticas. Y, al hacerlo así, las remozaban con un renovado y conmovedor significado trágico, reactualizando el mensaje mítico al dar la palabra a los grandes héroes. Sófocles lo hizo en un centenar de obras -de las que conservamos siete- con magistral originalidad y un dominio sin igual del arte escénico. (Es una pena que no hayamos conservado los *Edipos* de Esquilo y de Eurípides para poder advertir hasta qué punto diferían de nuestro *Edipo rey*. Aristóteles, que probablemente los habría leído, no los tuvo en cuenta al expresar en varios pasajes su admiración por la tragedia de Sófocles).

Ninguna recreación literaria, como sabemos, agota el potencial significativo del mito original. El relato mítico suele caracterizarse por las múltiples resonancias y reinterpretaciones que, al ser narrado de nuevo, suscita en una incesante tradición. Y el de Edipo es un excelente ejemplo de cómo esas reflexiones, ecos, y recreaciones literarias van ahondando y enriqueciendo su sentido y mostrando sus sugerencias. Ya se sabe que ninguna versión logra fijarlo de un modo canónico. Sin embargo, pese a acreditadas opiniones que sostienen la validez de todas las demás, al contrastar unas con otras, es fácil advertir que alguna se impone con una autoridad y claridad ejemplar.

Recordemos que Edipo no parece haber sido un gran héroe épico: fue su única hazaña descifrar el enigma y acabar así con la Esfinge; y, de hecho, su mismo nombre: *Oidípous,* 'pies hinchados', parece muy poco apropiado para un héroe épico, como ya comentamos. Pero su mito -el de un héroe que intenta escapar a su destino y triunfa y fracasa a la vez; que vence al monstruo y al mismo tiempo descubre su propia monstruosidad; que descifra el enigma y es para sí mismo un enigma- albergaba en su propio núcleo una intriga de tremendo sentido trágico. Sófocles supo escenificar ese entramado con una ironía y una visión existencial que ningún otro dramaturgo, de los muchos que lo tomaron como modelo o viejo rival, ha sabido luego igualar. Hemos interpretado su representación del mito como el drama de la búsqueda de la verdad, que comienza por la investigación de un lejano asesinato no vengado y concluye en el descubrimiento de la verdadera identidad de Edipo. El contraste entre la apariencia y la verdad -*dóxa* y *alétheia* en términos griegos- es uno de los grandes temas del pensamiento filosófico antiguo, y también es el núcleo de esta versión sofoclea del mito. El final catastrófico de *Edipo rey* envuelve una cruel paradoja: la verdad se ha abierto camino, y al fin Edipo sabe quién es y su busca concluye con éxito; Layo queda vengado, y la ciudad liberada de la peste; pero es a costa de la muerte de Yocasta y la ceguera y expulsión del noble buscador de la verdad. Esa es la lección trágica que extrae Sófocles a partir del antiguo relato: la grandeza se paga con el dolor[3]. (Muchos años después, ya en sus últimos días, el gran dramaturgo ateniense arreglará sus cuentas con Edipo, al presentarlo en Colono, a las puertas de la muerte, como un héroe, solitario y apátrida, cuya grandeza hasta los dioses reconocen y cuya tumba será santa. Es no estaba en el antiguo mito; pero Sófocles se lo debía).

Como hemos dicho, no fue el mito sino la tragedia de Sófocles la historia griega que conmovió y obsesionó a Freud y le inspiró su famosa teoría; Edipo, con su enigma, ha vuelto en otros escenarios y reaparecido con variadas máscaras a lo largo de siglos. Porque el mito se ha convertido gracias a *Edipo rey* en el paradigma más claro de la tragedia clásica, y para nosotros es ese esforzado Edipo de Sófocles, implacable mártir de su amarga verdad, el más inolvidable y recurrente de los héroes del teatro trágico.

3. Esta perspectiva de Sófocles se ha comentado muchas veces, pero con especial fuerza lo hizo W. Schadewaldt en su artículo «Sófocles y la pena», recogido y traducido en *La actualidad de la antigua Grecia,* Barcelona, Alfa, 1960, pp. 61-78. (Más que por 'pena' se debería traducir el término alemán *Leid* por 'dolor'. En efecto la vida heroica, que lleva consigo 'gloria', 'fama' *(kléos),* comporta, según la sabiduría trágica, dolor. Y Edipo es un ejemplo claro de esa condición heroica: no solo desvela el enigma de la Esfinge, sino el mucho más doloroso de su propio pasado, para conocerse a sí mismo.